침묵하는 자 모두 유죄

일러두기

- 이 글은 시대순으로 구성되어 직선제의 부활 시점부터 현 박근혜 정권까지 그리고 더 나아가 미래의 대한민국 정치에 대한 이야기를 담고 있다.
- 저자의 시선으로 바라본 대통령 중심의 정치 역사를 다루고 있다.
- 외국어 책 제목, 이론의 명칭 등은 국내에서 일반적으로 사용되는 번역을 따랐으나, 일부는 책의 논지에 맞게 번역하였다.

조해경

# 광란의 대한민국 황제 대통령제

이것이 대안이다

## 2 직선제의 부활부터 미래의 대한민국까지

# 군정의 종식, 민주주의로 도약하다

이승만에서 시작된 드라마 같은 광란의 한국 정치사. 1987년 6·29 선언을 끝으로 전반기는 끝이 난다. 다음에 나타난 노태우 정권은 문민정부로 가는 징검다리 역할을 한다. 그리고 김영삼 문민정부가 시작된다. 1961년에 시작되어 30년 이상 지속되었던 군사정권은 1993년 문민정부가 이루어지면서 종식을 고하게 된다. 그리고 다음에 나타난 김대중 국민의 정부는 37년 만에 처음으로 순수 야당에 의한 정권교체를 이루어냈다.

김대중 정부를 끝으로 한국의 고전적 민주주의는 완성된다. 이제 노무현 정부부터는 신민주주의의 새로운 장을 열기 시작한다. 6·29 선언을 이끌어낸 민주화의 장본인인 386세대를 비롯하여 재야인사와 시민운동가들이 대거 현실정치에 참여하면서 이제 민주주의는 화려한 날개를 달고 이상을 향해서 발돋움하기 시작한다. 현실을 외면한 관념주의적 사고를 바탕으로, 모든 국민이 함께 잘살아보자는 꿈을 바탕으로 한 노무현 정부 그리고 너무 현실에만 치중했던 이명박 정부. 두 정부는 보수와 진보라는 두 개의 양분화 사회의 물줄기를 만들어 내고 만다. 노무현 정부는 보수의 강한 저항을 받으면서 이상적인 꿈을 실현시키고자 하였다. 그러나 노무현 정부는 자신이 추구하고자 한 이상을 실현시키지 못했다. 이명박 정부 역시 진보에 발목이 잡혀 크게 성공을 거둔 정부가 되지 못하고 말았다.

이제 우리는 과거 민주화 개척자들이 이루어 놓은 민주주의가 빛바랜 백일홍이 아닌 더욱더 빛을 발하는 백일홍이 되기 위해서 노력을 기울여야 한다. 서양의 민주주의 역시 여러 단계를 거쳐서 현재의 민주주의가 정착을 하게 된다.

미국은 초기부터 영국의 민주주의 제도를 거부하였다. 한 가족이자 형인 영국의 정치제도는 민주주의가 가장 발달된 의원내각제다. 그런데 미국은 그것을 거부하였다. 존 로크의 '개인주의'와 프로타고라스의 "만물의 척도는 인간이다."라는 사고를 바탕으로 토마스 페인의 상식론에 근거하여 민주주의의 토대를 마련하였다. 바로 현재 미국식 대통령제. 한국도 해방 이후 미국의 강한 영향 안에 있었기 때문에 미국식 대통령제를 택하였다. 한국이 택한 대통령제가 결국 한국식 황제대통령제를 만들고 말았다.

70년 광란의 역사 속에서 벗어나기 위해서는 우리에게 필요한 것은 무엇인가?

바로 우리에게 맞는 민주주의를 정착화 시키는 일이다. 우리는 과거 우리의 선조들이 이루어 놓은 세계 10위라는 경제브랜드의 기반이 있다. 소도 등 비빌 곳이 있어야 일어설 수 있다는 말과 같이 우리는 이제 등 비빌 곳이 있다. 우리는 바로 초일류국가로 성장할 모든 조건을 갖추고 있다. 경제대국을 하부구조로 하여 상부구조인 정치, 사회, 문화, 예술 등 모든 분야에서 세계 강대국으로 비약할 수 있는 조건을 갖추고 있다. 과거 서양인들만의 축제였던 각종 운동 경기에서도 우리는 두각을 드러내고 있다. 월드컵 4강 신화를 비롯하여 여자 골프 등 모든 면에서 선진국 수준으로 달려 나가고 있다.

그러나 아직까지 선진국 수준에 이르지 못한 것은 바로 정치다. 정치와 경제가 서로 어우러져 조화를 이루어 나가야만 한다. 그런데 경제는 경제대국인 반면 정치는 아프리카 후진국 수준에 머무르고 있다.

그러면 한국이 정치 후진국에서 벗어나는 일은 힘든 일인가?

그렇지는 않다고 본다. 그 이유는 바로 우리 경제가 단단한 기반을 이루고 있기 때문이다. 이제 정치도 초일류국으로 도약할 수 있다. 초일류국 정치발전을 위해서는 형식적인 개혁이 아닌 우리에게 맞는 실질적인 개혁이 필요하다. 그 개혁은 이제까지 정부가 화려한 말만 내세우는 그러한 개혁으로부터 벗어나 실질적인 사회전반적인 개혁이 필요하다. 그 개혁의 차원은 개혁이 아닌 혁명의 수준의 개혁을 요구한다.

일반적으로 혁명은 위로부터의 혁명, 옆으로부터의 혁명, 밑으로부터의 혁명으로 나눈다. 우리에게 필요한 것은 바로 밑으로부터의 혁명이다. 위로부터의 혁명이란 정부의 정책결정자를 비롯하여 권력을 쥐고 있는 소수그룹의 사람들에 의해서 이루어지는 개혁을 말한다. 옆으로부터의 혁명은 중산층의 사람들에 의한 개혁을 말한다. 밑으로부터의 혁명이란 무엇인가. 바로 '국민의 국민에 의한 국민을 위한 개혁'인 것이다.

왜 국민에 의한 혁명과 개혁이어야 하는가?

고대 그리스의 철인 아리스토텔레스는 파티에 초대된 손님이 음식을 직접 만든 사람보다 그 음식 맛을 더 알고 집을 지은 목수보다 그 집에 들어가서 사는 사람이 그 집이 좋은 집인지 아닌지를 더욱 더 잘 안다고 말한다. 바로 국민이 정책을 만든 정치인이나 집행 공무원보다 잘 안다는 것이다.

고전 사회계약론자인 장 자크 루소는 '일반의사'론을 주장하고 있다. 국민의 의사는 일반의사이며 정치인의 의사는 특수의사이다. 일반의사는 절대로 틀리지 않는다. 반면 특수의사는 틀린다. 그렇기 때문에 특수의사는 일반의사를 따라야만 한다는 것이다. 예를 들면 특수의사는 '술을 약간 마시고 운전을 해도 괜찮다. 왜냐하면 다른 사람보다 큰 간을 가지고 태어났기 때문이다'라고 생각하는 것이다. 평소에 술이 강하다는 사고는 특수의사이며 정치인의 의사이다. 그러나 '술을 마시고 운전하는 것은 절대로 안 된다. 그 이유는 음주운전으로 사람을 다치게 할 수도 있기 때문이다'라고 생각하는 것이 바로 일반의사이며 국민의 의사이다.

루소는 존 로크와 토마스 홉스와는 다른 한 단계 높은 주권계약론을 주장하고 있다. "주권은 국민과 정부가 계약을 하는 것이 아니다. 주권은 국민 모두가 각자와 각자가 계약을 하는 것이다. 국민은 주권을 그대로 가지고 있으면서 단지 국민을 위해서 일해 줄 하인을 뽑는 것이 선거다."라고 말하고 있다. 선거에 당선되어서 일하는 국민의 대표자는 단지 국민을 위해서 일해 주는 하인에 불과하다. 만일 그 하인이 국민의 의사대로 일을 하지 못하는 경우에는 금방 다른 사람으로 교체하면 된다. 왜냐하면 국민이 주인이기 때문이다.

이제 우리 헌법에도 명시된 것처럼 '모든 권력은 국민으로부터 나온다'는 말을 되새겨야 할 때다. 과거 군인들은 말했다. '모든 권력은 총구로부터 나온다'라고. 총대 맨 사람이 바로 권력자라고 했다. 광란의 70년 역사는 바로 국민에게 책임이 있다. 그 이유는 국민이 독재를 허용하고 관망하고 있었기 때문이다.

막스 베버는 말한다. 동양의 역사를 세계사에서 빼어버리자고. 중국을 비롯한 국가들이 황제의 독재정치에 저항하지 못하고 혁명을 하지 않았기 때문이라고 한다.

이제 우리에게 필요한 것은 국민의 국민에 의한 국민을 위한 혁명이다. 국민들이여 일어나라 당신은 이미 강하다.

끝으로 두 권으로 이어지는 이 책을 완성하는 데 끝까지 수고를 아끼지 않으신 채륜 대표님과 담당 편집자님 이하 많은 분들께 감사의 말씀을 드리고자 한다.

2016년 11월

낙엽이 쌓인 개화산 기슭 우거에서
유유히 흐르는 한강을 바라보며

덕산 조해경

## 보수·창조적 실용주의 시대, 이명박 MB정권(2008~2012)

일,

천하삼분지계 대란,

노태우 정권

(1988~1992)

# 민주화 이후의
# 과제와 정치발전

　　　　　　　　　　　　　민주화는 직선제 개헌을
　　　　　　　　　얻어냈다. 이제 한국 민주화는 개척기
　　　　　　　를 넘었다. 또 하나의 단계인 정치발전
의 단계에 접어들었다. 이제 민주주의는 정치발전의 단계로 들어서
면서 새로운 방향의 길을 모색하였다.

　　그러면 정치발전이란 무엇인가?

　　정치발전이 무엇인가에 대해서는 아직까지 확실히 정의내릴 수
가 없다. 정치발전이란 시대와 환경에 따라서 다르게 해석되고 있기
때문이다. 여기서 정치발전에 대해서 너무 깊이 들어갈 필요는 없기
때문에 간략하게만 설명하려고 한다.

　　정치발전론에 대해서 정치학자 알몬드의 견해를 생각할 수 있
다. 알몬드는 정치발전이 성공하는 데 필요한 요소로 정치구조의
다양함, 하부구조의 자치, 문화의 세속화 등을 말한다. 이 중에서
당시 우리나라에 필요했던 것은 '하부구조의 자치'이다. 하부구조
의 자치란 바로 지방자치제의 실시를 의미한다. 당시에는 박정희 정
권이 들어서면서 '지방자치는 남북이 통일된 후에 실시한다'고 명시
한 이후에 지방자치제가 중단된 상태였다. 그러나 지방자치제는 바
로 풀뿌리 민주제도로서 민주주의 가장 기본이다. 따라서 지방자치
제의 실시가 민주주의 정치발전을 위해서는 꼭 필요하다.

　　다음으로 필요했던 것이 문화의 세속화다. 문화의 세속화란 국
민들이 민주주의에 대해서 습관이 되어 있어야만 한다는 것이다.

다시 말하면 사회정의와 정치정의에 대한 올바른 판단력을 갖추어야만 한다는 것이다. 즉 선거에서 '부정선거란 있을 수 없다'는 인식이 머릿속에 습관적으로 들어있어야만 한다는 말이다.

새뮤얼 헌팅턴은 정치발전에 필요한 요소로 타당성, 애국심, 민주성, 이동성 등을 들고 있다. 일반적으로 정치발전이란 단독적인 현상이 아니다. 정치발전이란 사회·경제적인 차원에서의 제도화를 의미한다고 할 수 있다. 언론보도의 공정성, 정부에 대해서 합법성 요구의 증대, 이동성 등을 정치발전이라 할 수 있다.

따라서 이제 한국의 민주화 운동은 지방자치제 실시, 언론보도의 자유화 및 공정성, 국민들의 정부에 대한 합법성의 요구의 증대, 신속한 이동과 정보공개, 빈부격차의 해소 등에 중점을 두어야만 한다. 다시 말하면 제도화를 시키는 것이 정치발전이다.

헌팅턴 비롯하여 몇몇 학자들의 의견을 종합하면 정치발전이란 '통합'이라고 할 수 있다. 국가의 통합, 가치의 통합, 지역의 통합, 엘리트와 대중의 통합, 통합적인 행동을 들고 있다.

여기서 한국의 정치발전을 위해서 지역의 통합이 매우 중요하다. 한국의 정치발전을 저해하는 근본요인인 지역분할대결 현상이다. 지역할거현상은 한국의 정치발전의 암적인 존재로 작용하고 있다. 가치관의 통합은 지역의 균형발전을 통해서 이루어질 수 있다. 엘리트와 대중의 통합은 엘리트와 대중의 차별화를 줄여주는 방향으로 나가야만 한다. 다시 말하면 사회가 엘리트만 선호할 것이 아니라 일반대중도 함께 선호하여야만 한다. 예를 들면 회사에서 화이트칼라와 블루칼라의 임금을 비롯하여 대우 면에서 차이를 해소해 나가야만 한다.

통합적인 행동이란 부적절한 관행 등을 제도적으로 없애 나가는 것을 의미한다. 예를 들면 국가 청문회를 통해서 사회 부조리를 행한 사람은 공직사회에서 못 나가도록 국민들 모두가 용서를 하지 않는 사회 풍토를 만드는 일이다.

한국의 정치발전을 평가하기 위해서는 이상의 요소들을 평가하여야만 한다.

# 현실주의 시대
# 아리스토텔레스
# 철학의 부활

1987년 6월 10일 시작된 6월 항쟁은 한국 민주화 운동사에 코페르니쿠스적 전환점을 맞이하게 되었다. 이것은 서양의 역사에서 천년간 계속된 서양 수도사 문화의 사고를 보면 알 수 있다. 수도사 문화과정에서 플라톤 철학 사고에서 아리스토철학으로 사고의 변화를 가져온 것과 같은 맥락에서 이해할 수 있다.

현재 서양인들의 민주주의 사상의 기초를 이루고 있는 사상은 그리스의 철학자 플라톤과 아리스토텔레스의 사상이다. 플라톤의 민주주의 사상은 그의 대표작인 《공화국》 즉 《국가론》에 기초를 두고 있고 아리스토텔레스의 민주주의 사상은 그의 대표작 《정치학》에서 찾아볼 수 있다.

플라톤의 사상은 이상주의를 토대로 한다. 대표작 《국가론》과 같이 집단지도 체제인 마르크스 공산주의 사상에 지대한 영향을 준다. 반면 아리스토텔레스는 자유주의 사상에 영향을 준다. 아리스토텔레스는 현실주의를 토대로 한다. 민주주의 사상에서 플라톤의 이상주의는 집을 짓는 과정에서 기둥뿌리와 지붕과 지반과 서까래 등 전체적인 집의 틀을 만드는 일에 가장 큰 비중을 두고 있다. 집을 짓는 데 집의 지반과 기둥과 서까래와 지붕 등 골격만 잘 만들면 훌륭한 집이 된다는 논리이다. 반면 아리스토텔레스는 집의 골격을 세우는 일도 중요하지만 그보다는 집 안의 부엌, 방에 들어가는 가구나 침대 등 집 안에 들어가는 물건들이 좋아야 그 집에 사는 사람들이 편안한 삶을 살 수 있다는 논리이다. 이것이 아리스토텔레스의 현실주의 민주주의 이론이다.

또한 아리스토텔레스는 국가가 강대국이 되기 위해서는 빈부격차가 4대 1을 넘어서는 안 되고 만약 4대 1을 넘는 경우 국가에 혁명이 일어날 수 있다는 민주주의 논리를 주장하고 있다. 그가 생각한 올바른 경제체제는 국가가 자급자족을 할 수 있어야만 한다는 것이다.

아리스토텔레스는 파티에 초대된 손님이 직접 음식을 만든 요리사보다 훨씬 더 음식 맛을 잘 안다고 말했다. 다르게 표현하자면 배를 모는 항해사가 배를 만든 목수보다 더 배에 대해서 잘 안다는 것이다. 그의 이러한 주장은 바로 현대 서양 민주주의의 기초가 된 간접민주주의를 의미한다. 또한 그 정부가 좋은 정부인지 아닌지는, 그 정부보다 국민들이 더욱더 잘 안다는 것을 증명하고 있다.

중세 초반에는 플라톤 사상이 주류를 이루었다. 그 이유는 로마 초기에 국가로서 자리 잡고자 집을 짓기 위한 기둥과 뼈대를 만들고 기초를 닦는 과정이 필요했기 때문이다. 그래서 자연스럽게 플라톤 사상의 도입되었다. 그러나 중세 후반기에 들어서면 아리스토텔레스의 현실주의 사상이 부활된다. 왜냐하면 그때의 로마는 집을 다 지어 기반을 닦은 상태였고, 이제 집안에 들어갈 가구를 넣는 단계에 들어섰기 때문이다.

한국의 민주화도 6·29 직선제 쟁취를 기점으로 이제 현실주의 시대로 접어들었다. 민주주의의 집을 만드는 지반과 기둥과 지붕과 서까래는 이제 다 만들어 놓았다. 이제부터는 집안에 들어가는 가구나 침대 및 싱크대를 만드는 작업이 바로 훌륭한 민주주의 국가가 되는 과제로 남아 있었다.

그 첫 단계로 대통령 직선제와 국회의원 선거부터 시작되었다.

# 제13대
# 대통령 선거와
# 삼김의 삼국시대

6월 민주화 항쟁 이후 87년 10월 27일 대통령 직선제 헌법 개정안이 확정된 이후 12월 16일에 제13대 대통령 선거가 치러졌다. 이번 대통령 선거는 1971년 대통령 선거 이후 16년 만에 치른 대통령 선거였다. 이번 선거는 '직선제'라는 점에서 큰 의미를 부여할 수 있다.

국민들의 관심은 매우 높았다. 그 관심은 89.2퍼센트의 높은 투표율로 나타났다. 후보자는 12·12 군사 쿠데타의 주역인 노태우, 민주화 투쟁가인 민주당의 김영삼, 평민당의 김대중, 5·16 군사정변의 주역인 김종필 외 사회운동가 백기완 등이었다. 그 외에도 많은 후보들이 있었지만 유력 후보였던 노태우, 김영삼, 김대중, 김종필을 제외하고는 신정일 후보만이 남았다.

선거의 목표는 6월 항쟁으로 이룬 직선제를 통한 군부정권에서 문민정부로의 정권교체였다. 그런데 문제는 양 김의 야권후보 단일화 실패에서 왔다. 또한 김종필까지 후보로 출마해서 여당 후보에게 매우 유리한 상황에 있었다. 게다가 선거 며칠 전에 발생한 북한의 대한항공 858 여객기 폭파 사건까지 겹쳐 국민들의 민심은 여권에 유리한 방향으로 돌아갔다.

결국 36.6퍼센트의 득표율로 여당의 노태우 후보가 당선되었다. 뒤를 이어 김영삼이 28퍼센트, 김대중이 27퍼센트, 김종필이 8.1퍼센트를 얻었다. 국민들이 염원하던 민주화와 정권교체는 실패로 돌아가고 말았다.

언급했듯 이 결과의 근본적인 원인은 야권분열에 있었다. 그러나 이 선거가 완전히 실패했다고 보기는 어렵다. 야당 전체의 득표율은 쿠데타의 주역인 노태우를 인정하지 않겠다는 의지를 잘 보여주고 있다. 동시에 민주화 운동가인 김영삼과 김대중이 단일화할 시간적 여유가 부족하여 표가 분산된 것으로 볼 수 있다. 이런 상황에서 그들에게 책임을 묻기에는 무리가 있다. 아무튼 이렇게 보면 민주화 정권교체는 실패로 끝이 나기는 했지만 실보다는 득이 많은 선거였다. 이번 선거 결과로 신군부가 역대 대통령 선거에서 가장 적은 득표율로 당선됨으로써 야당과의 합의가 절대적으로 필요하다는 것을 보여 주었다. 이것은 얼마 후에 치러진 제13대 국회의원 선거에서도 잘 나타났다.

새로 출범한 노태우 정권은 다음에 탄생하는 문민정부와 전두환 군사정부 사이의 징검다리 역할을 하게 되었다. 따라서 노태우 정부는 두 정부 사이에서 정치이념을 확실히 하지 못하고 반군부 및 반문민정부 형태의 성격을 띠게 되면서 '물태우 정부'라는 비난을 받았다.

당시 선거에서 나타난 현상 중 가장 두드러진 것은 '지역거점의 지역정치' 출현이다. 이번 선거로 인해서 한국에는 지역감정이 고조되는 '지역할거주의' 현상이 나타나면서 현재까지도 치유되지 못한 폐단이 생기게 되었다. 이는 선거를 통해 각 후보자가 얻은 표의 현황을 분석해 보면 알 수 있다. 노태우 후보는 연고지인 대구 경북에서 68.1퍼센트, 김영삼은 지역연고인 부산, 경남에서 53.7퍼센트, 김대중은 광주, 전남에서 90퍼센트를 얻은 것으로 나타났다. 또한 김종필은 충남에서 43퍼센트를 얻었다. 이러한 지역정치는 한국 민주주의 발전에 치명적인 암적 존재로 나타나면서 현재까지도 지역을 볼모로 한 역민주주의 현상으로 나타나고 있다.

또한 김종필까지 가세하여 소위 말하는 삼김시대를 만들면서 한국 정치는 후진성을 면치 못하고 있다. 그 후 상당히 오랫동안 삼김이 지역을 할거하는 삼국시대가 나타났다. 이로써 김영삼과 김대중은 훗날 대통령에 당선 되었으나 가장 작은 지역을 기반으로 했던 김종필은 개인적으로 보면 목표인 대통령의 꿈을 이루지 못했다. 김종필의 지역 기반이 약했던 탓인데, 이런 결과는 큰 선거에서 인물보다는 지역 기반이 중요함을 잘 보여주고 있다.

또한 선거 때마다 시기를 맞추어서 터지는 대북문제는 유권자를 불안감 속으로 몰아넣어 여당 후보를 유리하게 만든다. 13대 대선 당시에도 선거 며칠 전 발생한 대한항공 858기 폭파사건으로 여당인 노태우 후보의 판세가 유리해졌다. 또한 선거 전날 나타난 비행기 폭파범 김현희 등장으로 인해 국민들은 북한의 테러행위에 대해서 더욱더 겁을 먹게 되면서 여당 후보자에 대한 선호도가 올라갔다.

# 제13대
# 국회의원 선거와
# 여소야대 정국

직선제 개헌 이후 처음으로 실시된 국회의원 선거에서 국회법 개정에 따라서 소선거구제를 택하게 되었다. 이번 선거는 민주화 이후에 국민들의 민심의 방향을 알아보는 중요한 계기가 되었다. 1988년 2월 25일 노태우가 대통령으로 취임한 후 4월 26일 선거가 치러졌다.

총유권자 수의 75.8퍼센트의 투표율을 보였다. 지난 대통령 선거에서 노태우 후보가 받은 36.6퍼센트보다 적은 34퍼센트를 얻어서 집권여당은 헌정사상 초유의 여소야대현상을 보여주었다.

각 정당별 투표현황을 보면 여당인 민정당이 총 299석 가운데 지역구 87석과 전국구 38석을 얻어서 총 105석을 확보하였다. 다음으로 1987년 김영삼과 대통령 경선문제를 놓고 갈등을 빚어온 김대중은 10월 18일 탈당하여 그해 11월에 평화민주당 즉 평민당을 창당하였다. 평민당은 총 70석에서 지역구 54석과 전국구 16석을 얻어 제1야당이 되었다.

다음으로 제1야당인 김영삼의 통일민주당은 지역구 46석에 전국구 13석을 얻어서 총 59석으로 제2야당으로 전락하고 말았다. 김영삼의 통일민주당은 김대중의 평민당보다 득표율에서 4.5퍼센트나 더 얻고도 평민당보다 11석이나 뒤지는 곤경에 처하게 되었다. 김종필의 신민주공화당은 35석으로 지역구 27석에 전국구 8석을 얻었다. 또한 재야 운동권단체인 한겨레민주당은 1석을 무소속이

9석을 얻었다.

13대 국회의원 선거에서 노동계를 중심으로 하는 정당인 민주노동당이 제도권 진입을 위해서 출사표를 던졌으나 제도권 국회에 입성하는 데는 실패하였다. 이는 노동계에 대한 국민들의 인식이 높지 못함을 입증하는 결과다. 또한 민주주의 발전을 위해서 노동자들과의 화합과 단결이 중요함을 아직 인식하지 못하고 있음을 보여준다. 그러나 노동자를 대표하는 단체가 제도권 국회에 진입하여 노동계의 목소리를 내려고 했던 시도 자체는 민주주의가 발전단계에 진입하였다는 의의를 가진다.

이번 선거 이후에 재야인사들의 국회 진입이 많아진 것도 또 다른 변화이다. 김대중계로 국회에 진입한 재야인사는 문동환, 박영숙, 조승형, 서경원, 양정우, 박석무, 이철용, 이상수 등이며 김영삼계의 재야인사는 강신옥, 노무현, 이인제 등이다.

또한 오랫동안 야당 당수와 김영삼, 김대중과 함께 40대 기수론을 주장하고 이민우 내각제구상에 동의했던 이철승과 12대 때 신민당 돌풍을 일으켰던 이민우 전 신민당 총재가 낙선하여 정치권에서 사라진 것도 주목할 점이다.

이번 제13대 국회의원 선거 결과를 놓고 볼 때 민주화 이후에 나타나는 현상은 국회의 역할과 위상이 높아졌다는 것이다. 국회가 정부의 국정 전반에 관해 감사할 수 있는 국정감사권도 부활되었다. 이렇게 국회의 위상이 격상됨에 따라 노태우 행정부와 김영삼, 김대중, 김종필의 야당 간의 민주주의의 제도화에 대한 격돌이 더욱더 거세지게 되었다. 노태우 정부는 야당의 공세에 휘말려 행정부와 입법부가 교착상태에 빠질 가능성이 매우 커졌다.

# 전리품은
# 승리자에게,
# 직선제의 폐단
# 월계수회

16년 만의 6·29 선언으로 민주화는 회복되었다. 이로써 민주화의 1단계는 이루었다. 이제 다음 단계인 정치발전이 가다리고 있다. 정치발전에 가장 필요한 요소가 공정성이다. 특히 인사의 공정성이 가장 중요하다. 적절한 장소에 인재를 골고루 등용하여야만 국가가 발전하고 정치가 발전한다.

대통령제의 모델인 미국에서는 초기 잭슨 대통령 시절 마시 상원의원이 "전리품은 승리자에게"라고 말한 적이 있다. 즉 선거에서 이긴 쪽이 공직 자리를 전리품으로써 마음대로 할 수가 있다는 말이다. 실제로 당시 선거에서 당선된 자들이 3,760개의 정부와 정부 산하기관의 공직 자리를 몽땅 독차지한 적도 있었다. 그러나 훗날에는 정치발전을 위해 점차적으로 그러한 정실주의 인사를 금지하고 민주당이나 공화당 양당의 계파를 초월하여 인재를 등용하였다. 몇몇 정치적으로 대통령과 손발을 맞추어야 하는 자리를 빼고는 대부분 공정성을 바탕으로 하는 능력 위주의 공직 인사를 행한다.

그러나 한국에서는 대통령 선거에서 외곽 비선 조직 단체가 대통령을 당선시키면 무조건 국가의 요직을 독식하고 있다. 그리고 그들이 일등개국 공신이 된다. 16년 만에 부활된 직선제의 폐단이 바로 외곽 조직이다. 13대 대통령 선거 당시 '노태우 대통령 만들기'에서 외곽 조직으로 활동한 '월계수회'가 효시라고 할 수 있다. 다음으로 '김영삼 대통령 만들기' 공신인 '민주산악회' 역시 김영삼 당선 후에 정부에 깊이 관여하여 원래의 민주화 운동과는 다른 이익집단으로 등장하였다. 또 다음에 등장한 '김대중 대통령 만들기'의 외곽 단체인 '전국청년연합회'인 연청 역시 김대중 당선 후에 정부 이익집단으로 등장하였다.

다만, 그다음 노무현의 '노사모'는 성격이 다르다. 그 단체는 자발적인 대통령 만들기 조직이고 정부 수립 후에는 정부의 이익집단으로 관여하지 않았다. 물론 노무현 집권 이후 노사모가 이익 집단으로서 정부와 약간의 유대관계를 유지하였지만 이 정도는 선진국에서도 있는 일이다. 노무현의 노사모는 미국 등 서양 선진 국가들의 선거운동과 같은 자발적 유형으로 정치발전에 매우 유용하다. 따라서 정치발전을 위해 노사모와 같은 조직이 필요하지만 선거 후에 얻을 이익을 바라보고 선거 운동하는 외곽 조직은 존재해서는 안 된다.

그러면 16년 만에 치러진 직선제 대통령 선거의 개국공신인 월계수회의 조직은 어떠했는가?

월계수회는 노태우의 6·29 선언 다음 날인 1987년 6월 30일 세종문화회관 뒤편의 로열빌딩에서 창립되었다. 회장에는 박철언을 추대하였다. 월계수회는 박철언, 강재섭, 이재황, 나창주, 지대섭 등이 주축이 되어서 조직을 확대시켜 나갔다. 조직은 전국단위 180개 조직으로 회원은 2백만 명 정도의 엄청난 규모의 조직망을 가지고 있었다. 이들은 노태우가 '보통 사람들의 시대'라는 표어를 내세우고 손가방을 드는 모습을 자주 보여, '보통 사람'으로서 서민적인 이미지를 구축하게 하는 아이디어를 제공하였다. 또한 '대통령 중간평가제'라는 제도에 대한 아이디어를 제공하기도 했다. 이렇게 보았을 때 월계수회는 육체적인 선거 운동은 물론, 머리를 쓰는 모든 일까지 대통령 만들기에 전력투구하였다.

200만 명이 넘는 조직을 운영하기 위해서는 엄청난 자금이 필요했다. 그 돈은 물론 기업을 운영하는 회원이 댔다. 그럼 그들이 돈을 대주는 목적은 무엇이었는가? 바로 당선 후 이권을 얻기 위해서다. 노태우를 대통령으로 만드는 데 온 힘을 쏟은 월계수회는 결국 그가 대통령에 당선된 후 검찰, 경찰 및 행정부의 요직을 독식하였다. 또한 정부와 정부산하 공사 등 기관의 요직에 자리를 차지하였다.

이제 앞에서 이야기한 것을 다시 한 번 되새겨보자.

정치발전이란 무엇인가? 공정성이다. 공정성을 바탕으로 한 인사 정책을 추진해 나가야만 한다. 그렇지 않으면 정부의 업무를 담당하는 직업 공무원들의 공직사회도 술렁거린다. 새로 줄을 타고 내려온 기관장이나 고위직 인사에게 줄을 대다 보면 공직사회는 부정과 부패가 만연하는 사회로 둔갑한다.

그 피해자는 결국 국민이다. 대통령 만들기 조직에 돈을 투자하고 자리를 얻은 공직자는 투자한 돈을 다시 채우기 위해서 한탕주의식 부정을 저지른다. 윗물이 흐려지면 결국 아래 물도 흐려지는 법. 공직사회 전체가 진흙탕의 물로 변하게 된다.

이렇게 직선제의 폐단으로 꼽혔던 월계수회는 노태우 정부 시절 김영삼이 만든 민주산악회와 사사건건 부딪쳤다. 노태우는 박철언에게 자신의 지지기반인 월계수회에서 사퇴하라고 지시한다. 결국 1991년 4월 16일 박철언은 월계수회 고문직을 사임한다. 그 후 노태우 퇴임과 동시에 김영삼 정부가 수립되면서 조직은 해산되고 자취를 감추고 말았다.

# 제5공화국과의
# 단절 그리고
# 청문회의 도입

노태우의 6공 정부가 들어서면서 가장 먼저 시도한 것이 바로 5공과의 단절이었다. 노태우 정부는 전두환 정부와 다른 뿌리라는 것을 강조하고 나섰다. 노태우는 '전두환 정부가 12·12 쿠데타와 광주민주화항쟁 진압을 발판으로 민주주의 방식이 아닌 간선제 방식으로 대통령에 당선된 비합법적인 정부'라고 규정지었다. 반면 자신은 민주주의 방식을 선언하고 민주주의 방식에 따라 국민들이 직접 뽑은 대통령이라는 점에서 정통성을 주장하였다. 그리고 이런 주장에 힘을 싣고자 과거 자신이 가담한 12·12 군부 쿠데타의 주역 이미지를 없애기 위해 전두환 5공과의 단절을 선언하였다.

광주민주화항쟁 후 논란이 되었던 유혈진압의 책임도 전두환의 과잉진압 탓이라고 책임을 전가하였다. 또한 '새 술은 새 부대에'라는 인사 정책으로 5공 인사들과는 거리를 두었다. 특히 5공 초기 실세였던 허화평을 비롯한 소위 3허와 안기부장 장세동 및 권정달 등도 멀리하였다. 그리고는 새로운 인사들을 기용하였다. 그중에서 권력 실세 노태우 다음의 후계자이자 민정계 1인자로 부상한 사람은 바로 박철언이었다. 박철언의 별명은 6공 황태자였다.

그러면 6공 실세이자 대통령 후계자로 올랐던 박철언은 누구인가?

박철언은 1942년 경북 성주에서 출생했다. 경북 성주는 전두환의 부인인 이순자 여사의 고향이기도하다. 또한 노태우의 부인인 김옥숙 여사와도 고모 쪽의 친인척뻘 된다.

박철언은 경북고와 서울 법대를 졸업하고 사법시험에 합격하여 검사생활을 시작한다. 1980년 전두환 신군부 시절 비상대책위원회인 국보위 법사위원회 법사위원으로 현직 부장검사로서 파견근무를 한다. 그리고 신헌법을 만드는 데 관여한다.

이때 박철언은 권력 서열 5위에 든다는 말을 들을 정도로 일찍부터 권력 서열에 접근하였다. 그 후 서동권 안기부장 특별보좌관을 거쳐서 노태우 정부에 들어서면 13대 전국구 국회의원으로 정계에 입문한다. 그 후 정무장관과 체육청소년부 장관을 거치면서 남북한 관계 개선을 위해 20여 차례 북한을 방문하였다.

민정계로서는 실질적인 리더가 되었다. 1990년의 3당 합당을 제안하고 막후교섭을 맡기도 했다. 그리고 김영삼, 김종필과 함께 내각제 실시에 대한 각서를 썼다. 박철언은 내각제를 끝까지 고수하였으나 그해 10월 김영삼이 내각제를 포기하도록 하면서 김영삼과의 갈등은 심화되었다. 내각제 개헌에 김영삼을 설득하는 데 실패한 박철언은 노태우와 함께 당시 전두환 시절 후계자로 지목되고 당시 노태우 청와대 비서실장인 노재봉을 총리로 임명하여 내각을 이끌게 하였다. 그러나 민자당 내의 김윤환 등의 일부 계파가 김영삼을 밀고 김종필 역시 김영삼을 지지하면서 김영삼이 민자당 대통령 후보로 지명되었다. 이에 박철언은 민자당을 탈당하여 정주영의 국민당으로 입당해 정주영 후보를 밀었다. 민정계 후보인 박태준과 이종찬 역시 김영삼과 함께 대권후보에 도전장을 내었으나 실패하였다.

이후 제14대 대통령 선거에서 김영삼이 당선된 후 1993년 슬롯

머신 사건에 연루되어서 1년 6개월간의 수감 생활을 하였는데, 도중 부인 현경자를 내세워 출마시켜 당선시킨다. 출소 후 당시 김대중 정부에서 김종필의 공동여당인 자민련에 입당하고 대구에서 출마했으나 낙선의 고배를 마시면서 정계를 은퇴하였다. 결국 박철언은 비운의 황태자 신세가 되고 말았다.

노태우는 전두환과 같은 뿌리로서 5공 시절 체육부 장관 등 요직을 지냈었다. 1988년 13대 국회는 헌정사상 초유의 여소야대의 정국을 이루면서 국회는 국정감사권을 부활시켰다. 국정감사권의 부활은 국회가 행정부를 견제하는, 한국 정치발전에 중요한 역할을 하게 되었다는 의의가 있다.

국회의 위상이 한층 높아진 것이다. 본래 전두환 시절 국회의원은 차관급에 불과하였다. 위상이 높아진 국회는 국정감사권을 발동하여 5공 비리특별위원회를 구성하여 일해재단비리, 광주사태진상, 언론통폐합진상 등에 대해서 증인을 출석시켜서 진상을 규명하려고 하였다. 위원장은 당시 통일민주당 부총재인 이기택이었다. 증인으로는 현대그룹의 정주영 회장, 안기부장 장세동, 전 문교부장관 김옥길 등이었다.

5공 청문회가 한창이던 11월 전두환은 백담사에 칩거하였다. 청문회가 열리던 11월에 부산 대학생들과 부산 시민들은 전두환, 이순자 부부의 구속을 요구하면서 부산 광복동에서 범래골을 거쳐서 서면까지 시위를 벌였다. 또한 전국적으로 시위가 확산되어서 1987년 6월 항쟁 만큼 많은 숫자의 시위대가 몰려들었다. 결국 전두환은 11월 23일 국민에게 사죄하고 전 재산을 국가에 헌납하겠다는 성명을 발표했다.

전두환을 국회 증인대에 세우라는 국회의 요구에 전두환은 12

월 31일 할 수 없이 백담사에서 내려와서 미리 준비한 원고를 읽고서 끝을 내었다. 이 과정에서 야당 의원들의 기센 항의에 부딪쳤다. 헌정 사상 처음 열린 청문회는 민주주의 발전에 크게 기여를 하였다.

청문회 과정에서 노무현은 증인들에게 날카로운 공세를 퍼부어 청문회 스타가 되었다. 또한 전두환이 청문회에 출석하여 그냥 낭독만 하자 노무현은 전두환에게 명패를 던져서 전두환의 간담을 써늘하게 만들었다. 이처럼 청문회의 도입은 한국 민주주의가 정치 선진화로 가는 징검다리 역할을 하였다.

# 3당 합당과
## 민주주의의
## 퇴색

1987년 6·29 직선제 개헌은 여소야대의 정국을 이루면서 정치 발전의 징검다리인 국회의 국정감사 부활과 서양식 민주주의의 모태인 청문회의 도입 등으로 정치는 발전 속도의 가속화 페달을 밟고 있었다. 반면 노태우 여소야대 정국은 정부와 국회의 갈등으로 인해서 파행 국면으로 치닫고 있었다. 특히 정기승 대법원장 임명동의안이 국회에서 야당의 부결로 인해 무산되었다.

당시 실세인 박철언을 통해서 의견을 타진한 결과 노태우는 야당과의 통합안을 생각하게 되었다. 당시 정부는 보수와 진보의 '보혁'의 당을 만들어 보기 위해서 진보세력이자 제1야당인 김대중의 평민당과 접촉하였다. 우선 평민당 원내총무인 김원기를 통해서 합당을 타진하였다. 그러나 아무런 대답을 들을 수 없었다. 결국 김대중은 합당에 반대한 것이다.

그러자 노태우는 다시 김영삼과 접촉을 시도하였다. 당시 김영삼은 제2야당인 상태로 밀려나 있었다. 득표율은 23.8퍼센트로 19.3퍼센트를 얻은 김대중의 평민당보다 4.5퍼센트나 더 얻고도 정작 의석수에서는 평민당보다 11석이나 적은 상태에 있었다. 이때 김영삼은 다음 대선에 또 실패할 수 있다는 불안감에 싸여 있었다. 또한 최측근인 서석재가 1989년 동해 보궐선거에서 무소속 후보를 매수하는 바람에 검찰에 구속된 상태에 있었다. 그래서 김영삼은 비밀리에 노태우와 접촉하여 마침내 여당인 민정당과 합당하게 되었다.

김종필 역시 선거에서 총 35석을 얻은 상태였다. 그러나 지지기반인 충청권에서 27석 가운데 15석을 얻는 데 그치고 말았다. 따라서 당원들의 불만이 커지고 있었다. 또한 그들은 군부 출신으로 여당 생활을 해왔기에, 야당으로서의 정치 생활에 불만을 품고 있었다. 김종필 역시 대권에 대한 꿈을 접는 대신 내각제 개헌안을 제시하는 노태우를 환영하면서 3당 합당에 동참하게 되었다.

이로써 보수대연합의 논리를 가진 민주자유당이란 이름의 거대한 여당이 1990년 1월 탄생했다. 총 의석은 125석에서 218석으로 늘어나 거대여당이 됐다.

그 결과 한때 노태우의 지지도는 80퍼센트를 웃돌 정도로 치솟았다. 그러나 일부 김영삼계 의원들은 통일민주당에 그대로 남아 있었다. 그들은 이기택, 김정길, 장석화, 김상현, 박찬종, 홍사덕, 이철, 노무현의 8명이었다. 이들을 속칭 꼬마 민주당이라고 불렀다.

3당 합당이 가지는 의미와 평가는 민주주의 발전에 기여를 했는가 아니면 퇴보시켰는가를 중심으로 생각해 볼 수 있다. 3당 합당으로 인해서 한국의 민주주의는 제자리걸음을 할 수밖에 없었다. 노태우 정부 초기에는 여소야대 상황에 국회가 국정감사권을 바탕으로 5공화국의 비리 등을 강하게 추문할 수 있었다. 그러나 여대야소가 된 3당 합당 이후의 상황에서는 야당이 힘을 발휘할 수가 없었다.

노태우 정부가 군사정권의 연장선이라고 할 수는 없었다. 이미 군사정권이 가진 힘은 서서히 무력화되어가고 있었기 때문이다. 김영삼이 여당이자 군사정권의 연장선인 노태우 정권에 연합한 이유는 다음번 선거에서도 김대중과 분열될 것을 우려해서였다. 또한 자신의 당이 제2야당으로 추락한 데 대한 두려움 때문에 군부와 손을 잡은 것인데 이것은 정의로운 일이라 볼 수 없다.

군인 출신인 김종필이 여당인 노태우 정부와 손을 잡고 합당하였더라면 이해가 된다. 하지만 끝없이 그들과 반대 노선을 걸으려 했던 김영삼이 정작 군인들과 손을 잡은 것은 이해되지 않는다. 이로써 한국의 민주화는 당분간 제자리에 멈추는 듯했다. 그러나 야당의 노력으로 민주화는 조금 늦은 걸음이나마 정치발전을 추구해 나가기 시작하였다. 그 대표적인 것이 지방자치제의 실시였다.

# 김대중의 단식과
# 지방자치제
# 실시 및 야권통합

노태우는 선거 운동 당시 자신이 당선되면 지방자치제를 실시하겠다는 공약을 내놓았다. 그러나 1990년 3당 합당으로 거대여당이 되자 지방자치제 실시에 대해서는 아무런 관심이 없이 공약을 어기기 시작하였다. 김영삼이나 김종필역시 다음 정권을 잡을 생각만 하였지 지방자치제에 대해서는 아무런 관심이 없었다.

3당 합당 이후 김대중은 노태우에게 지방자치제 실시를 건의하였지만 다음으로 미루겠다는 말만 되풀이하였다. 그러자 김대중은 1990년 10월, 13일간의 단식투쟁에 돌입한다. 결국 지방자치제를 다음 해인 1991년부터 실시하기로 약속을 받고 나서야 단식 투쟁을 끝냈다. 김대중의 단식이 결국 지방자치제 실시를 가져오게 만든 것이다.

지방자치제는 박정희 제3공화국에서 '지방자치제는 통일이 된 후에 실시한다'고 법으로 못 박아 버렸다. 그런데 노태우가 직선제 개헌안을 내놓으면서 지방자치제의 조기 실시를 이야기하고 나섰다. 지방자치제를 풀뿌리 민주정치라고 한다. 정치발전론에서 이미 언급한 것처럼 하부자치구조의 자립성이 민주주의 발전의 가장 큰 기본 요소이다. 따라서 선진국 민주주의 국가에서는 지방자치를 실시하지 않는 나라가 없다.

지방자치가 가장 잘 된 나라가 프랑스다. 프랑스는 지방자치의

원조국가다. 우리나라는 국토가 좁아 중앙과의 업무가 중복되는 경우가 많기 때문에 통일 이후로 연기하자는 것이 박정희의 논리였다. 남한은 미국 전 영토의 96분의 1 크기밖에 되지 않는다. 미국은 국토가 워낙 넓기 때문에 지방의 특성을 살려서 반드시 지방자치제가 실시되어야만 한다. 하지만 한국도 지방 주민의 특성과 지역적 정서 등을 감안하여 지역에 맞는 지방자치를 실시하여야만 한다.

한편 이쯤 제1야당인 김대중의 평민당은 큰 위기를 맞게 되었다. 그 이유는 바로 공조해야 할 김영삼의 민주당과 김종필의 공화당이 여당으로 들어가 버렸기 때문이다. 위기를 맞은 김대중은 다음 정권 교체를 위해서는 가장 필요한 것이 '탈호남'이라고 생각했다. 호남의 테두리를 벗어나지 못하면 평민당의 희망인 정권교체는 불가능하다는 것을 잘 알고 있었다. 김대중은 탈호남 지역 정치를 벗어나기 위해서 김영삼의 3당 합당에 동참하지 않은 꼬마 민주당원들과 접촉한다.

꼬마 민주당원은 겨우 8석에 불과했다. 반면 평민당은 67석의 거대 야당이다. 김대중은 원내총무인 김원기를 시켜서 꼬마 민주당과의 합당을 제의했다. 김대중은 매우 급박한 처지에 있었다. 그러나 민주당의 이기택은 모든 조건을 5:5로 제시했다. 약 70대 8의 의석수 차이가 있음에도 민주당의 요구조건이 너무 황당하였다. 결국 민주당과의 합당은 결렬되고 말았다.

김대중은 당시 창당 준비 중인 재야세력에 접근을 시도한다. 우선 명동성당 사건의 발표 주역인 서울여대의 이우정, 고려대 총학생회장 출신의 신계륜, 최성묵, 오충일 목사 등과 1991년 4월 9일 합당하였다. 당명은 그들이 요구하는 신민주연합당(신민당)으로 정했다. 사실상 김대중의 평민당이 흡수 통합한 것이다.

1991년 6월 20일에 처음 치러진 지방의회 선거에서 김대중의 신민당은 대패한다. 원래 1991년에는 지방의회의 구의원과 광역의원 선거를 치르고 1992년에는 기초단체장과 광역단체장 선거를 치르기로 했다. 그러나 노태우는 1994년으로 미루고 다시 1995년으로 1년 더 미루었다.

선거 결과를 보면 구의원은 당 공천이 배제되었다. 따라서 광역의원은 민자당이 전국적으로 총 866석 중에서 65퍼센트인 563석을 차지했다. 신민당은 겨우 165석을 얻는 데 그쳤다. 그것도 호남을 제외한 모든 지역에서 완패를 당했다. 꼬마 민주당도 사정은 마찬가지였다. 꼬마 민주당은 21석을 얻는 데 그쳤다.

양당은 살아남기 위해서 몸부림친다. 양당은 지방의회 선거에서 위기감을 느끼게 되었다. 원인은 명지대의 강경대 군 사망으로 인해서 덕을 볼 것이라는 예상과는 달리 외국어대 정원식 총리 밀가루 사건으로 역풍을 맞아 버린 데 있었다.

다급해진 김대중은 8월 17일 꼬마 민주당에 합당을 제의한다. 당시 신민당과 민주당의 국회의원 의석 비율이 신민당 67석에 민주당 8석으로 큰 차이가 있음에도 불구하고 김대중은 양보한다. 당명은 민주당으로 했다. 당 대표는 김대중과 이기택이 공동으로 맡았다. 최고위원은 김대중계와 민주당계가 각각 똑같이 4명씩으로 하였다. 김대중계에서는 이우정, 박영숙, 박영록, 허경만이며 이기택계에서는 조순형, 김현규, 이부영, 목요상이었다. 사무총장에는 김원기, 정책위의장엔 유준상으로 김대중계가 맡았다. 다음으로 원내총무에 김정길, 대변인에 노무현으로 이기택계가 맡았다.

김대중의 목표는 탈호남이었다. 그중에서 민주당에서 대부분이 부산 지역 출신들이 많았다. 이제 김대중의 목표는 다음 해 실시되는 1992년 국회의원선거였다.

# 노태우
# 북방 외교의
# 득과 실

　　　　　　　　　　　노태우 정권이 이루어 놓
　　　　　　　은 업적과 정치발전은 북방외교를 통해
　　　　　서 남북한의 평화적 통일을 위한 교두
보를 마련하려고 시도하였다는 점에 있다. 사실상 1980년대 말은
동구권과 공산권이 몰락하기 직전이었다. 따라서 이 시대에 공산권
과 외교관계를 추진한다는 것은 상당히 진보적인 앞선 외교 전략이
었다.

　　노태우는 1988년 7·7 성명을 통해 북한을 포함한 구소련인 러
시아와 동구권 국가들과의 유대관계를 강화하여 수교관계를 유지
해 나간다는 외교 전략을 발표하였다. 이것은 1973년 7월 23일 할
슈타인독트린을 발표한 당시 서독수상 빌리 브란트의 동방외교에
해당한다. 이것은 동독과 같은 동유럽 국가와의 외교 문을 연다는
외교 전략이었다. 이러한 브란트 수상의 외교 전략은 당시로서는
매우 획기적인 외교 전략이었다.

　　이후 한국은 10년 후인 1983년 7월 23일 국방대학원에서 이범
석 당시 외무장관이 공산권국가와의 수교에 대한 연설을 하였다.
중국을 포함한 공산권 국가 그리고 소련과의 수교를 통해서 북한
을 압박해 한반도의 평화를 유지하여 국가의 안전한 성장을 추진
하자는 의미이다.

　　1989년 2월 1일 한국은 동유럽 국가와 최초로 수교관계를 맺
었다. 또한 1990년 6월 4일에는 미국 샌프란시스코에서 노태우 대

통령과 당시 소련 수상 고르바초프와 정상회담이 성사되었다. 당시 소련 고르바초프는 페레스트로이카 즉 개방과 개혁정책을 추진해 나가고 있었다. 우리나라는 소련과 수교를 통해서 경제와 안보 양쪽 모두의 이익을 얻자는 목적이 있었다. 소련을 통해서 북한에 압박을 가하여 평화를 유지시키며 동시에 시베리아 개발권에 개입하여 경제적 이익을 얻자는 것이 한·러 수교의 근본 목적이었다. 또한 중국과의 수교를 통해서 경제 및 안보적 이익을 추구하고자 했다. 1989년 천안문 사건이 발생하여 문제가 있었으나, 1949년 모택동이 공산국가를 수립한 이래 43년 만인 1992년 8월 24일 한·중 수교가 수립되었다.

이러한 상황에 국내에서는 1989년 정주영 현대그룹 회장이 소 500마리를 몰고 북한을 방문하였다. 남북관계는 경제적 관계를 바탕으로 정치적 관계가 이루어진다. 정주영 회장의 방북은 순수한 남북 간의 경제적 목적에 의한 방북이었다. 그러나 남북관계가 정치적으로 시작되지 않은 상황에서 문익환 목사를 비롯한 임수경 외국어대 학생 등이 북한의 평양을 방문하는 등 많은 잡음이 일어나서 남북관계는 잠시 중단되기는 했다. 또한 1991년 9월 18일에 남북한이 유엔에 동시 가입했다. 1992년 2월 19일에는 남북한 기본합의서가 채택되었으며 비핵화 조약이 채택되었다.

이처럼 노태우 정부의 북방외교 정책은 남북한 관계 개선에 긍정적 영향을 미쳤다. 동시에 남북한 평화통일을 염원하는 국민들로부터 환영을 받았다. 이와 때를 같이하여 김대중 평민당 총재는 헝가리를 포함한 동구권 국가들을 순방하였다. 동시에 통일민주당의 김영삼 총재는 소련을 처음으로 방문하여 소련과 경제협력관계를 증진시키는 데 크게 공헌하였다.

그러나 노태우의 북방외교 정책이 꼭 긍정적인 것만은 아니었다. 북한은 남한의 관계 개선 정책에 대해 한민족공동체 의식을 가지기보다는 남한으로부터 얻을 경제적 이익에 더 목적을 두었다. 따라서 북한이 남북관계에서 근본적으로 추구했던 고려연방제에서 벗어나지 못한 상황에 남한만의 평화적 통일을 추구하는 데서 노태우 정부의 북방외교 정책은 한계를 노출시켰다.

그럼 북한이 추구하는 고려연방제란 무엇인가?

이승만 정권의 북진통일 정책은 무력으로 남북한을 통일시킨다는 것이었다. 그 후 박정희 정권 후반기부터 한국은 남북한의 평화적 통일 방향으로 가닥을 잡아서 화해와 협력의 통일방안을 구상하는 것으로 선회하였다.

그러나 북한은 초기의 남북한 관계 정책인 고려연방제를 고수하였다. 고려연방제는 북한이 무력 전쟁을 통해서 남한을 통일시키겠다는 통일전략을 말한다. 다시 말하면 1950년 한국동란을 일으킨 이후 한반도를 평화적인 방법이 아닌 무력으로 통일시키겠다는 전략이다.

따라서 노태우 정부가 추구했던 남북관계 개선 정책에 대해서 북한은 꿩 먹고 알 먹자는 식의 통일전략을 추구해 나가기 시작하였다. 정주영이 소를 몰고 찾아가고 임수경 전국대학생협회 간부가 김일성을 찾는 일에 대해서 김일성은 겉으로는 반기는 척하였다. 그러나 그 이면에는 경제적 잇속을 챙기면서도 고려연방제, 그러니까 무력으로 남한을 통일하자는 통일전략이 숨어 있었다.

이런 한계점은 있었지만 노태우 외교 정책은 다음에 나타나는 김대중 대통령의 남북관계 개선에 징검다리 역할을 함으로써 남북관계 개선에 크게 기여했다고 할 수 있다.

# 제14대
# 국회의원 선거

14대 대통령 선거의 전초전이라는 할 수 있는 제14대 국회의원 선거가 1992년 3월 14일에 치러졌다. 이번 선거는 연말에 치러질 대통령 선거의 향방을 알 수 있는 중요한 선거였다.

투표율은 71.9퍼센트로 상대적으로 저조한 편이었다. 선거 결과를 보면 여당인 민자당이 149석으로 지역구 116석에 전국구 33석을 얻었다. 제1야당인 민주당은 총 97석으로 지역구 75석 전국구 22석을 얻었다. 또한 선거를 얼마 앞두고 창당한 정주영의 통일국민당은 총 31석에 지역구 24석 전국구 7석을 얻었다.

이번 선거 역시 지역 구도의 벽을 넘지 못했다. 김영삼의 통일민주당에 잔류한 노무현, 김정길 등 부산 지역 출신 국회의원들은 전멸하였다. 특히 노무현 지역에서 허삼수는 김영삼이 훌륭한 군인이라고 칭찬하는 바람에 노무현과 비교해 두 배 이상의 표 차이로 당선되었다. 호남 역시 김대중의 민주당이 표를 싹쓸이했다. 이처럼 한국정치가 지역 구도를 타파하지 못하고 벽에 부딪치게 되면서 지역 벽을 넘는 일이 한국 정치발전의 가장 큰 과제로 남게 되었다.

한편 3당 합당으로 218석의 거대 여당이 되었던 민자당은, 이번 선거 이후 과반수에서 1석이 모자란 149석만을 얻게 되면서 다시금 여소야대 현상이 나타났다. 이것은 거대 여당을 견제하려는 유권자들의 심리에서 나타난 현상이다. 3당 합당으로 인한 김영삼계와 민정계 간의 계파간의 갈등으로 일어난 당 내분이 민심을 잃어버리는 원인으로 작용하였다.

그러나 여당에게 아주 실패한 선거는 아니었다. 그 이유는 야당에서 여당으로 변신한 김영삼계에 대해서 국민들이 분노하고 있다는 것에 비하면 선거의 결과는 그리 나쁜 성적은 아니었다. 특히 부산에서 무소속으로 출마하여 당선된 서석재 의원은 금품수수 문제와 관련된 상태에서 김영삼 당을 탈당하여 무소속 출마하여 당선된 것이다. 서석재 의원의 당선은 서 의원이 김영삼의 최측근으로 무소속이기는 하지만 민자당 소속이라고 할 수 있으며 이것은 부산 민심이 김영삼을 버리지 않고 여전히 김영삼을 지지하고 있다는 것을 의미한다.

218석의 거대여당 내부를 분석하면 3당 합당으로 이루어진 거대여당은 민정계가 155명을 공천하여 85명을 당선시켰으며 김영삼계가 52명을 공천하여 겨우 20명을 당선시키고 김종필계 역시 30명을 공천하여 10명만 당선되어 김영삼의 민주계와 김종필의 공화계의 몰락현상을 초래하였다. 그 원인은 바로 야당이 여당과 야합했다는 국민들의 분노로 해석될 수 있다.

이러한 관점에서 볼 때 몇 달 후 치러질 14대 대통령 선거에서는 민자당 후보가 당선 가능성이 높다는 것을 이번 14대 국회의원 선거를 통해서 짐작할 수 있다.

# 천하삼분지계
## 대란

노태우계의 거대 민정계,
제2야당으로 전락해버린 김영삼의 민주
계 그리고 제3당인 김종필계의 합당으
로 인해서 여당은 내분과 갈등의 도가니 속으로 빠져들기 시작했다.

26세부터 정치를 시작한 정치 9단 김영삼은 자신의 입지가 위
축되자 모험을 감행하여야만 했다. 이미 앞에서도 언급한 것처럼 보
수와 혁신을 아우르는 정치를 선언한 노태우 역시 김영삼을 동지로
끌어들이기는 했지만 이제 주도권을 두고서 한판 전쟁이 필요했다.

이런 상황은 중국이 삼국시대의 천하를 얻기 위해서 싸운 삼국
지에 비유할 수 있다.

당시 중국은 유비 현덕의 초나라, 조조의 위나라, 손권의 오나라
가 세력 다툼을 하던 때로 유비가 가장 열세에 놓여 있었다. 유비는
당시 와룡선생으로 지략과 천문 등에 통달한 제갈공명을 삼고초려
의 정신으로 찾아가서 마침내 그를 자신의 지략가로 초빙하는 승낙
을 얻어낸다. 이때 유비는 물고기가 물을 만난 것과 같다는 말로서
당시의 기쁨을 묘사하였다. 유비와 손을 잡은 제갈량은 유비에게
조언하기를 "패업을 이루려면 북쪽은 천시를 차지한 조조에게, 남
쪽은 지리를 차지한 손권에게 각각 양보하여야만 한다"고 했다. 더
불어 유비는 형주와 서천을 중심으로 국가를 이루어 나간다면 결
국 중국 중원천지를 차지하여 중국천하를 통일하는 대업을 이룰
것이라는 전략을 말했다. 이것을 제갈공명의 천하삼분지계라고 한

다. 결국 제갈량의 전략으로 인해서 가장 약하고 보잘 것 없던 유비의 촉나라는 중국 천하를 삼분하는 강국으로 변신하여 유비는 촉한의 황제에 등극하게 된다.

유비는 죽으면서 당시 재상이었던 제갈공명에게 자신의 아들인 유선을 보필하되 필요하면 자신의 아들이 아닌 공명이 황제에 자리에 올라도 된다는 말을 남겼다. 그러나 제갈공명은 끝까지 유비와의 약속을 지키고 유선을 보필하였다. 하지만 끝내 천하 통일의 꿈은 이루지 못하였다.

그가 남긴 명문장인 전출사표와 후출사표는 그가 의리를 가장 중요시 여기는 인간상임을 잘 보여주고 있다. 눈물 없이는 제갈공명의 출사표를 읽을 수 없을 정도로 우리에게 감동을 주고 있다. 후세인들에게 삼국지에 나오는 인물 중 가장 존경받는 인물로 제갈공명을 꼽는 이유가 바로 인간에게 필요한 것이 '의리'라는 것을 몸소 실천하였기 때문이다.

고대나 지금이나 정치권이란 서로가 서로를 물고 물리는 과정의 연속이다. 달면 받아먹고 쓰면 뱉어버리는 정치판 속에서 대부분의 정치인들은 이렇게 정의롭지 못한 마인드가 형성되고 있었다. 그렇지 않으면 자신이 정치판에서 생존할 수 없기 때문이다.

김영삼은 3당 합당의 명분을 '운영의 묘를 살리기 위함'으로 내세웠다. 그러나 처음부터 호남 지역의 김대중을 외면한 합당이라는 비난으로 합당의 명분을 내세우기는 힘들었다. 애초에 규모가 거대했던 민정계에 소수의 민주계와 공화계가 들어가면서 당 내분은 시작되었다.

김영삼의 주장은 '호랑이를 잡기 위해서는 호랑이 굴로 들어가야 한다'는 논리가 바탕이었다. 위험한 호랑이 굴로 스스로 들어간 것이다. 김영삼이 말하는 호랑이는 바로 전두환 시절부터 뿌리를 내리고 있는 민정계를 의미한다.

합당 초기부터 민정계와 민주계는 사사건건 부딪치기 시작하였다. 민정계의 대표주자는 박철언이었다. 이미 박철언은 3당 합당부터 자신의 집으로 들어온 민주계를 견제하기 시작하였다. 민주계와 민정계는 체질적으로 달랐다. 그렇기 때문에 두 집단은 호흡이 맞지 않았다. 오히려 박정희 정권에서 오랫동안 여당 생활을 했던 김종필의 공화계와 더 궁합이 맞았다. 특히 민주계와 민정계는 차기 대권주자를 놓고 합당 초기부터 경쟁을 시작한다. 당내 지지기반이 약한 민주계는 거세게 몰아붙이는 민정계에게 '여당 내 야당'의 본색을 드러냈다.

박철언 정무장관의 사표로 시작된 민정계 내분은 천하대란으로 번졌다. 때맞추어 차기정권의 밀약설이 나돌았다. 김영삼에게 차기 정권을 물려준다는 약속 하에 3당 합당이 이루어졌다는 것이다. 이후 박철언은 김영삼을 공개적으로 비방하기 시작하였다. 박철언은 국민 앞에서 공개적으로 '내말 한마디면 김영삼의 정치생명이 끝난다'고 말했다. 그는 3당 합당이 김영삼과 노태우의 야합이라고 했다.

또한 내각제 합의각서에 대한 파문이 일어났다. 박철언과 김종필은 내각제를 시행하는 것으로 합의 각서를 쓰고서 3당 합당이 이루어졌는데, 이에 따르면 김영삼이 내각제를 수용하지 않고 대통령제를 고집하는 것은 3당 합당정신에 위배된다는 것이다. 그러나 김영삼은 만일 내각제를 주장한다면 다시 탈당하겠다고 위협했다. 자신이 탈당하게 되면 민자당은 반쪽 정당으로서 공멸하게 된다는 경고장이었다. 이에 다시 노태우 대통령과 김영삼 민자당 대표간의 회동이 시작되면서 내각제 개헌의 움직임은 수그러들기 시작했다.

여기에 제1야당의 대표인 김대중마저 내각제를 절대적으로 반대하는 의사를 보였다. 내각제로의 개헌은 민주주의가 다시권위주의 체제로 돌아가게 만들어 민주주의 정신에 위배된다는 것이다. 내각제에서는 국민들이 대통령을 뽑지 않기 때문이다. 김영삼과 김대중은 내각제에서 대통령에게 실권이 없음을 잘 알고 있었다. 이런 점 때문에 노태우는 결국 김영삼에게 설득당했다. 대통령제를 유지하기로 한 것이다. 그러나 민정계와 민주계의 경쟁은 더욱더 내분으로 치달았다. 특히 대구·경북지역 즉 TK를 기반으로 하는 민정계에서는 박철언, 김복동, 정호용 등이 민주계의 김영삼의 대통령 후보를 적극적으로 막고 나섰다.

내분과정에서 외곽 지원부대인 민주계의 민주산악회와 박철언의 월계수회가 극한상황으로 충돌했다. 김영삼은 국민들을 볼모로 한 PK지역 기반을 바탕으로 하였다.

1992년 5월 19일 민정계 후보인 이종찬은 경선과 전당대회를 거부하였다. 이종찬은 결국 8월 민자당을 탈당하였다. 이어서 대통령 후보로 거론된 박태준이 탈당하고 박철언, 김용환, 장경우 등과 지구당 위원장들이 탈당하였다. 결국 김영삼이 대통령 후보로 당선되었다.

노태우는 10월에 탈당하였다. 호랑이 굴에 들어간 김영삼은 결국 호랑이한테 물려죽지 않고 호랑이를 잡는 데 성공하였다. 김영삼이 말하는 호랑이는 바로 전두환·노태우 군부시절의 무리들을 의미한다. 호랑이 굴에 들어갔던 김영삼은 호랑이를 쫓아내고 민자당을 자신의 집으로 만드는 데 성공하였다.

3당 합당으로 김영삼 자신이 갈망하던 것은 민간인에 의한 민주주의 정부를 수립하는 일이었다. 그의 꿈은 군정의 종식과 군부

천하삼분지계 대란, 노태우 정권(1988~1992)

독재를 없애는 일이었다. 김영삼의 대통령 후보 당선은 민주주의 목적을 달성하는 전초전의 탄탄한 기반을 조성하였다. 이 문제에 대해 김영삼이 단순히 자신의 목표인 대권을 거머쥐기 위해서 군부 출신이면서 12·12 쿠데타 주역인 노태우와 야합을 한 것인가 아니면 민주주의의 목표를 달성하기 위해서 한 일인가를 역사적인 관점에서 다시 생각해 볼 필요성이 있다.

역사학의 아버지 랑케는 '역사는 객관적인 관점에서 평해야 한다'고 했다. 김영삼의 합당은 객관적인 시각에서는 분명히 올바른 행위가 아니다. 국민들이 그를 국회의원으로 당선시킨 것은 야당으로서 여당을 견제하고 여당의 비리를 파헤치라는 의미였기 때문이다. 그런데 도리어 여당과 합당하고 아예 여당에 들어가서 여당을 비호하는 세력으로 변신한 것은 분명히 잘못된 행동이다. 앞에서 제갈공명의 이야기를 했다. 거대국인 위나라 조조의 유혹을 물리치고 끝까지 약한 자신의 조국인 촉나라를 사수하였으며 자신이 제왕의 자리에 오를 수 있음에도 불구하고 유비와의 신의 때문에 부족하고 모자란 유비의 아들 유선을 지키고 보필한 것을 후세인들은 높이 존경하고 있다.

이러한 관점에서 보면 김영삼의 3당 합당은 분명 명분에 어긋난다. 그러나 만일 김영삼이 야당으로 남아서 다음 대선을 치렀다면 김대중과의 분열로 인해서 강한 여당이었던 민정당이 재집권할 것은 불 보듯 한 기정사실이다. 지난 선거 때 야권분열로 인해서 정권교체를 이루지 못한 것과 같은 일이 되풀이되는 것이다. 따라서 김영삼은 대의를 위해서 3당 합당의 출사표를 던진 것이다. 결국 그는 노태우와 전두환이 만들어 놓은 민정계를 쫓아내고 주인의 자리를 차지하면서 유력한 대권주자로서 자리를 잡았다.

이것을 보면 김영삼의 정치철학인 '대도무문'이라는 말이 이해된다. '대도무문'은 한마디로 말하면 큰길을 가는 데는 문이 없다는 말이다. 문이란 인간이 만들어 놓은 것에 불과하다. 인간이 필요에 의해서 문을 만들어 놓은 것이다. 인간은 필요해지면 다른 문을 만들고 때로는 문을 허물어 버릴 수 있다는 것이다.

고대 그리스의 철인 플라톤은 "정치는 예술 중의 예술이다"라고 말했다. 그렇기 때문에 정치는 철인이 해야만 한다고 말했다. 판사는 법에 맞추어서 재판하고 의사는 의술에 맞추어서 환자를 치료하고 장군은 군법에 맞추어서 병사들을 지휘한다. 그러나 정치인은 법을 넘어서 덕에 의한 정치를 하여야만 한다. 덕이란 법과 관습을 넘어선 덕을 바탕으로 한 정치를 의미한다. 여기서 덕이란 지혜와 용기와 절제를 의미한다. 무엇보다도 정치는 상황을 잘 판단하고 대처하는 지혜를 가지고 있어야 하며 동시에 밀고나가는 용기와 절제를 바탕으로 한 종합적인 판단을 기준으로 한 것이기 때문에 철인이 정치를 하여야만 한다는 것이다.

김영삼이 주장하는 '정치는 논리보다 감을 가지고 정치를 한다'는 말은 바로 플라톤의 덕을 바탕으로 하는 철인왕 정치와 맥을 같이 한다고 할 수 있다.

김영삼은 논리나 수리나 관찰이나 과학적인 통계 분석 등을 토대로 한 정치가 아닌 자신이 생각하고 보고 느낀 것을 바탕으로 하는 정치를 펼쳤다. 김영삼식 정치사고는 '1+1=2'라는 정확하고 과학적인 논리를 바탕으로 하는 정치가 아니다. 경우에 따라 1+1=100이 답이라는 생각으로 정치를 한 것이다. 바로 플라톤이 말하는 논리를 바탕으로 하는 정치가 아닌 인간이 가지고 있는 순수한 덕과 감각을 바탕으로 한 정치를 하였다.

노태우는 여소야대 정국을 풀기 위해 처음에는 보수와 혁신이라는 명분으로 당시 제1야당으로 올라선 김대중에게 합당을 제시하였다. 그러나 김대중은 즉답을 하지 않고 거절하였다. 김대중은 논리와 이론을 앞세운 정치 스타일을 보였기 때문이다. 이점이 김영삼과 김대중의 정치 스타일에서의 차이점이다.

김영삼식 정치스타일은 궁극적으로 군정을 종식시키고 자신과 라이벌 관계에 있던 김대중까지 대통령에 당선시키는 간접적인 윈-윈의 성공적인 정치를 하였다고 평가할 수 있다.

# 제14대
# 대통령 선거와
# 선거철
# 단골메뉴 북풍

한국의 정치발전을 저해하는 단골메뉴는 대선을 앞두고 나타나는 간첩사건과 북한의 도발행위이다. 13대 대선을 며칠 앞두고 발생한 대한항공 858 여객기 납치사건으로 인해서 국민들이 혼란에 빠지고 긴장감 속에 보수연대의 결집을 가져왔다. 결국 이 사건으로 노태우 후보가 유리한 고지를 선점하게 된다. 특히 선거 전날 KAL기 폭파주범 김현희의 TV 등장은 유권자들의 마음에 더 큰 동요를 가져왔다.

그런데 이번에도 제14대 대선을 두 달 앞둔 1992년 10월 6일 이선실 간첩사건이 터진 것이다.

이선실은 누구인가?

이선실은 북한 노동당 권력서열 22위인 거물급 여간첩이었다. 이선실은 남한조선노동당중부지부장으로 강원과 충청남북도를 관리하고 있었다. 이선실 간첩 사건은 해방 이후 가장 큰 대규모 간첩사건이라는 점에서 큰 충격을 주었다.

이선실은 남한의 황인오를 포섭하여 24개 도시와 46개 기업 및 단체들의 유력인사를 포섭하여 강원도와 충청남북도를 점령한다는 계획을 세웠다. 1991년 7월 황인오는 강원도 삼척의 모 여관에서 조직을 구성하여 대남 간첩 활동을 해 오고 있다는 것이 안기부의 공식발표입장이었다.

안기부는 김대중 후보의 전 보좌관인 김부겸이 이선실 간첩사

정하섬분지계 대란, 노태우 정권(1988~1992)

건에 연루되었다고 말했다. 또한 민중당의 손병권과 전 민중당 대표인 김낙중과 장기표 등이 이 사건과 관련되어서 구속 수사를 받고 있으며 총 400여 명이 이선실 간첩 사건에 연루되어서 조사를 받고 있다고 발표했다.

문제는 안기부의 발표 시기였다. 안기부는 꼭 대선이나 총선을 얼마 앞두고 이런 발표를 했는데 이것이 정치발전을 저해하는 요인으로 작용하지 않을 수 없다. 국가정보기관인 안기부는 간첩 사건을 선거가 끝난 후로 미룰 수도 있었다. 그런데 선거 기간 중 발표를 하는 경우는 유권자들의 마음이 동요되기 쉽다. 또한 대북 문제에서 보수대집결로 인해서 야당 후보가 매우 불리한 위치에 놓이게된다. 이선실 사건은 14대 대선에 영향을 미칠 뿐만 아니라 국내외 정치에도 크게 영향을 미쳤다.

노태우 정권은 집권하면서 바로 북방정책을 추진해 나가고 남북화해 무드가 돌아 남북관계는 안정적이었다. 여기다 1991년 9월 18일 남북이 동시 유엔에 가입하여 남북에는 완전해빙무드가 조성되었다. 당시 남북 상황을 보면 1991년 12월 남북기본합의문채택, 1992년 1월 팀 스프리트 훈련 중단 및 미 국무 차관보 캔터와 북한노동당 비서인 김용순의 뉴욕에서의 회담에서 미군의 남한 주둔 허용 성명을 발표하는 등 둘의 관계 개선은 매우 순조롭게 평화적으로 진행되었다. 그런데 이선설 간첩사건 이후 1993년 3월 북한은 NPT탈퇴를 선언하면서 남북관계는 냉전으로 다시 돌아섰다. 당시 북핵 대사를 지낸 로버트 칼 루이치 북핵 담당 대사는 그의 저서인《북핵위기의 전말》에서 이선실 간첩사건은 남북관계를 화해에서 적대관계로 만드는 동기를 남한에서 먼저 부여했다고 주장한다. 동시에 이선실 간첩 수사 발표는 14대 대통령 선거에서 보수연대의 결속력 강화를 위한 선전용으로 작용할 가능성도 말했다. 이처럼 선거 바로 전에 발생하는 북한 핵문제와 간첩 및 도발사건은 냉전 체제하에 있는 한반도의 정세에 비추어서 절대적으로 선거의 중립 성을 저해하는 요인으로 작용하고 있다.

다음으로 제14대 대선을 살펴볼 수 있다. 노태우 정부는 이번 대선을 끝으로 물러나야 했다. 특히 노태우 정권은 전두환의 군부 독재에서 다음 정권으로 넘어가는 과도기적 역할을 수행한 정권이 다. 야당을 끌어들여서 합당한 거대여당으로서 국민들의 심판대에 오르게 되었다. 동시에 노태우가 선거 두 달 전인 10월에 탈당을 선 언함으로서 중립내각에서 선거의 정당성이 인정되는 선거였다.

14대 대선에서의 투표율은 81.9퍼센트였다. 후보자는 여당인 민자당의 김영삼, 민주당의 김대중, 국민당의 정주영, 신정당의 박 찬종 후보의 4파전이었다. 투표결과 여당인 민자당의 김영삼 후보 가 997만 표로 42퍼센트, 제1야당인 민주당의 김대중 후보가 804 만 표로 33.8퍼센트, 신당인 국민당의 정주영 후보가 388만 표로 16퍼센트, 박찬종 후보가 151만 표로 6퍼센트를 얻었다.

그 결과 김영삼 후보가 과반수에 못 미치는 득표로서 당선이 확 정되면서 새로운 시대를 열었다. 이제 처음으로 군부에서 문민정부 로 넘어가는 역사의 새로운 장이 열렸다. 또한 그동안 정치판의 큰 물줄기였던 양 김 중 1명이 대통령에 당선되었다는 의미가 있다. 다 른 김 씨인 김대중은 그날 바로 정계은퇴를 선언하였다. 이로써 한 국정치는 새로운 정치발전의 장을 열게 되었다.

선거결과를 분석하면 제13대 선거에서는 4개의 지역분할구도 현상이 나타났는데 이번 선거에서는 충청권이 김종필에서 강원 출 신인 정주영으로 대치되는 현상이 나타났다. 지난번 선거에서 나타난 대구·경북의 노태우, 부산·경남의 김영삼, 광주·전남북의 김대중, 충청남도의 김종필의 4개 지역분할 구도가 동서의 분할구도로 바뀐 것이다. 특히 김대중의 지역인 호남과 김영삼의 지역 기반인 영남으로 완전한 분할구도를 형성하면서 심각한 지역감정의 정치 현상을 나타냈다. 한국 정치발전을 저해하는 가장 큰 암 덩어리가 눈에 보이기 시작하였다.

　이번 대선에서 여당인 김영삼 후보는 연고지인 부산·경남 지역뿐만 아니라 전국적으로 고루고루 표를 얻어서 당선이 되었다. 반면 김대중 후보는 지역 기반인 호남 이외의 벽을 탈피하지 못하면서 낙선하였다. 이것이 자신의 한계라는 인식이 충격을 준 것 같다. 낙선한 김대중 후보는 수십 년간의 민주화 개척자였지만, 현실정치에 패한 충격에서 이번 선거를 끝으로 정계은퇴를 선언하고 영국으로 떠났다.

　이번 선거에서 부산의 공공기관장들이 선거운동에 참여하는 부산초원복집사건이 악재로 등장하였다. 그러나 이 사건은 오히려 지역감정을 부추겨서 김영삼 후보에게 유리한 방향으로 흘러갔다. 여기서 "우리가 남이가"라는 말이 나올 정도의 지역감정이 선거에 극도로 영향을 미쳤다. 재력을 바탕으로 한 현대그룹의 정주영 후보는 강원도를 기반으로 하는 동시에 김종필의 불출마로 공백상태가 된 충청도를 공략하였지만 큰 성과를 보지 못했다. 이로써 노태우 과도정부는 물러나고 새로운 문민정부 시대로 가는 한국의 정치발전은, 본격적인 선진국 수준으로 비약적인 도약의 단계에 접어들었다.

이,

논리보다 감성,

문민정부 김영삼 정권

(1993~1997)

# 김영삼
# 문민정부 출범의
# 의의

노태우의 제6공화국은 전
두환 군부독재에서 김영삼 문민정부로
넘어가는 과도기의 정부였다. 이미 대통
령 선거에서 36퍼센트의 헌정 사상 최소의 득표율로 당선된, 기반
이 약한 정부였다. 노태우는 직선제의 부활 이후 처음 당선된 대통
령이라는 의미를 가짐과 동시에 12·12 군사쿠데타의 주역이라는
꼬리표가 늘 달려 있었다.

노태우 정부가 군사정권 이미지를 탈피하고 3분의 1만이 지지
한 정부라는 약점을 보완하기 위해서는, 지지를 받지 못한 나머지
3분의 2의 힘이 필요하였다. 이러한 과도기의 정부에서 보수대연합
이라는 명분으로 3당이 합당하였다. 그 결과 노태우 정부는 문민정
부로 가는 징검다리 역할이 되었고, 김영삼과 김종필은 여당에 합
당하면서 국민으로부터 비난을 받았다.

그러나 만일 3당 합당이 없었다면 군사정권에서 문민정부가 탄
생하기까지는 더 오랜 시간이 소요되었을지 모른다. 야권분열 현상
으로 인해서 또다시 13대 선거와 같은 전철을 밟을 수도 있었기 때
문이었다. 즉 어부지리로 군부 집권이 연장될 가능성이 있었다.

김영삼은 3당 합당에서 불리한 조건에 처해 있었다. 주류인 민
정계의 공략과 내각제 합의문 각서 파동이 몰고 온 여파 속에서 탈
당까지 염두에 둔 배수진을 치고서 대통령제를 고집하였다. 마침
제1야당의 김대중 총재가 내각제 절대 불가론을 들고 나오면서 노

태우와 민정계는 물러나고 말았다.

하지만 여전히 주류인 민정계에 대항해서 소수의 민주계가 대통령 경선에서 승산할 가능성은 희박하였다. 김영삼은 특유의 뚝심을 발휘하여 민정계의 대표주자 중의 한사람인 김윤환을 비롯한 영향력 있는 동지들을 포섭하였다. 여기에 공화계를 거느리는 김종필의 집에 찾아가 삼고초려의 정신을 발휘한 노력 끝에 김종필계를 끌어들이는 데 성공 하였다. 그 결과 후보 경선에서 민정계의 대표주자인 박태준과 이종찬을 물리치고 1992년 5월 19일 민자당 대통령 후보 자리를 얻어내는 데 성공하였다.

일단 대통령 당선에 가장 근접할 수 있는 기회를 얻어낸 것이다. 호랑이를 잡기 위해서 호랑이 굴속으로 들어갔다가 갖은 죽을 고비를 넘기고 드디어 호랑이를 잡아낸 것이다. 이제 그에게 남은 위험 요소는 김대중을 비롯하여 갑자기 등장한 재벌기업의 총수인 정주영이었다. 특히 김대중이 선거 기간 중에 TV 토론을 제안하였는데 김영삼이 이를 반대하고 기피하면서 그의 인기는 하락하는 듯했다. 그럼에도 그가 TV 토론에 반대했던 것은 토론장에서 김대중의 달변에 눌릴 것 같았기 때문이다. 여기에다 선거 기간 중에 터진 악재가 한 가지 더 있는데 바로 부산 '초원 복집 사건'이었다. 대선을 얼마 남기지 않은 시점, 부산의 초원 복집에서 당시 전 법무부 장관 김기춘을 비롯한 부산의 정부 기관장들이 모였다. 그들은 신당 바람을 타고 인기도가 급상승하는 정주영을 견제하고 김영삼을 당선시키고자 했다. 그래서 민간에서 지역감정을 부추기고 김대중과 정주영 같은 야당 후보들을 비방하는 내용을 유포시키자는 은밀한 대화를 나누었다. 그런데 그들의 이런 비밀선거운동이 도청·녹음되어 공개되는 바람에 김영삼이 큰 곤경에 처하게 되었다. 하지만 김영삼은 이 사건에서 '도청'의 문제를 크게 부각시켰고 지지층의 결집을 도와 어려움을 딛고 결국 대통령에 당선되었다.

당선 후 김영삼은 선거공약으로 내놓은 군정 종식과 정경유착의 뿌리 뽑기 및 세계화의 공약 약속이행에 들어가게 된다. 정부의 명칭도 제7공화국이 아닌 문민정부라고 이름을 붙인다. 당명도 민자당에서 신한국당으로 명칭을 바꾼다.

김영삼은 제일 먼저 군정 종식을 위해서 오랫동안 전통적으로 군부를 통치했던 비밀 사조직인 하나회를 숙청시키는 작업에 들어갔다.

# 하나회
# 회원 명단

김영삼 문민정부는 출범
과 함께 선거 당시의 공약인 군정 종식
의 일환으로 군의 내부에서 오랜 뿌리
를 내리고 군의 인사권을 쥐고 있는 군의 비밀 사조직인 하나회를
숙청하는 작업부터 시작하였다.

그러면 하나회란 무엇이며 하나회 회원은 누구인가?

하나회 회원들은 12·12 쿠데타를 비롯하여 5·17 쿠데타를 주도
하고 5·18 광주 민주항쟁을 진압하고 군의 요직을 독점했으며 전역
후에도 전두환과 노태우 정권에서 핵심 직책을 맡았다. 하나회는
1951년 4년제 육사가 창설되면서 영남 출신의 생도인 전두환, 노태
우, 김복동, 최성택, 박병하 5명의 육사생도가 모여서 5성회라는 명
칭으로 만든 친목회다. 이후 그들은 꾸준히 기수별로 회원을 모집
하여 그 세력이 엄청났다.

육군본부는 22기를 끝으로 더 이상 하나회는 존재하지 않는다
고 발표하였다. 그러나 김영삼 정권이 시작된 1993년 3월에 육사
31기생들의 회장 선거에서 하나회와 비하나회가 한 술집에서 서로
육박전을 벌였다는 사실이 언론에 공개되면서 하나회가 여전히 존
재함이 밝혀졌다. 또한 김영삼 정부가 막 들어선 4월에는 용산의
군인 아파트에서 하나회 회원 명단이 살포되면서 김영삼은 하나회
숙청을 대대적으로 단행한다. 하나회 회원은 20기 이후에는 군 외
부에서는 큰 힘을 발휘하지 못하는 직업군인으로 변하면서 정치 세

력화된 조직에서 영향력이 없는 친목회로 변하고 말았다.

하지만 사실상 하나회는 육사 36기부터 종식되었다는 말이 있는데, 한편으로는 현역 소장 및 준장급 장성들 가운데도 하나회 멤버가 있다고 주장하기도 한다. 뿐만 아니라 예비역 단체에서도 하나회가 영향력을 행사한다는 말이 있다.

김영삼 문민정부 이후 하나회는 사실상 힘을 쓰지 못했다. 그러나 아직도 군 내부에서는 대령에서 준장으로 진급하는 심사에서 육사 출신이 78퍼센트의 비중을 차지하고 있다. 비육사 출신보다 약 3배 정도 많은 수라고 하니, 영향력이 완전히 사라졌다고 보기는 어려울 것이다.

그동안 정관계에서 활동한 하나회 회원들을 보면 다음과 같다.

운필용: 하나회의 대부에 해당된다. 육사 8기로 육군방첩부대장, 육군 수도경비사령관, 한국도로공사 사장, 한국담배인삼공사 사장 등 역임

차규현: 육사 8기로서 대장으로 전역했다. 12·12 쿠데타 주역이다. 수도경비사령관, 육사교장, 육참차장, 교통부 장관 역임

유학성: 육사 8기로 대장으로 전역했다. 육군 야전군 사령관, 안기부장, 국회의원 역임

황영시: 육사 10기로 대장으로 전역했다. 육군참모총장, 감사원장 역임

전두환: 육사 11기로 대장전역, 11~12대 대통령 역임

노태우: 육사 11기로 대장전역, 제13대 대통령 역임

정호용: 육사 11기로 대장전역, 육참총장, 내무부 장관, 국방부 장관, 국회의원 역임

김복동: 육사 11기로 중장전역, 육사교장, 광업공사 사장, 국회의원 역임

권익현: 육사 11기로 대령예편, 국회의원, 민정당 사무총장

안교덕: 육사 11기로 청와대 민정수석, 국회의원, 농수산물 유통공사 사장

박희도: 육사 12기로 대장전역, 육참총장, 토지개발공사 이사장

박세직: 육사 12기로 소장전역, 수도경비 사령관, 안기부장, 서울시장, 국회의원, 재향군인회장

제갈육: 육사 12기로 소장전역, 국회의원, 88서울올림픽 조직위원장

김대리: 육사 12기로 대장전역, 보안사령관, 국회의원

이충열: 육사 12기로 대장전역, 육참총장, 토지개발공사 사장

양성은: 육사 12기로 중장전역, 특전사 공수여단장, 총무처 장관

김 단: 육사 12기로 중장전역, 30경비단장, 국회의원

손성환: 육사 12기로 보안사 비서실장

김인석: 육사 12기로 준장전역, 청와대 사정수석비서관, 국회의원

장기오: 육사 12기로 중장전역, 특전사 공수여단장, 총무처 장관

최세창: 육사 13기로 대장전역, 육참차장, 국방장관

정동호: 육사 13기로 중장전역, 청와대 경호실장, 도로공사 사장, 국회의원

이우재: 육사 13기로 준장전역, 국보위 상임위원, 국회의원

우경윤: 육사 13기로 준장전역, 육군범죄수사단장

이종구: 육사 14기로 대장전역, 육참총장

안무혁: 육사 14기로 준장전역, 국세청장, 안기부장, 국회의원

이춘구: 육사 14기로 준장 전역, 내무장관, 국회의원

신우식: 육사 14기로 소장 전역, 관광공사 감사

이진삼: 육사 15기로 대장전역, 육참총장, 체육청소년부 장관, 국회의원

고명승: 육사 15기로 대장전역, 야전군 사령관

장세동: 육사 16기로 중장전역, 청와대 경호실장, 안기부장

송응섭: 육사 16기로 대장전역, 합참차장

허화평: 육사 17기로 준장예편, 청와대 정무수석, 국회의원

허삼수: 육사 17기로 준장예편, 청와대 사정수석, 국회의원

안현태: 육사 17기로 소장예편, 청와대 경호실장, 국가원로회의 사무

총장

김진영: 육사 17기로 대장전역, 육참총장

이현우: 육사 17기로 중장전역, 청와대 경호실장, 안기부장

이학봉: 육사 18기로 준장전역, 청와대 민정수석, 국회의원

구창회: 육사 18기로 대장전역, 야전군 사령관

조남풍: 육사 18기로 대장전역, 야전군 사령관, 재향군인회장

서완수: 육사 19기로 중장전역, 기무사령관

최석립: 육사 19기로 청와대 경호실장

김길부: 육사 20기로 중장전역, 보병사단장, 병무청장

이현부: 육사 20기로 중장 신분으로 사망

그러면 우선 11기부터 20기까지의 하나회 회원 명단을 보면 다
음과 같다.

육사 11기: 전두환, 노태우, 정호용, 김복동, 권익현, 최성택, 백운택,

손영길, 안교덕, 노정기, 박갑룡, 남중수

육사 12기: 박준병, 박희도, 박세직, 안필준, 정동철, 장기오, 황인수,

최웅, 김홍진, 이광근, 임인식

육사 13기: 최세창, 오한구, 정동호, 신재기, 윤태균, 이우재, 황진기,

조명기, 최문규, 우경윤, 권승희, 박종남

육사 14기: 이종구, 이춘구, 안무혁, 배명직, 정도영, 박정기, 장기하,

신우식, 장홍열, 이철희, 이경종, 신사오, 문영일, 최종국, 김충욱

육사 15기: 이진삼, 민병돈, 고명승, 김상구, 이대희, 나중배, 권병식,

강자화, 이한종, 이상수, 박대진, 김중영

육사 16기: 장세동, 신밀엽, 정순덕, 최평욱, 송응섭, 정만길, 김정룡,

이필섭, 양현수, 최원규, 이지윤, 김충식

육사 17기: 김진영, 안현태, 허화평, 허삼수, 이현우, 이문석, 류근하,

김준근, 임인조, 김태섭, 이병태, 이해룡, 강명오

육사 18기: 이학봉, 구창회, 정태화, 조남풍, 성한옥, 김정헌, 김재창,

이시용, 배대웅, 심준석, 이승남

육사 19기: 서완수, 김진선, 노석호, 최석립, 장석규, 김상준, 최윤식,

김택수, 김학주, 최준식, 이택형, 김정환, 최부웅, 최윤수

육사 20기: 안병호, 허청일, 김무웅, 김종배, 김길부, 이현부, 함덕석,

장호경, 안광열

# 군정 종식의 시작,
# 하나회 숙청

김영삼 문민정부에서 가장 중요시 여기는 것은 군을 전문 직업인화하는 작업이었다. 박정희 정권에서부터 시작된 '정치군인화'는 민주주의 발전을 막는 가장 큰 걸림돌이라는 것을 김영삼 대통령 스스로 경험을 통해서 누구보다도 잘 알고 있었다. 그러나 총을 들고 있는 군 조직을 갑자기 손보는 일은 용기가 필요하였다. 특히 당시만해도 군은 사회 전반에 뿌리를 깊숙이 내리고 있었기 때문에 자칫 섣불리 손을 대는 경우 역공격을 당하는 수가 있었다. 주변의 군부 국가들 역시 자칫 군을 잘못 건드렸다가 역 쿠데타로 정권이 몰락하는 경우가 허다했기 때문이다. 이러한 위험에도 불구하고 김영삼 대통령은 하나회 숙청작업에 들어갔는데 바로 자신의 선거공약인 군정 종식의 약속을 수행하기 위해서였다.

그러면 하나회는 어떻게 군에서 세력을 확장시켜 나왔는가?

우선 하나회 회원들의 규칙은 이랬다. 첫째 선후배와 동료들 간의 상하관계를 철저히 한다. 둘째로 회원들 간의 상호경쟁은 하지 않는다. 셋째 이러한 규율을 어기는 경우 인격을 말살한다. 하나회의 암호는 형님이다. 하나회는 1963년 7월 6일의 7·6 기획을 통해서 육사 8기생을 제거할 계획을 세우다 발각되어 박정희에게 알려졌지만 동향을 키우는 박정희는 묵인하였다.

1973년 보안사령관 강창성이 윤필용 사건을 조사 중 사조직인 하나회를 알아냈다. 하나회는 윤필용과 전두환이 이끄는 조직이라는 사실이 밝혀졌다. 윤필용은 사건으로 구속되고 전두환은 살아남아서 하나회를 세력화시켜 나갔다. 박정희에게는 절대 충성과 절대복종을 맹세하는 통에 박정희는 이들을 키워주었다.

이들은 육군 본부 인사과와 보안사 내사과 등 군의 요직을 점하면서 서로 간의 진급과 보직을 도와주었다. 10·26 사태로 국가 힘의 공백이 생기면서 전두환이 주도하여 12·12 군사반란을 주도하였다. 이 과정에서 전두환은 사조직인 하나회를 활용하여 쿠데타를 성공시켰다. 12·12 쿠데타에 가담한 군부를 신군부라고 부른다.

얼마 후 이들은 5·17 군사 쿠데타를 일으켜서 김영삼을 가택연금하고 김대중을 구속시킨다. 그리고 5월 18일 광주항쟁을 무력으로 진압한다. 그 후 전두환이 대통령이 되면서 군 내에서나 정치권에서 절대적인 권력집단으로 등장한다. 노태우 정권하에서는 약간 밀리는 듯하였지만 여전히 권력의 중심부에 있었다. 김영삼 문민정부가 들어서면서 하나회는 숙청대상으로 지목되어서 불과 수개월만에 완전 섬멸되어 버린다.

김영삼의 하나회 숙청과정을 보면 다음과 같다.

1993년 2월 25일 대통령 취임식을 마친 김영삼은 군정 종식에 곧바로 착수한다. 3월 4일 육사졸업식에서 실추된 군의 명예회복을 반드시 이루겠다는 연설을 시작으로 하나회 숙청작업에 들어갔다.

3월 5일 하나회 출신 서완수 기무사령관에게 대통령을 독대하지 말고 명령계통을 지켜서 참모총장을 통해서 보고하라고 지시한다. 며칠 후 권영해 국방부 장관을 부른다. 그리고 하나회 출신인 김진영 육참총장과 서완수 기무사령관을 전역시킨다. 그리고 바로 비하나회 출신인 김동진 연합사 부사령관을 참모총장으로 김도윤 기무사 참모장을 기무사령관으로 임명한다. 하나회 숙청의 첫 단계로 김영삼 대통령은 군의 가장 핵심이며 하나회 출신 참모총장과 기무사령관을 전역시켜 버린 것이다. 그리고 4월 2일 김영삼은 하나회 출신 안병호 수방사령관과 김형선 특전사령관을 전역시키고 곧바로 비하나회 출신으로 교체시켰다. 4월 8일에는 하나회 출신인 야전군의 최고통수권자인 1군사령관과 3군 사령관 및 2군 사령관을 전역시키고 곧바로 비하나회 출신으로 교체했다. 4월 15일에는 하나회 출신 군단장과 사단장들을 전역시키고 비하나회 출신으로 교체했다. 이 과정에서 사단장 이상의 하나회 출신 장성들은 전부가 다 전역조치를 당했다.

이런 상황에 백승도 대령이 용산의 군인 아파트를 비롯한 전국 군인 아파트에 하나회 명단과 함께 정치군인 몰아내자는 삐라를 살포하면서 장성급 이상 하나회 회원의 이름이 밝혀졌다. 이후 곧 영관급 장교들의 하나회 회원들의 이름이 공개되면서 이들 영관급 장교들은 진급에서 밀리면서 얼마 후 모두가 다 전역되고 말았다.

그뿐 아니라 위관급 장교들까지 하나회 회원이거나 하나회와 관련이 있는 사람은 진급에서 불이익을 당하다가 결국 전역되고 말았다. 하나회 출신의 대대적인 숙청작업으로 육군에서 합참의장을 구할 수가 없자, 공군에서 차출한다. 공군참모총장인 이양호가 합참의장이 될 정도로 하나회를 싹쓸이한 것이다.

이러한 김영삼의 하나회 숙청 작업에 군 내부에서 남아있던 하나회 장성이 불만을 터트렸다. 합참작전국장이자 하나회 출신 이충석 소장이 합참 간부 회식에서 술김에 대통령의 하나회 숙청 작업에 대해서 불만을 토하고 술병을 내던지는 사고가 발생하였다. 김영삼은 대노하여 이충석을 전역 조치하고 이후 대대적인 하나회 탄압작업에 들어갔다. 이로써 한 세대를 풍미하던 하나회는 김영삼의 하나회 숙청 작업에 의해 순식간에 전멸하고 말았다. 이 사건을 계기로 김영삼의 인기도는 한때 90퍼센트를 웃도는 사상 최고의 기록을 수립했다.

이러한 하나회 숙청의 결단력은 군은 총을 들고 있을 때뿐이지 군복을 벗겨 놓으면 아주 나약한 존재에 지나지 않는다는 것을 김영삼 대통령이 잘 보여 주었다. 김영삼의 군정 종식은 하나회 숙청을 시작으로 하여 또다시 역사 바로 세우기를 명목으로 12·12 쿠데타 주역들을 법정에 세웠다.

# 노태우의
# 비자금과 법정에 선
# 12·12
# 쿠데타 주역들

김영삼 문민정부의 군정
종식은 32년간 계속된 얽히고설킨 타래
줄을 풀어내듯 복잡한 문제가 도사리
고 있었다. 원래 김영삼은 전직 대통령들에 대한 조사는 정권이 바
뀔 때마다 반복되는 보복 비리수사로 비쳐질 것을 염려하였다.

이러한 폐단의 근절을 위해서 전두환, 노태우에 대한 수사는 금
지시켰다. 그러나 5·18 광주항쟁 피해자 단체를 비롯하여 많은 재
야 및 시민단체들이 검찰에 고소하는 바람에 검찰에서는 성공한
쿠데타로 간주하여 소를 기각 시켜왔다. 이런 와중에 김영삼 문민
정부는 집권 초인 1993년 8월 갑작스레 비밀리에 금융실명제를 단
행하였다. 금융실명제는 경제민주화를 위한 가장 중요한 조치이며
민주주의 발전을 위해서 가장 필요한 요소였다. 정경유착을 비롯
하여 모든 부정이 바로 금융차명계좌에서 비롯되기 때문이다. 이미
전두환 정권 당시 대형 금융 사기 사건인 장영자 사건이 발생하면
서 금융실명제를 시행하자는 의견이 분분하였다. 정치권에서 많은
일을 몸소 경험한 김영삼은 정치발전을 위한 금융실명제를 평소에
구상하고 있다가 집권하자마자 비밀리에 단행한 것이다.

이것은 1962년 박정희 정권이 5·16 군사정변 이듬해인 1962년
화폐개혁을 단행한 것과 같은 맥락에서 이해할 수 있다. 1962년 당
시 화폐개혁이 실패한 원인은 사전에 화폐개혁에 대한 정보가 누설
되었기 때문에 미리 돈을 다 빼돌렸기 때문이었다. 이러한 사실을

잘 알고 있는 김영삼 대통령은 쥐도 새도 모르게 금융실명제를 단행하였다.

그러던 중 사건이 하나 생긴다. 1995년 당시 서석재 총무처 장관이 '전직 대통령 중 한 사람이 4,000억 원 정도의 비자금을 가지고 있다'는 발언을 한 것. 이 비자금이 시중 은행들의 차명계좌로 남아있다는 것이다. 이 말에 대해서 언론이 집중적으로 조사에 들어가자 서석재 장관은 말을 번복하였다. 그리고 그 책임으로 서석재 장관이 사표를 내면서 사건은 마무리되는 듯했다.

그런데 곧바로 민주당의 박계동 의원이 1995년 10월 19일 국회대정부 질문에서 '신한은행 서소문 지점에 우일양행 명의의 110억 원이 노태우 비자금'이라는 사실을 폭로하였다. 이 사실로 검찰은 진상조사에 들어갔다. 이어 3일 후 10월 22일 당시 이현우 경호실장은 '우일양행의 110억 원은 노태우 대통령이 재임 시에 정치자금으로 기업들로부터 거두어서 정치자금으로 사용하고 남은 돈'이고 당시 '청와대 경리과장 이태진이 관리하고 있었다'고 밝혀 비자금의 존재가 확인되었다.

일이 복잡해지자 노태우는 직접 대국민 사과문을 통해서 비자금 사실을 공개하고 국민에게 사죄하였다. 노태우는 재임 시 기업들로부터 약 5,000억 원을 거두어 들여서 정치자금으로 사용하고 나머지 1,700억 원이 남아있다고 했다. 검찰은 곧 수사에 착수했다. 그 결과 노태우의 말과는 달리 실제로는 기업들로부터 거둔 돈이 3,400~3,500억 원, 당선 축하금을 비롯하여 1987년 대선 때 사용하고 남은 돈 1,100억 원이 합해진 금액이 드러났다. 비자금의 사용처도 수사했으나 그중 약 900억 원은 밝히지 못하였으며 다른 정치인들에게 얼마의 정치자금을 주었는지에 대해서도 밝히지 못했다.

이 사건으로 노태우는 재판에 회부되어 징역 15년형과 추징금 2,628억 원이 선고되었다. 동시에 당시 경호실장 이현우와 경호실 경리과장 이태진이 구속되었다. 또한 삼성그룹의 이건희, 대우그룹의 김우중 등 재벌총수와 금진호, 이원조, 경제수석 김종인 등 40여 명이 관련되어 재판에 넘겨졌다.

노태우 비자금 수사로 12·12 사태와 5·18 광주민주화항쟁 피해 단체들의 항의가 거세지면서 국민들 사이에서는 김영삼 대통령이 노태우로부터 받은 비자금이 있다는 소문이 나돌기 시작하였다. 김영삼은 '전직 대통령의 수사는 불가능하다'는 자신의 소신에서 물러나지 않을 수 없는 상황에 이르렀다. 결국 김영삼은 '역사 바로 세우기'라는 명목으로 12월 3일 전두환을 구속했다. 이어서 여당인 신한국당과 국민회의, 민주당 3당은 12월 19일 5·18 특별법을 제정하여 12·12 사태와 광주진상규명을 위한 근거법을 마련했다. 12·12 사태를 군사반란혐의로 11명을 구속시켰다.

구속자들을 보면 12·12 쿠데타 관련자인 유학성, 황영시, 이학봉, 정호용, 허삼수, 허화평, 박준병, 최세창, 장세동, 이현우 등이다. 그리고 다음 해 4월 17일 대법원 상고심에서 전두환은 사형에서 무기로 노태우는 무기에서 징역 17년형으로 확정하였다. 그러나 이들은 2년여 옥살이를 거쳐서 김영삼 대통령이 퇴임 전인 1997년 12월 22일 국민대화합이라는 명분으로 특별사면조치를 취함으로서 석방되었다.

노태우, 전두환의 독재정치는 정경유착으로 이어졌다. 정경유착의 피해자는 바로 국민들이다. 국민들에게 물건을 팔아서 기업을 운영하는 경제인들은 정경유착으로 정치인들에게 지불한 비자금

비용을 자신들이 만들어낸 상품의 생산원가에 덧붙여서 상품 값을 매겼다. 결국 이 상품의 소비자인 국민들은 상품을 살 때 정치인의 비자금몫까지 지불하게 되는 것이다. 이 사건으로 국민들은 전두환, 노태우에 대한 배신감과 군사정권에 대한 불신감을 느끼게 되었다.

정경유착의 근절은 바로 정치발전을 위한 가장 중요한 요소이다. 김영삼 문민정부의 금융실명제 개혁이 없었더라면 노태우 비자금 문제는 그냥 넘어갔을 수도 있는 사건이었다. 이만큼 금융실명제는 한국 민주주의와 정치발전에 크게 기여했다.

그러면 이제 김영삼 정부가 단행한 금융실명제에 대해서 알아보자.

# 금융실명제와
# IMF

김영삼 문민정부는 1993년 8월 12일 20시부터 모든 금융 거래는 실명으로 해야 한다고 공고하였다. 대통령 긴급명령을 발동한 것이다. 대통령과 최측근만 알고 있었다. 김영삼은 오랫동안 정치권에 몸담고 있으면서 금융실명제의 필요성을 느끼고 있었다.

금융실명제는 경제민주화의 중요한 요소인 금융 거래의 투명성을 바탕으로 하기 때문이다. 이미 장영자 사건이 터진 1982년 4월부터 금융실명제 실시의 필요성이 제기되었다. 그 결과 실명소득자산에 대한 종합소득세제도를 실시하게 된다. 이것이 1982년의 7·3 조치이다. 하지만 당시는 금융실명제를 실시할 전산망과 세무서의 세무능력이 실명제를 실시하기에는 아직 부족하였다.

그러나 노태우 정부가 들어선 1988년 10월, 경제의 안정성장과 선진화 추진대책회의에서 또다시 금융실명제가 대두되었다. 당시는 부동산 투기 등에 검은돈이 들어가고 뇌물을 줄 때도 비실명제를 활용하였다. 그러나 이때도 실명제를 실시하는 데 필요한 여러 가지 금융제도법이 마련되어 있지 않았다. 1989년에는 재무부 안에 금융실명제 추진기획단을 설치하였다. 금융실명제 추진기획단은 1991년부터 이 제도를 추진하겠다는 계획을 세웠다. 그러나 이번에도 실명제에 대한 보완이 충분하지 못했다.

그러다 김영삼 정부가 들어서면서 금융실명제에 대한 제도적인 보완장치의 필요성을 절감하면서 비밀리에 대통령 긴급명령으로 금융실명제를 실시하였나. 그런데 예상외로 기존의 약 98퍼센트가 금융실명제 거래가 이루어지고 있었다. 김영삼 정부는 대부분의 사람들이 금융실명을 하지 않고 있으며 부정한 수법으로 거래를 한다고 잘못 생각하고 있었다. 그 이유는 김영삼 대통령이 오랫동안 정치인들과 관료들이 부정적인 방법으로 금융거래를 하는 것을 보아왔기 때문에 대다수 국민들도 부정적인 거래를 하고 있다고 생각하고 있었다.

박정희 정권부터 산업화의 성공에는 비실명제도가 필요하다고 주장하는 사람들이 늘어났다. 김영삼 정부의 실명제는 실패를 하였으며 1997년 12월 '금융거래실명 및 비밀보장에 관한 긴급재정명령'에서 '금융실명 및 비밀보장'에 관한 법률로 대체되면서 금융실명제 긴급명령은 자취를 감추고 말았다.

전국경제인 연합회인 전경련은 금융실명제가 외환위기를 가져왔다면서 금융실명제 폐지를 강력하게 주장하였다. 그러나 정작 당시 국제통화기금인 IMF는 금융실명제의 전면 폐지에 대해서 반대하였다.

그러면 왜 금융실명제가 성공적인 정착을 하지 못하였는가?

그 이유는 금융실명제에 대한 충분한 사전의 제도적 장치가 부족하였기 때문이다. 이것이 바로 금융실명제가 실패한 가장 큰 이유다. 전두환 정부 당시, 장영자 사건 이후 계속해서 제기된 금융실명제가 연기된 이유는 전산망과 국가기관의 충분한 대응 능력이 부족하였기 때문이다.

김영삼 정부는 금융실명제를 정치적인 시각에서만 보았다. 모든 것을 정치인들의 불법적인 정치자금 조성, 불법거래와 뇌물 등과 관련시켜서 좁은 시각으로 보았다. 사실상 금융실명제 이후 정치적 차원에서는 긍정적인 효과가 나타났다. 불법정치자금과 공직자의 뇌물수수 등이 줄어들었다. 공직자 재산 등록제를 실시한 것도 바로 금융실명제 실시 이후이다. 노태우의 불법 비자금이 들통난 것도 바로 금융실명제 덕분이었다. 제도의 특성상 차명으로 모아둔 정치자금이 드러난 것이다. 또한 금융실명제는 부동산불법거래나 투기 등을 막는 데도 효과가 있었다.

그러나 경제적인 차원에서는 금융실명제로 인해서 많은 제약을 받았다. 그 결과 한국경제가 위기를 맞게 되었다는 전국경제인 연합회의 말이 일리가 있다.

박정희 정권에서도 초기에 화폐개혁을 단행하였지만 실패하였다. 박정희 정권에서 화폐개혁이 실패한 원인은 사전에 정보가 유출되었기 때문이다. 김영삼 정부는 박정희 정부의 실패원인을 되풀이 하지 않게 하기 위해서 사전에 충분한 준비가 없이 금융실명제를 실시한 것이 금융실명제가 정착하지 못하고 실패한 가장 큰 원인이라고 할 수 있다. 금융실명제를 실시한 취지는 좋았으나 그것보다 더욱 중요한 것은 사전에 미리 충분한 연구와 실시에 따르는 제도적 장치를 마련한 후에 금융실명제를 단행했더라면 틀림없이 성공을 거두었을 것이다. 그러나 김영삼 정부의 금융실명제 실시는 장기적인 안목에서 볼 때 한국 정치경제 발전에 크게 기여 하였다고 할 수 있다.

# 역사 바로 세우기,
# 5·16은 쿠데타인가
# 혁명인가

　　　　　　　　　　　　김영삼 대통령이 한국 민
주주의의 개척자로서 정치발전에 기여
한 사건은 '역사 바로 세우기'이다. 김영
삼 대통령은 중앙청으로 사용하던 조선총독부 건물을 철거하였다.
그리고 경복궁을 재건하였으며 청와대 안가를 철거하였다.

　광주항쟁을 광주민주화운동으로 높이 평가하였다. 광주민주화
운동의 정신이 문민정부를 탄생시켰다고 했다. 5월 18일을 기념일
로 제정하고 5·18 묘역을 성역화 시켰다. 또한 문민정부의 정신을
임시정부의 정신을 계승한다고 했다. 김영삼은 이승만 정권시절 처
음은 자유당으로 정계에 진출했으나 이승만의 사사오입개헌에 반
대하여 여당을 탈당하여 야당으로 이승만 독재에 항거하였다.

　이후 전두환, 노태우 전직 대통령을 역사 바로 세우기 명분으
로 감옥으로 보내서 역사의 심판을 받도록 했다. 4·19에 대해서는
4·19 의거에서 4·19 학생 혁명으로 한 단계 높였다. 12·12쿠데타에
대해서는 12·12는 당연한 군사반란 쿠데타로 규정하였다. 또한 하
나회를 숙청하는 과정에서 군의 명예회복이라는 말을 사용하였다.

　여기서 문제가 되는 것은 김영삼이 5·16 군사정변을 어떻게 보
는가이다. 그는 5·16을 군사 쿠데타라고 규정하고 있다. 김영삼은
왜 5·16을 군사쿠데타라고 규정하고 있는가. 여기에 대해서 명확
한 설명을 하지 않고 있다. 그러나 지금은 5·16은 군사쿠데타가 아
닌 군사정변으로 통용되고 있다. 5.16이 군사쿠데타냐 군사혁명이

냐에 대한 논쟁은 오래전부터 지속되어 왔다. 제3공화국과 제4공화국에서는 군사혁명이라고 명명하였다. 그러나 당시 급진세력 및 재야세력은 5·16을 군사쿠데타로 규정하였다. 전두환, 노태우 정부 시절에는 3공과 4공이 같은 군부에 뿌리를 두고 있기 때문에 5·16에 대해서 군사혁명으로 안정하였다. 김영삼 문민정부는 5·16에 대해서 쿠데타로 규정하고 하였다. 그러나 박정희 개인에 대한 지지 세력들의 강한 반대에 부딪쳐서 5·16이 군사쿠데타와 군사혁명이 아닌 군사정변이라는 용어를 현재 통용어로 사용하고 있다. 5·16이 쿠데타냐 혁명이냐에 대한 심판은 현재 생존하는 사람들이 사라진 후에 후손들에 의해서 정확히 판단될 것이다.

한편 왜 김영삼은 문민정부가 임시정부를 계승하는 정부라고 했을까?

아마 김영삼은 민족주의자인 김구 선생을 비롯하여 당시 임시정부에서 독립운동을 하였던 민족주의 선열들의 정신을 계승하자는 의미에서 임시정부를 계승한다고 했던 것 같다. 이승만과 김구를 보면 이승만은 친미주의자이다. 그러나 김구는 민족주의자이다. 따라서 이승만의 정통 한국 정부를 김영삼은 부정하고 있다. 김영삼 문민정부의 정체성을 김구의 민족주의 정신에서 찾고자 하는 의미라고 볼 수 있다.

# 약속을 휴지처럼
## 버리는 사람들의
## 김종필 토사구팽

김영삼은 집권 2년 차에 세계화 구상을 발표하였다. 김영삼 정부의 세계화 구상은 20세기의 근대화를 넘어서 21세기의 혁명의 시대에 통일된 세계 중심국가로서 세계 일류국가로 가는 징검다리를 놓겠다는 국가 전략이라고 할 수 있다.

김영삼은 박정희의 조국근대화에 대해서 단순히 전형적인 구시대의 모델이 되는 국가전략이라고 비판했다. 박정희의 조국 근대화는 수출과 경제중심의 세계화라면 김영삼의 세계화는 사회 문화 중심의 세계화라는 것이다.

김영삼의 세계화 전략은 교육개혁을 통한 교육의 세계화, 투명한 경제거래를 통한 법질서와 경제 질서의 세계화, 정치와 언론의 세계화, 서비스 행정의 세계화는 선진국 행정의 모델을 바탕으로 하여 중앙의 행정개혁 및 지방자치 실시를 통해서 중앙정부와 지방정부의 선진화에 대한 세계화, 환경의 세계화, 문화와 의식의 세계화의 6개로 분류하고 있다. 김영삼의 세계화는 차세대를 위한 세계화이며 세계 일류선진국으로 도약하기 위한 세계화를 강조하였다.

김영삼은 세계화를 위해서 경제개발협력기구인 OECD와 세계무역 기구인 WTO 등에 가입 하는 등 국제선진국 대열에 들어가기 위해서 노력하였다. 당시는 개방의 압력에 약한 태도를 취한다는 비난과 시대조류와 한국 실정에 너무 앞서가는 매우 진보적인 경제 사고라는 비난을 받았으나 지금 실정에는 매우 좋은 전략적 사고였다고 할 수 있다.

행정개혁으로는 규제개혁을 통해서 규제를 풀어 버리는 정책을 추진해 나갔다. 가장 중요한 것은 지방자치제의 실시로 정치발전을 가져왔다. 이미 노태우 정부 시절 김대중의 단식으로 1991년 기초와 광역의원 선거가 있긴 했다. 그러나 노태우는 지방자치제 전면 실시를 1992년으로 1년간 보류한 후에 말을 바꾸어 1994년으로 2년간 더 보류하였다. 그런데 김영삼은 집권 후 1995년에 지방자치를 전면 시행하였다. 이것은 한국 정치에 획기적인 정치발전을 가져왔다.

환경 역시 중요한 과제로 생각하여 당시 세계 각국들의 환경운동에 적극적으로 동참하였다. 문화와 의식의 세계화를 통해서 세계 각국의 문화를 알기 위해서 여행의 자율화 조치를 취하면서 많은 사람들이 세계여행을 떠났다. 하지만 이것은 나중에 외환보유고가 바닥나게 하는 원인이 되면서 외환 위기에 중대한 영향을 미쳤다.

여기서 김영삼 대통령은 '국내정치에서도 세계화를 적용하여 세계화는 차세대를 위한 것'이라고 했는데 이 말의 의미가 중요하다. 차세대를 위해서 정치개혁이 필요하다는 것이다. 이 말에는 자신과 함께 구세대 정치인들이 물러나야 한다는 의미가 담겨 있다. 즉 자신을 포함하여 김대중과 김종필 삼김시대가 청산되어야 한다는 것이다. 김영삼에게는 자신과 같은 배를 타고 있는 김종필 제거가 가장 골칫거리로 다가왔다.

김종필은 자신이 민자당에 합당할 때 같이 동참해준 정치적 동지였다. 또한 거대 주류의 민정계 호랑이에게 잡혀 먹힐 뻔한 위기로부터 자신을 살려준 은인이기도 하다. 이러한 은혜를 모르고 배신한다면 동방예의지국에서 문제가 생기게 되는 것이다.

하지만 김영삼이 집권하게 되면서 이제 김종필은 필요 없는 인물이 되었다. 오히려 자신의 일에 걸림돌이 되었다. 마침 김영삼은 공직자 재산신고를 이유로 구 공화당 지킴이던 김재순과 박준규를 당에서 축출하였다. 김재순과 박준규는 김영삼 대통령 당선에 엄청난 도움을 준 사람들이었다. 그런데 이들은 쫓겨나면서 토사구팽이라는 말을 하였다.

그러면 토사구팽이란 무슨 말인가?

토사구팽은 토끼 사냥을 하던 사냥개가 토끼사냥이 끝이 나면 쓸모가 없기 때문에 주인이 사냥개를 잡아 먹어버린다는 말이다. 이 말은 한고조 유방의 명장이자 명신인 한신이 유방에게 잡혀 죽으면서 한 말이다. 또한 춘추시대 오왕 부차가 월나라 범례에게 월왕이 오나라를 정복하고 나면 명장인 범례는 쓸모가 없기 때문에 잡혀서 죽음을 당할 것이라는 말에서 유래되었다.

이처럼 김영삼에게는 김종필이 더 이상 쓸모가 없었다. 마침 1994년 11월 18일 김영삼은 세계화를 선언하면서 김종필 등을 흘러간 인물로 규정하고 세계화 시대에 맞는 인물이 필요하다는 것을 시사했다.

김영삼은 자신이 위기 몰렸을 때 김종필에게 삼고초려의 정신으로 찾아가서 도움을 청했다. 그리고 당내 2인자 자리를 약속했었다. 그러나 2인자를 싫어하는 김영삼은 김종필을 구박하기 시작하였다. 박정희 밑에서 오랫동안 갖은 핍박을 받아서 참을성이 강한 김종필은 그럼에도 인내하였으나 민주계 대표주자인 최형우가 찾아와서 탈당을 권유하였다. 다른 민주계 세력들로부터 강한 탈당 압력을 받는다. 그러자 이제는 대선 때 김영삼 대통령 만들기에 일등공신인 허주 김윤환이 찾아와서 김종필의 탈당을 권유한다. 당

내 지분이 약한 김종필은 더 이상 버틸 수가 없었다.

결국 김종필은 1995년 1월 18일 김영삼 대통령과 독대를 한다. 그리고 더 이상 희망이 안 보이자 3주 후인 2월 9일 탈당한다. 탈당하면서 '약속을 휴지처럼 버린 사람들'이라는 말을 남긴다.

이것은 삼국시대 유비가 조조 밑에 들어가서 갖은 고통을 당하면서 끝까지 견뎌내는 것과 같다고 할 수 있다. 김종필은 탈당 후 곧바로 3월 30일 자유민주연합인 자민련을 창당하면서 많은 사람들의 동정을 받았다. 3개월 후에 치러진 6·27 지방선거에서 김대중과 함께 지방선거에서 압승을 거두면서 재기하여 과거의 삼김시대에서 후 삼김시대를 열어간다.

# '등산화 인사'와
# 수양산 그늘이
# 미친 '망사 인사'

김영삼은 오랫동안 야당 생활을 하면서 남의 신세를 많이 졌다. 대부분 동양사회에서는 남의 신세를 졌으면 되갚는 것이 예의이다. 그 예로서 동양사회에는 '수양산 그늘이 강동 80리'라는 말이 있다. 수양산은 중국의 명신 백이와 숙제가 나라가 망하자 두 임금을 섬길 수 없다며 수양산에 들어가서 고사리를 캐먹다 굶어 죽은 이야기로 유명하다. 조선 초기의 명신 성삼문은 단종을 폐위시키려는 수양대군에 반기를 들면서 수양산 이야기를 하였다. 수양산 그늘이 강동 80리라는 말은 수양산의 경관으로 인해서 주변의 경치가 아름다움을 유지하고 있다는 것이다. 인간사회를 살아가는 데 어느 큰 사람의 도움으로 인해서 주변의 많은 사람들이 덕을 본다는 말이다. 즉 주변의 누가 출세를 하면 주변의 친인척들이 많은 도움을 받는다는 말이다.

김영삼은 집권하면서 "인사가 만사다"라는 말을 하였다. 그만큼 인사의 중요성을 강조하였다. 사실상 역사적으로 성공한 국가는 인사에서 성공을 하였다. 김영삼은 혼자 비밀리에 결정하는 독선적인 인사 스타일을 보인다. 주변의 아무리 가까운 측근도 알지 못하도록 비밀로 한다. 그러다보니 인사 검증에서 문제가 발생하는 실수를 저질러서 다시 뽑는 사례가 허다하였다.

김영삼은 집권 5년 동안 총 25번의 개각을 단행하였다. 그중에서 국무총리만 6명이고 경제 부총리 7명, 통일부 총리 6명이 배출되었다. 오인환 공보처 장관만 5년간 최장기 장관이며 나머지는 거의 다 단명하였다. 장관은 118명으로 대량 양산하였다. 장관의 재임은 평균 11.3개월로 1년이 채 안 되었다. 이처럼 잦은 경질은 국정 운영에 상당한 차질을 초래하였다. 업무를 파악할 만하면 사표를 내야 하는 상황이 생겼기 때문에 업무 추진이 어려웠기 때문이다. 이러한 잦은 개각은 국정 운영의 일관성을 상실하면서 김영삼 정부가 크게 성공하지 못하고 마지막에 IMF 즉 외환위기를 맞은 원인 중의 하나가 된다.

노태우나 전두환의 인사가 '군화 인사'였다면 김영삼의 인사는 '등산화 인사'였다. 오랜 야당 생활 중 활동한 외곽 조직인 민주산악회가 정부 주요 인사에 개입하였기 때문이다. 김영삼은 초기에 공정성과 지역 안배 및 보수와 진보를 동등한 비율로 등용하려고 했다. 그러나 시간이 지나면서 점차적으로 부산·경남 즉 PK 중심의 지역을 선호하였다. 민주산악회는 나중에 잡음이 생기자 해체시킨다. 그러나 민주동우회라는 이름으로 다시 탄생된다.

여기에 차남 현철이 개입하면서 점차적으로 인사는 망사로 변하게 된다. 김현철과 경복고 동문들이 안기부 요직을 점령하면서 인사가 더욱더 복잡하게 돌아간 것이다. 실제로 당시 권력기관인 청와대와 안기부에는 김현철의 경복고 동문들이 포진해 있었다. 그중에서 이석채 청와대 경제수석과 이원종 정무수석 역시 경복고 출신이었다. 안기부의 권영해 안기부장과 함께 김기섭 운영담당 차장과 오정소 제1차장은 안기부 내 실세 3인방이었는데 그중에서 오정소가 경복고 출신이다. 김현철의 입김이 인사에 얼마나 반영되었는지를 알 수 있는 대목이다.

권영해는 경북 출신으로 김영삼 정권이 들어서면서 국방부 장관에 임명이 되었으나 그해 12월 국방부 무기업자 사건으로 그해 12월에 사직하고 다음에 12월 1년 만에 다시 안기부장으로 복직하는데 이는 인맥으로 인한 재등용이라고 볼 수 있다.

김현철의 인사 개입은 기존의 상도동계와 민주산악회와의 갈등을 초래하였다. 또한 이원종 정무수석과 이석채 경제수석 및 박세일 사회복지 수석간의 갈등 역시 인사에 큰 문제를 발생시켰다. 김광일 비서실장 도청을 안기부에서 주도하면서 청와대와 안기부의 갈등의 원인이 되었다. 또한 초기의 외교안보 라인인 한승주 외무장관과 정종욱 외교수석 간의 갈등으로 인해 외교안보 라인에 문제가 생긴 것도 이러한 인사문제에서 연유된다. 다음에 설명하는 김영삼 정부의 북한과의 안보 정책에 문제가 생긴 것은 바로 인사 정책에서 비롯된다고 할 수 있다.

# 일관성 없는
# 대북 정책

세계적인 경제학자 밀턴 프리드먼은 70년대 미국 경제 정책의 실패 원인을 샤워장의 수도꼭지에 비유하고 있다. 샤워장에서 냉수와 온수를 쉴 새 없이 번갈아 가면서 수도꼭지를 트는 바람에 혼동이 와서 결국은 경제 정책이 실패하고 말았다는 것이다.

김영삼의 대북 정책도 샤워장의 온수과 냉수의 혼동과 같은 강경과 온건 노선을 번갈아 걸으면서 일관성을 상실하였다.

문민정부 초기에는 한민족공동체 의식을 강조하며 대북유화 정책을 추진해 나갔다. 미 전향수인 이인모 노인의 북송 조치를 취하면서 남북관계 개선에 유화적인 태도를 보였다. 그러나 북한이 3월에 NPT 즉 북핵확산금지조약을 파기하고 탈퇴하자 김영삼 정부는 강경대응 노선을 취하였다.

또한 북한이 남한 불바다 발언을 하자 강경대응 노선을 걸었다. 그러면서 한편으로는 남북한 정상회담을 추진하였다. 그런데 남북한 정상회담이 성사될 무렵 갑자기 김일성이 사망하여 성사되지 못했다.

북한이 영변에 핵개발 시설을 설치하자 미국 클린턴 행정부는 영변핵시설을 폭격할 계획을 발표했는데 이때 김영삼 정부는 적극적으로 계획을 만류하였다. 그러나 한편으로는 김일성 사망 이후 조문단 파견의 적절성 여부를 둘러싸고 논쟁이 있었던 조문 파동을 비롯하여 북 잠수함의 강릉 침투와 김정일 처조카 이한영 피살 사건 등으로 북한에 대해서 강경노선을 걸으년서 남북관계는 최악의 사태로 번져 나갔다.

결국 김영삼 정부의 대북한 관계는 실패하고 말았다. 샤워장의 온수와 냉수를 번갈아 가면서 뿌리는 것과 같이 김영삼 정부는 대북 정책의 일관성을 상실하고 말았기 때문이다.

# 노동법
# 날치기 통과

김영삼 정부의 큰 실책 중의 하나는 노동법를 날치기로 국회에서 통과시킨 것이었다. 1996년 12월 26일 여당인 신한국당은 단독으로 노동법을 날치기 통과시켰다.

당시 한국재계는 이미 경제위기인 IMF 사태가 찾아오기 직전에 있었다. 따라서 많은 기업들이 부도 직전에서 휘청거리고 있었다. 이에 김영삼 정부는 기업들의 편을 들어 여당 국회의원들을 동원하여 노동법을 날치기 통과시켰다. 특히 문제가 된 내용은 정리해고법과 노동쟁의 중 무노동 무임금 법안이었다.

이에 김대중의 국민회의와 민주당 등 야당의원들이 들고 일어나면서 민주노총 등 노동자들의 시위가 벌어졌다. 그 시위는 전국적으로 번져 수십만의 인파가 거리를 메우고 전국의 노동자들이 파업에 동참하였다. 경찰은 주동자 20여 명을 연행해서 구속시켰으나 사태는 더욱더 악화되었다. 분위기가 심각해지자 김영삼 정부는 날치기 노동법안이 무효임을 발표하고 법안을 철회하였다.

이 사건은 당시 노총 총연합회 회장이던 권영길이 '건설국민승리21'이라는 정당을 만들어서 제도권 정치에 입문하는 계기가 되었다. 그리고 이 사건으로 인해 노동자들의 인권에 대한 위상이 높아지고 노동자를 점차 배려하기 시작하면서 한국의 정치발전은 속도를 내게 되었다.

# 김대중의 정계 복귀와
## 다시 찾아온
## 삼김시대

1992년 12월 17일 대통령 선거 다음 날 김대중은 정계은퇴를 선언했다. 정치에 대해서 회의를 느꼈기 때문이었다. 이미 세 차례에 걸쳐서 실패를 맛본 김대중은 바로 영국의 케임브리지 대학으로 공부하러 간다.

영국에서 그는 많은 정치인, 학자들과 교류하면서 때를 기다리고 있었다. 그리고 2년 7개월 만에 한국에 돌아와 1995년 7월 18일 정계에 복귀한다. 그 당시는 제1야당인 민주당의 이기택이 계파간의 갈등으로 인해서 당의 기능이 약해져 있었다.

김대중은 민주당 내에서 자신을 추종하는 세력을 모아 새정치국민회의라는 간판으로 창당한다. 당시 김대중은 민주당 구성원의 70~80퍼센트를 이끌고 창당을 하였다. 그리고 다음 해 1996년 4월 11일에 4·11 총선이 실시되었다.

투표율은 63.9퍼센트로 사상 처음으로 60퍼센트대로 떨어졌다. 득표율을 보면 여당인 신한국당이 34.5퍼센트로 총 139석에 지역구 107석에 전국구 32석을 얻었다. 제1야당인 국민회의가 25.3퍼센트, 총 79석으로 지역구 66석에 전국구 13석을 얻었다. 민주당은 11.2퍼센트로 총 15석에 지역구 9석에 전국구 6석을 얻었다. 무소속은 11.9퍼센트로 총 16석을 얻었다. 한편 김종필이 민자당에서 탈당한 후 만든 자유민주연합(자민련)은 16.2퍼센트로 총 50석에 지역구 41석과 전국구 9석을 얻어서 가장 크게 선전을 하였다. 김종필의 선전은 바로 여당에서 구박과 고통을 당한 것을 국민들이 불쌍하게 여겨서 동정표를 준 것으로 해석된다.

이번 선거에서도 여당인 신한국당이 과반수 의석을 확보하는 데 실패하여 여소야대의 정당을 구성하였다. 그리고 김대중의 정계 복귀와 김종필의 선전으로 인해서 이제 정국은 삼김이 주도하는 '후 삼국시대'를 열게 되었다.

# IMF 외환위기와 한국 정실자본주의

김영삼 정권 말기에는 국가가 부도의 위기를 맞게 된다. 1997년 1월 한보철강이 부도를 내고 쓰러지고 이어서 삼미그룹과 제계 8위의 기아자동차가 잇달아 부도를 내면서 국가 전체가 위기를 맞게 된다.

그러면 김영삼 정부가 외환위기를 맞게 된 근본원인부터 알아보고 그 후속 대치에 대해서 생각할 필요성이 있다.

노벨상 수상자인 미국의 경제학자 폴 크루그먼은 한국 IMF 외환위기의 가장 큰 원인을 정실자본주의로 규정하고 있다. 미국이나 서양 선진국에서 민간 은행들이 기업에 돈을 빌려 줄 때는 엄격한 대출 심사 기준에 부합하는 기업에만 대출을 해준다. 그러나 한국에서는 대출을 엄격한 원칙과 규정에 따르는 것이 아니라 정부의 압력이나 인간관계 등의 사적인 관계로 대출을 해주는 것이 관례였는데 이것을 정실자본주의라고 한다.

이러한 원인은 한국의 은행들은 국책은행을 비롯하여 시중은행들도 정부가 통제를 하고 있기 때문이다. 과거 박정희 산업화 시대에는 정부가 몇 개의 대기업을 키우면서 그들에게 은행 돈을 담보 없이 빌려주었다. 정부가 필요한 대기업들을 키워 가면서 은행은 그들만을 상대하는 식으로 은행과 대기업의 유착화 현상이 나타났다. 결국 은행이 국가 통제 안에 있기 때문에 대기업 역시 국가 통제 안에 들어가게 되는 것이다. 따라서 정권을 잡은 정치인들과 기업들 그리고 은행은 밀접한 유착관계를 가지게 되는 것이다.

한보그룹의 한보철강도 오직 정부에만 기대어 대출금을 갚을 능력이 없음에도 은행 돈을 빌려 문제가 생겼다. 그러면 IMF를 불러일으킨 한보철강의 정태수는 누구인가?

정태수는 60년대 정부의 세무 공무원 출신이다. 당시는 '공무원을 하려면 고위직 공무원을 하지 말고 말단 세무 공무원을 하라'는 유행어가 나돌 정도로 세무 공무원들의 부정이 심했던 시대였다. 그 당시만 해도 전산망이 잘 구축되어 있지 않았기 때문이다. 그러다가 정태수는 사업을 하면 큰 재벌이 될 것이라 점쟁이의 말을 믿고서 사업을 시작했다.

정태수는 '로비의 귀신'이라는 별명을 가지고 있을 만큼 로비에 특기가 있었다. 본인 자산이 한 푼도 없는 정태수는 은행 돈을 빌려서 금방 재벌대열에 올라섰다. 그리고 은행 돈으로 문어발식으로 기업을 그룹으로 만들었다.

그런데 1990년부터 철강 산업이 사양길로 들어섰다. 특히 한국은 중화학 공업에서 다른 업종으로 변경되는 시점에 있었다. 김영삼 대통령의 신경제5개년 계획은 바로 한국의 중화학 공업의 한계 때문에 변화를 시도한 것이다.

로비의 달인 정태수는 은행에서 로비를 통해서 돈을 빌려서 기업을 키웠다. 마침 신자유주의의 등장으로 인해서 외국의 단기 자본을 쉽게 빌릴 수 있었다. 외국 단기 자본은 신자유주의 경제의 특징인 자본의 이동의 자유로 인해서 쉽게 빠지고 쉽게 몰리게 된다. 그런데 단기 외국 자본은 빨리 갚아야만 하는 단점이 있다. 마침 아시아에서는 태국을 비롯하여 인도네시아와 싱가포르 등 동남아시아 국가들이 경제 위기에 몰려 부실 국가로 지적되면서 단기 자본들이 갑자기 빠져나가자 외환위기로 넘어가고 말았다. 동남아 국가들의 외환위기는 그 여파가 한국에도 바로 찾아들었다.

한국에서도 외국 자본들이 빠져나가기 시작하였다. 동시에 단기 외채에 의존하던 기업들은 돈을 갚지 못하게 되면서 은행에 돈을 빌리려 했는데 은행 역시 돈을 빌려줄 만큼의 외화를 보유하지 못했다. 결국 외화가 바닥을 드러내면서 IMF에 구제 금융을 신청하는 처지가 되고 말았다.

한보사태를 막지 못하고 제계 8위의 기아그룹이 단기 외채를 막지 못하자 정부에서는 시중 은행들이 가지고 있는 외화를 가지고 막아보려고 했지만 역부족이었다. 그러자 삼미를 비롯한 대기업들도 도산을 맞고 연쇄부도 사태가 발생하면서 결국 국가는 외환위기 사태로 접어들게 된 것이다.

한보와 삼미를 시발점으로 진로, 대농, 한신 공영, 쌍방울 등이 부도가 나고 국가는 IMF에 구제 신청을 해서 195억 달러를 빌려 우선 급한 불은 껐다. 김영삼 대통령은 사태의 심각성을 11월 10일에야 강경식 부총리로부터 듣고 알았다. 또한 환율이 수직 상승하자 사태의 심각성을 깨닫고 IMF에 구제신청을 독촉했다. 11월 19일 김영삼 대통령은 강경식 부총리와 김인호 경제수석을 경질하였다. 그 대신 임창렬을 부총리로 임명하였다. 임창렬은 일본에 돈을 빌리러 갔으나 일본 정부는 거절하였다.

결국 IMF 구제 금융으로 위기는 모면했지만 정부는 IMF의 요구 사항을 들어주어야만 했다. 우선적으로 자유무역주의의 개방정책, 기업구조 조정으로 대량해고, 기업 인수 합병 등의 요구로 국가는 혼란 속에 있었다. 김영삼 대통령은 IMF 실책으로 인해서 그동안 추진한 업적들이 빛바랜 것으로 전락하고 말았다.

김영삼 정부가 IMF를 맞은 원인이 무엇일까? 폴 크루먼의 정실 자본주의, 세계화시대의 신자유주의, 동남의 국가들의 연쇄부도, 일본과 중국의 엔화와 위안화의 약세 등을 주원인으로 보고 있다.

여기에 더해 1980년대 말 노태우 정부가 들어서면서 한국경제가 활기를 띠면서 정부에서 외환을 규제하지 않았고 김영삼 정부의 정책인 '문화의 세계화 정책'에 따라 해외여행 등으로 해외에서 엄청난 외화를 낭비한 점도 위기를 몰고 온 원인이다. 결국 정부의 허술한 외환 관리가 국가 부도 위기를 만들어 낸 것이라고 규정할 수 있겠다.

# 김영삼 정부의
# 허와 실

군정 종식을 기치로 정권을 잡은 김영삼은 그 자신만의 특유의 스타일로 정국을 운영하였다. 첫째 김영삼 정부의 실과 허를 역사적인 관점에서 평가할 수 있다. 김영삼은 민주화를 위해서 평생 몸 바쳤다. 민주화를 위해서 군부와 손을 잡고서 그의 말마따나 호랑이를 잡기 위해서 호랑이 굴로 들어가기도 했다. 그 결과 군정을 종식시켰다. 그리고 군의 핵심인 하나회부터 척결하였다. 또한 역사 바로 세우기 운동에 들었다. 12·12 쿠데타를 일으켰던 군부의 핵심인사들을 감옥에 보내기도 했다.

김영삼 정부는 거시적인 차원에서 역사를 바로 세우는 작업에 성공을 거두었다. 사실상 군부 하나회 척결은 김영삼 특유의 승부욕과 노련한 정치 감각에서 이루어진 큰 업적이다. 대부분 정치인들은 정권을 잡은 후에는 이렇게 민감한 문제에 대해서는 관여하기를 꺼린다. 그러나 김영삼은 이 문제를 잘 처리하였다. 때문에 그의 인기도는 치솟았다.

반면 대미관계를 비롯한 남북한 관계에서는 일관성을 상실한 정책을 추진하는 바람에 크게 성과를 거두지 못했다. 특히 아쉬운 점은 이인모 노인 송환 후에 나타난 남북관계였다. 이인모 송환 이후 북한은 핵확산금지조약에서 탈퇴하였다. 북한의 핵확산금지조약 탈퇴로 인해서 생겨난 북한에 대한 강경대응문제에서 미국과의 공조문제였다. 당시 클린턴 미국 대통령이 북한의 핵시설기지인 북한의 영변기지를 파괴하자는 전략에 대해서 남한에서는 미국과 적극적인 공조관계를 유지하면서 초기에 북한이 핵을 개발시키는 것을 차단하도록 하여야만 했다.

이 문제는 김영삼 정부의 대북한 문제에 있어서 큰 실책이다. 당시 김영삼 정부가 미국과 적극적으로 공조해 영변 핵시설장을 공격하여 파괴하였더라면 현재 북한은 지금처럼 핵보유국으로 올라서지 못했을 것이다. 물론 북한 공격과정에서 한반도 역시 위험에 놓이는 것은 물론 미국과 북한이 전쟁을 하는 경우 가장 피해가 큰 지역이 바로 남한이라는 사실을 염두에 둔 정책이기는 하다. 그러나 북한 핵시설 파괴로 북한의 핵개발을 조기에 차단하는 강력한 핵억제 정책을 추진하였더라면 하는 아쉬움이 있다.

경제 정책 면에서 보면 금융실명제에서 가장 큰 업적을 이루었다고 할 수 있다. 금융실명제로 인해서 정치인들의 비자금 조성 문제를 비롯하여 정경유착을 금지하고 공직자들의 금품수수 비리 등을 파악할 수 있었다. 그러나 금융실명제 문제는 좀 더 논리적이고 치밀하게 계획과 대응방안을 수립한 후에 실시하여야만 했다. 다시 말하면 금융실명제에 대한 세부적이고 구체적인 방안을 마련하지 않고서 갑자기 실시한 금융실명제는 부작용을 일으켜서 전국경제인 연합회는 금융실명제가 외환위기를 초래했다고 평가하고 있다.

지난 5·16 이후 군사정부에서는 화폐개혁을 실시하였다. 화폐개혁을 성공적으로 이루기 위해서 사전에 치밀한 계획이 필요했다. 이 과정에서 화폐개혁에 대한 정보가 사전에 누출되어서 화폐개혁은 성공을 거두지 못했다. 이 점을 반추하여 김영삼 정부는 서둘러서 조기에 비밀로 금융실명제를 추진하는 바람에 부작용이 생기게 되었다. 그러나 궁극적으로 금융실명제는 한국의 경제발전을 위해 김영삼 정부가 이루어 놓은 큰 업적이라고 평가할 수 있다.

다음으로 김영삼 정부의 정책상의 실패에 대해서 평하고자 한다.

김영삼 정부는 IMF 즉 외환위기를 초래하였다. 근본적인 원인은 통계나 과학적인 데이터를 무시하고 김영삼 대통령 특유의 스타일인 단순한 감각과 주먹구구식의 정치 스타일을 추구한 데 있었다. 외환위기 사건은 김영삼 정부가 외화를 잘 관리하지 못한 것이 결정적인 원인이다. 물론 신자유주의를 비롯한 동남아 국가들의 연쇄부도와 일본의 엔화와 중국의 위안화의 약세 등의 주변의 환경 영향이 있기는 하다. 그러나 김영삼 대통령이 직접 경제수석을 통해서 외환보유고 등 경제문제 등에 대해서 직접 챙기고 관리하여야만 했다. 여기에 더해서 한국을 세계 초일류국가로 만들기 위해서는 세계화시대에 필요한 것이라며 국민들의 문화적 경험을 가장 강조한 것도 한 원인이다. 여행의 자유화 정책을 추진하고 이로써 국민들의 잦은 해외여행으로 인해서 외화보유고가 바닥났기 때문에 외환위기가 발생한 간접적인 요인이라고 할 수 있다. 김영삼 정부의 세계화 정책으로 OECD 가입을 비롯하여 세계 선진 국가들과 어깨를 나란히 하기 위한 정책은 좋은 정책이다. 그러나 단순히 '문화적인 경험을 통한 국민들의 선진화 의식'을 목적으로 하는 여행 자율화 조치 정책 등은 성공적인 정책이 아니라고 할 수 있다.

종합적으로 볼 때 김영삼 문민정부는 1961년 박정희 군사정변 이후 30여 년간 계속된 군부집권주의를 종식하여 첫 문민정부로서 출발하였다는 점에서 큰 의미를 부여할 수 있다.

이제 김영삼 대통령과 영원한 라이벌 관계였던 김대중 국민의 정부의 탄생으로 한국 민주주의는 한 단계 더 높은 곳을 향해서 발돋움하게 된다.

삼,

투표에 의한

최초의 정권교체,

국민의 정부 김대중 정권

(1998~2002)

# 제15대
# 대통령 선거와
# 마지막 민주개척자의
# 당선

제15대 대통령 선거는 김영삼 정부가 IMF 혼란기에 있을 때 치러졌다. 국민들은 김영삼 정부의 경제 정책 실패로 인해서 심판할 준비를 하고 있었다. 또한 김영삼 정부의 인기도는 초창기 90퍼센트에 육박하는 높은 지지도를 보였으나 IMF 구제 신청으로 인해서 지지도가 곤두박질치는 상황에서 치러진 선거였다.

서양 선진국에서는 정부의 경제 정책 실패가 있었다면 정권교체가 확실하다. 그러나 한국은 정치 풍토와 유권자들의 투표행태가 그들과 다르기 때문에 확실한 정권교체를 기대할 수가 없었다. 이러한 혼란 속에 여당 내에서 후보자 분열 사태가 발생하였다.

제15대 대통령 선거는 지난 과거보다 한층 선진화된 선거로 비약적인 도약을 하였다. 우선 방송 연설이 가능하게 되었다. 또한 민주노총이 후보자를 내게 되었다. 청중을 동원하고 상대를 비방하는 옥외 연설에서 옥내 연설로 바뀌었다. 또한 연설 횟수도 줄였다.

결과를 먼저 보면 투표율은 80.7퍼센트였다. 이 중에서 국민회의의 김대중 후보가 40.3퍼센트로 1,032만 6,275표를 얻어서 당선이 확정되었다. 여당 한나라당 후보인 이회창 후보는 38.7퍼센트인 993만 5,718표를 얻었다. 다음 국민신당의 이인제 후보는 19.2퍼센트로 492만 559표를 얻었다. 노동계의 건설국민승리21당의 권영길 후보가 1.2퍼센트로 30만 626표를 얻었다.

이번 선거는 건국 이래, 장면 정부 이래 37년 만에 처음으로 여당에서 야당으로 정권교체가 이루어 졌다는 점과 노동계가 노동자를 대표하는 노동단체에서 제도권 진입을 위한 후보를 배출하였다는 데 의미가 있다.

제15대 대선 과정을 분석해 볼 필요성이 있다.

새정치국민회의는 1997년 5월 19일 김대중 후보를 대통령 후보로 결정했다. 6월 24일 자민련은 김종필 후보를 대통령에 선출했다. 7월 21일 여당인 신한국당은 이회창 후보를 대통령 후보로 선출했다. 10월 26일 노동계의 건설국민승리21은 권영길 후보를 대통령에 선출했다. 9월 13일 여당의 유력한 후보였던 이인제는 여당인 신한국당을 탈당하고 11월 4일 국민신당을 창당하여 후보로 선출된다. 11월 3일 김대중과 김종필 후보는 당선 후 공동여당을 조건으로 후보 단일화를 한다. 그리고 11월 7일 이회창 후보와 민주당 조순 후보가 후보를 단일화하여 11월 21일 신한국당에서 한나라당으로 당명을 바꾼다.

선거 과정에서 이회창 후보의 아들 병역문제가 가장 큰 이슈로 등장하였다. 또한 호화빌라에 거주하는 사실과 며느리의 원정출산 문제로 후보의 지지도가 떨어졌다. 김대중 후보는 차명 비자금 문제와 6·25 동란 당시의 군 병역 문제가 이슈화되었다.

선거에서 여당인 한나라당이 실패한 가장 중요한 이유는 바로 여권 후보의 분열이라고 할 수 있다. 여당 후보인 이회창 후보는 야당의 김대중 후보에 약 1.6퍼센트 차이로 패배하고 말았다. 그 대신 같은 여당에서 공천에 불만을 품은 당시 국민신당의 이인제 후보의 득표율은 19.2퍼센트로 상대적으로 엄청난 득표율을 얻어냈다. 따라서 이인제 후보가 얻은 득표율의 10분의 1만 이회창 후보에게 양보하였더라면 이회창 후보는 당선되었을 것이다. 김대중 후보가 호남 지역을 넘어서는 탈호남의 벽을 크게 넘지 못하였음에도 당선된 것은 이인제 후보의 출마로 인한 여권표의 분열현상이 결정적인 요소로 작용을 하고 있다.

그러면 여당 당선이 확실하면서도 후보 분열로 인해 야당에게 정권을 넘겨준 장본인인 이회창과 이인제는 누구인가? 이인제는 왜 끝까지 출마를 하였는가? 그리고 동시에 선거를 관장하는 최고 책임자인 김영삼 당시 대통령은 왜 후보 분열화를 막지 못하였는가?

우선 이회창 후보에 대해 보자.

당시 정계에서 차기 대선 주자로서 거의 당선이 확실시 되었던 이회창 후보에 대해서 간략하게 설명할 수 있다. 이회창은 1935년 황해도 서흥에서 출생하였다. 그러나 그의 선조들은 충남 예산에 집성촌을 이루고 살고 있다. 전주이씨 가문으로 이미 선조들은 고려 때부터 이름을 날리던 귀족이다. 특히 조선조를 창건한 이성계의 고조부인 목조의 23대 종손으로 알려져 있다.

부친 이홍규는 해방 이후의 검사 출신이다. 또한 이회창의 삼촌은 한국 화학계의 원로인 이태규 박사다. 이회창 집안은 머리가 좋은 한국을 대표하는 집안이다. 경기중고를 거쳐 서울법대 재학 중에 고등고시 사법과에 합격한다. 1960년부터 서울중앙지방법원 판사를 거쳐서 최연소 부장판사, 최연소 대법관 등 항상 최연소라는 수식어가 따라다녔다.

법관 생활 중에도 청렴성을 바탕으로 부정부패에 연루되지 않았다. 동시에 소신 있는 대쪽같은 판사로서 명성을 얻고 후배들로부터 존경을 받았다. 김영삼 정부 시절 감사원장과 국무총리로 근무하면서 세상에 알려지기 시작하였다. 김영삼으로부터 정계 진출

권고를 받아서 정계에 입문한다. 그 후 신한국당 후보로 대통령 후보로 지명된다.

이회창은 판사로서의 자질은 충분하지만 정치인으로서 사람을 포섭하는 역량은 부족하다고 할 수 있다. 그 후 세 번의 대통령 선거에 도전하였으나 실패하고 정계를 은퇴하여 실패한 정치인으로 이름을 남기게 되었다. 특히 그는 대통령에 당선될 가장 유력한 후보였던 적이 두 번이나 되었지만 결국 실패하였다.

그러면 이회창 후보가 대통령 후보로서 실패하는 데 결정적인 역할을 한 이인제 후보는 누구인가?

이인제는 1948년 충남 논산 출신이다. 서울의 경복고를 졸업하고 서울법대 행정학과를 졸업한다. 32세의 늦은 나이에 사법시험에 합격하여 판사를 하다 인권 변호사 생활을 하고 김영삼에게 발탁되어서 정계에 입문한다.

김영삼 정부 시절 노동부 장관에 발탁되고 초대 민선 경기도지사를 거쳐서 신한국당 대통령 경선에 나서서 이회창과 겨루어서 실패한다. 이후 신한국당을 탈당하고 국민신당을 창당하여 대통령 경선에 나섰으나 낙선하였다. 그 후 여러 차례 당을 이적하여 대통령에 도전하는 기회를 포착하려고 하였으나 실패하고 말았다. 그러나 꾸준히 국회의원에 당선되어 불사조라는 별명을 얻었으나 20대 총선에서 낙선하였다.

이인제 역시 자신이 바라던 대통령에는 당선되지 못한 불운의 정치인이라고 할 수 있다. 만일 이인제가 당시에 이회창에게 경선에 승복하여 이회창을 지지했더라면 이인제의 운명은 어떻게 되었을지 생각해 볼 일이다. 거시적인 차원에서 이인제의 불찰로 인해서 대국을 망치고 조선까지 망친다는 옛 격언은 이인제를 두고 하는 말이다. 따라서 이인제의 당시 행동은 조금 더 여유를 가지고 생각하는 마음 자세가 필요하다는 교훈을 후세 정치인들에게 주고 있다.

다시 대선 정국을 보면 전두환, 노태우 두 전직 대통령의 사면문제가 쟁점화 되었다. 이회창은 김영삼 대통령을 찾아가 전두환, 노태우 전직 대통령의 사면을 추석 전에 처리해달라고 하였으나 김영삼은 여론이 조성되기 전에는 불가하다는 입장을 밝혔다. 그러자 김대중 후보 역시 두 전 대통령의 당선 후 사면을 거론했다. 이인제 후보 역시 사면에 동참했다. 김영삼은 임기 만료 전에 사면하겠다고 했다. 결국 전두환, 노태우 두 전직 대통령은 김대중 후보 당선 다음 날인 12월 20일 사면 복권조치 되었다.

또한 김대중 후보의 차명계좌 비자금 문제가 불거지면서 이회창 후보는 김영삼 후보에게 김대중 후보의 법적 조치를 요구했지만 김영삼 대통령은 반대하였다. 이로 인해 이회창 후보와 김영삼 후보 간의 갈등상태가 지속되었다.

이번 선거는 건국 이후 처음으로 여당에서 야당으로의 평화적인 정권 교체가 이루어졌다는 점에서 의미를 둘 수 있다. 정권 교체가 될 수 있었던 원인을 분석하면 가장 중요한 것은 여당의 후보분열 사태이다. 당시 정국은 1997년 1월 한보의 부도 사태를 시작으로 연쇄부도사태가 발생하면서 경제가 혼란 속으로 빠져들기 시작하였다. 정치권은 어수선한 분위기에 접어들었다. 특히 여당의 경우는 더욱더 내분이 심화되었다.

이회창 후보는 원래 정치인 출신이 아닌 외부 영입 케이스였다. 이러한 상황에서 주류인 민주계 인사들의 반발도 거셌다. 후보 경선에서 처음의 9명의 후보를 9룡이라고 불렀다. 이 9명의 후보 중에서 이홍구, 최형우, 박찬종 세 명은 후보경선에서 사퇴하고 이회창, 이인제, 이한동, 김덕룡, 이수성, 최병렬이 경선을 했다. 경선 결과를 보면 이회창이 40.9퍼센트, 이인제가 14.7퍼센트, 이한동 14.6, 김덕룡 13.8, 이수성 13.6, 최병렬1.9퍼센트를 얻어서 아무도 과반수 득표를 얻지 못하였다. 재경선은 1위의 이회창과 2위의 이인제 후보의 재대결로 이루어졌다. 재대결에서 이회창 후보가 60퍼센트, 이인제 후보가 40퍼센트의 표를 얻어서 결국 이회창 후보가 한나라당 후보로 선출되었다.

그러나 한나라당 후보의 당선 실패원인은 후보 단일화 실패에 있었다. 당시 2위였던 이인제 후보는 9월 14일 후보경선에 불복하고 탈당하면서 문제가 생겼다. 이인제 후보는 당시 이회창 후보보다 자신의 국민적 지지도가 높다는 생각과 함께 이회창 후보가 아들 병역문제인 소위 병풍으로 인해서 당선이 힘들다는 판단에서 탈당한 것이다. 또한 김영삼 대통령도 당시 한보 사태 등 경제적 혼란 속에서 당을 잘 관리하지 못한 것이 단일화 실패 원인 중의 한 요소로 작용한다.

여기서 한 가지 주목할 것은 만일 김영삼 대통령이 이인제에게 탈당하지 못하도록 하고 또한 대통령 후보로 출마하지 못하도록 강력하게 말렸다면 이회창 후보의 당선이 확실했을 것이라는 점이다. 그러나 이인제는 김영삼에게 전화를 걸어서 탈당한다는 말을 전했다고 한다. 일개 경기도지사가 대통령에게 직접 전화를 건다는 것 자체가 김영삼 대통령이 가진 힘이 약해져서 설득력이 떨어졌다는 것을 의미한다.

동시에 이회창 역시 문제가 있었다. 만일 자신이 진정으로 대통령에 당선되고 싶다는 의사가 있다면 대통령인 김영삼에게 적극적으로 매달려서 도와달라고 간곡한 부탁을 하였어야만 했다. 그러나 이회창은 김영삼과 인간적인 면에서 사이가 좋지 못한 상황에 있었다. 김영삼은 자신의 덕으로 후보에까지 오른 이회창에 대해서 인간적인 배신감을 느끼기 시작하면서 이인제의 출마에 대해서 적극적인 만류를 하지 않았다. 이것은 결국은 여당이 야당에게 정권을 빼앗기는 결정적인 요소로 작용하였다.

그리고 당시 한국 정치풍토로 봐서는 큰 문제로 작용하지 않았지만 한보 사태와 IMF 구제 신청과 김영삼 대통령의 차남 김현철의 한보 관련 사태 등 측근들이 저지른 비리 역시 당을 불신하는 계기가 되어서 정권교체를 가져오게 되었다.

다음으로 이회창 후보의 지역 정체성이 확실하지 못했다는 점이다. 김대중 후보는 김종필과의 후보 단일화로 인해서 정체성이 확실해지고 그로써 호남의 벽을 넘을 수 있었다. 따라서 김대중 후보는 호남권에 더해 충청권의 기본 표는 확보한 상태에 있었다.

그러나 이회창 후보는 출신지가 분명하지 않았다. 고향은 충남이었지만 확실한 지역 정체성을 가지지 못했다. 또한 충남은 김종필이 미리 선점한 상태에 있었다. 따라서 지역적인 정체성에서 김대중 후보에게 많이 밀리는 상황에 있었다. 그 결과 39만 표의 아주 근소한 표 차이로 당선에 실패하고 말았다. 김대중 후보는 김종필과의 연대로 인해서 영남과 강원을 제외한 전체 지역에서 골고루 득표하여 무난히 당선이 되었다.

# 권위주의 청산과
# 신자유주의와
# 민주주의의 국정철학

김대중 정부는 민주주의 역사의 개척기에 해당하는 마지막 정부라고 할 수 있다. 김대중 국민의 정부는 김대중 대통령이 주역이기 때문에 그의 정치 철학이 국정 운영 철학과 연관성을 가지고 있다. 무엇보다도 김대중은 개인적으로 민주화를 위해서 김영삼과 함께 평생 동안 노력한 인물이다. 따라서 그의 국정 운영은 민주주의 발전을 바탕으로 하고 있다. 다음으로 그의 철학은 경제발전에 두고 있다. 민주주의와 경제발전이라는 두 마리 토끼를 잡자는 것이 김대중 정부의 국정 운영 철학이었다.

가장 큰 시련은 김영삼 정부로부터 떠맡은 IMF 환란의 위기였다. IMF 수습책으로 김대중은 경제개혁을 단행하지 않을 수 없었다. 기업들의 인수합병을 통한 구조조정이 가장 큰 문제였다. 강력한 기업 구조조정을 통해서 기업의 경쟁력을 강화 시킨다는 것이다.

구조조정은 IMF가 요구하는 사항이었다. 다시 말하면 IMF는 돈을 빌려주면서 한국경제를 살리기 위해서 한국 정부에 간섭을 시작한 것이다. 따라서 기업 구조조정으로 인해 한국에는 엄청난 사람들이 실직을 하게 된다. 이미 김영삼 정부 말기에 터진 외환위기 사태로 많은 기업들이 부도를 내면서 실직자가 늘어난 상태였다.

기업들의 연쇄 부도와 국민들의 실직으로 인해서 국가는 혼란 속에 빠지기 시작하였다. 여기에 더해서 기업들의 회생을 위해서 기업 인수합병과 기업 구조조정을 실시하였다. 기업 인수합병은 외국

기업들이 한국 기업을 쉽게 잠식하는 경제 식민지화 현상을 나타나게 했다. 강한 기업이라면 외국 기업일지라도 쉽게 한국 기업을 흡수할 수 있도록 IMF에서 요구하고 있기 때문이다.

김대중 정부는 강한 개혁 드라이브를 통해서 외환 보유고를 올리기 시작한다. 정부의 정책과 마찬가지로 한국 국민들의 우수한 두뇌와 교육열 등이 태국이나 동남아시아 국가들과는 다른 경제적 환경에 있었다. 따라서 김대중 정부의 정책은 곧 효과를 보았다. 결국 IMF 때 빌린 돈 196억 불은 4년 후 2001년에 모두 갚을 수 있었다. 이것은 김대중 정부의 큰 성과라고 할 수 있다.

민주주의 큰 기둥과 초석은 1987년 6·29 직선제로 세워 놓은 상태였다. 따라서 김대중 정부에서 민주화 정책은 큰 틀을 세우는 것이 아닌 경제적 빈부격차 해소가 가장 큰 민주주의 발전과제로 등장하였다.

김대중 정부는 박정희의 산업화 과정에서 추진한 대기업 중심의 경제 정책을 폐지하고 중소기업 중심의 경제 정책을 추진하였다. 대기업 중심의 경제 정책으로 인해서 생기는 폐단인 정경유착의 고리를 비롯하여 관치행정 관습 등을 타파하기 위해서였다.

당시 전 세계는 지식과 정보화 시대로 접어들고 있었다. 지식이 가장 큰 자산이 된 시대이며 정보와 교류가 필요한 시대였다. 여기에서 등장한 것이 정보기술 즉 IT 산업의 육성정책이었다. 지식을 가진 사람이라면 누구나 다 IT 산업에 참여할 수 있는 기회를 부여하였다. 따라서 정부는 벤처기업을 창조하도록 유도하면서 벤처기업인들에게 은행을 통해서 대출 받도록 하였다. 이러한 과정에서 많은 중소기업인들이 담보가 부실함에도 은행의 대출을 받아 벤처기업을 운영하였다. 그래서 그중 상당한 수의 기업들이 부실기업으로 변해서 대출금을 갚지 못하는 처지에 놓이고, 많은 기업들이 부도가 나서 도산하였다. 그러나 거시적인 차원에서 정부의 IT 산업 선도는 국가경제 발전에 긍정적인 영향을 미쳤다. 동시에 당시 IMF 위기 상황을 극복하는 데 도움을 주었다.

다음으로 김대중 정부는 신자유주의 경제 개념을 도입하여 신자유주의 경제 정책을 추진해 나갔다. 신자유주의란 자유주의에서 나온 개념으로 한마디로 말하면 정부의 규제에서 벗어나게 한다는 경제 정책을 의미한다. 세계의 경제 정책 관점으로 보면 1929년에 경제공황이 발생한 원인을 자유주의 경제 즉 자유방임주의로 보는 것이다. 아담스미스의 이론을 바탕으로 하는 경제이론이 주류를 이룸으로써 국가는 경제 정책에서 가능하면 소극적인 간섭을 하여야만 한다는 이론이다. 경제공황 이전에는 스미스의 국가불간섭의 원칙이 유럽국가 전체를 지배하였다. 그런데 1929년 경제공황이 일어나자 그 원인이 바로 국가의 소극적인 개입이라는 결론을 내렸다.

미국은 당시 영국의 경제학자 케인즈의 이론인 공급사이드의 법칙을 적용하여 경제공황을 타개하였다. 이후부터 미국의 경제 정책은 상당히 오랫동안 케인즈 이론인 국가의 적극적인 개입설이 주도하는 시대를 이루었다. 세계의 경제 정책은 정부의 적극적인 간섭으로 추진되었다. 그런데 이러한 경제 정책은 1970년 미국의 경기 침체 현상과 함께 미국이 패권국에서 밀려나는 위기를 맞이하게 되면서 변화한다. 이 위기를 극복하기 위해서 미국은 자유주의 정책으로 다시 선회하는 정책을 추진해 나갔다. 이것이 바로 레이건 행정부의 레이거노믹스이다. 레이건은 케인즈의 이론에서 밀턴 프리드먼의 자유주의 정책을 도입하여 미국을 최강국으로 만들었다.

앞에서 잠깐 이야기했듯 밀턴 프리드먼은 샤워장의 수도꼭지

이론을 주장하였다. 즉 미국이 경제 정책의 기본으로 삼고 있는 케인즈 이론인 국가의 적극적인 개입정책은 샤워장에서 수도꼭지를 찬물과 더운물을 번갈아 가면서 막 틀어대는 바람에 정책의 혼란을 초래했다는 것이다. 그리고 이 혼란스러운 정책이 미국을 세계경제 패권국에서 밀려나게 했다고 말한다. 때문에 1980년 미국의 레이건 정부는 강력한 구조조정을 실시하였다.

김대중 정부의 DJ 노믹스의 근본적인 경제 정책 역시 신자유주의 정책이었다. 김대중 정부는 노동의 자유화와 금융시장의 자유화 정책을 기점으로 하고 있다. 또한 정부는 공기업의 민영화를 추진한다는 전략이다. 민영화를 통해서 공기업이 정부주도에서 벗어나서 서로 간의 경쟁을 통해 자생력을 키우게 하여 궁극적으로는 경쟁력 강화에 주력을 두자는 논리이다. 따라서 기업들의 구조조정을 항상 언제든지 단행할 수 있도록 하였다. 여기에서 과거에는 정년이 보장된 기업들의 직원들이 언제든 퇴출당할 수 있는 위험을 안게 되었다.

동시에 노동시장의 자유화로 기업들이 인력을 보충하기 위해서 정규직과 비정규직을 마음대로 채용할 수 있도록 하였다. 결국 자유주의의 실행은 비정규직을 대량 양산하는 결과를 초래하였다. 이러한 비정규직들의 채용 증가는 기업 입장에서는 인건비를 감소시키는 현상으로 연결되었다. 정규직 1명을 고용할 비용으로 비정규직 2명을 고용할 수 있기 때문이다.

하지만 노동시장의 사유화는 궁극적으로 사회의 양극화 현상으로 이어지게 되었다. 비정규직의 임금이 정규직의 절반에 불과하고 앞날을 알 수 없는 불안정한 신분은 결국 사회의 불안정을 초래하게 된다. 또한 직장 내에서도 비정규직과 정규직 간의 갈등현상이 나타나 조직운영에도 문제가 발생하였다.

이러한 신자유주의의 기본 원칙인 노동시장의 자유화는 궁극적으로 김대중 자신이 평생 추구해온 민주주의에 위배되었다. 수많은 비정규직의 양산과 상시 가능했던 구조조정은 언제든 노동자들의 인권을 침해할 수 있는 정책이었기 때문이다. 이것은 박정희의 산업화 과정에서 발생한 노동 착취의 인권침해와 별다를 것이 없었다.

# 마침내 벗어난
# IMF 위기

김대중 국민의 정부의 가장 큰 부담은 김영삼 정부로부터 물려받은, 외환위기 때 빌린 구제금융 196억 달러였다. IMF로부터 구제금융을 받고서 위기로부터 우선은 탈출하였으나 IMF의 강력한 요구 조건으로 인해서 국정 운영에 차질을 빚었다. 따라서 하루속히 IMF의 구제금융 그늘에서 벗어나고자 관련 정책을 추진해 나갔다.

김대중 정부는 금융, 기업, 노동, 공공 부문에서 대대적인 개혁 작업을 착수하였다. 먼저 대기업들의 기업운영 투명성과 구조조정을 추구했다. 노동시장의 유연성을 위해서 노사정 협의를 통해서 근로기준법을 제정하고 정리해고제와 근로자 파견제를 도입하였다. 또한 수출증대를 위해서 외국인 투자자들에게 유리한 규제 완화 조치 등 다각적인 시각에서의 수출 증대 방안과 정책을 추진해 나갔다. 국책 사업을 민영화시키고 공공기업의 생산 증진을 위해서 경쟁력을 강화해 나갔다.

이러한 김대중 정부의 성공적인 경제 정책으로 당초 예상했던 것보다 3년이 앞당겨진 2001년 8월, IMF에서 빌린 돈 전액을 상환할 수 있었다. 또한 이로써 경세성장에 불리한 규제를 완화시켰다.

그 결과 금융 및 외환시장이 안정화되었다. 경제수지는 흑자로 돌아섰고 외국인 투자자들이 몰려들면서 금리도 한 자릿수로 안정세를 보였다. 실물 경제 회복도 마이너스에서 플러스로 돌아섰다.

신용등급 역시 1997년 투자부적격국가였던 상태에서 1999년에는 투자적격국가로 등급이 상향조정되었다.

이런 신용 회복 덕분에 외국인 투자들이 크게 몰려들면서 국가의 경제는 급성장세를 보였다. 역대 정권 최초로 종합하여 무역수지 흑자와 경상수지 흑자를 기록하였다. 경상수지 흑자는 5년 연속 906억 달러로 연평균 181억 달러를 상회하였다.

그리고 정부는 공적자금 64조를 투입하여 부실기업과 부실금융을 퇴출시켰다. 또한 재벌의 독과점 견제와 재무구조 건전성과 순환출자 및 상호지급보증 해소 등으로 경제 질서를 확립하였다.

그 결과 2001년 8월에는 IMF에서 빌린 돈 195억 달러 전액을 상환하는 성공적인 경제운영을 하였다.

# 김대중 정부의
# 경제 정책에서
# 실패한 것

김대중 정부는 외환위기 조기탈퇴라는 경제적 성공을 보여주었다. 특히 김대중 대통령은 국회에서 경제통으로 이름을 날렸기 때문에 경제적으로 국가의 경제성장에 크게 기여를 하였다. 특히 그가 항상 자랑스럽게 여기는 그의 저서인 《대중 참여 경제론》은 하버드 대학에서 출간될 정도로 김대중은 경제 이론에 매우 밝았다.

사실상 김영삼 정부로부터 떠맡은 IMF 위기는 김대중 정부에게 엄청난 부담을 안겨 주었다. 그러나 김대중은 2001년 8월 IMF에서 빌린 돈 전액을 상환하였다. 따라서 김대중 정부의 경제 정책은 이것으로도 성공하였다고 할 수 있다. 그러나 이렇게 성공한 정책도 있는 반면 그의 지나친 경제 정책의 자신감으로 인해 몇 개의 분야에서는 실패하였다.

실패한 경제 정책의 첫 번째로 부동산 거품을 들 수 있다.

김대중 정부는 침체된 부동산 시간을 활성화시켜 외환위기를 극복하고 경제를 되살리고자 하였다. 그러나 문제는 부동산이 투기의 수단으로 변하면서 사회를 혼란 속으로 몰아넣은 데 있다. 돈을 모았다 히는 사람들은 대부분 부동산 투기로 돈을 모았기 때문이다. 결국 투기를 하지 않으면 돈을 모을 수 없는 세상이 되어버렸다.

1980년대 노태우 정부부터 시작된 강력한 부동산 투기 억제 대책은 김영삼 정부에 들어서면서 1990년대 중반까지 지가상승률이 마이너스를 기록할 정도로 안정세를 유지하였다. 하지만 김영삼 정부에서의 부동산 정책은 임기 말에 터진 IMF로 인해서 규제 완화 정책으로 급선회하기 시작하였다. 그리고 IMF 이후 바로 들어선 김대중 정부는 위기 극복을 위해서 1998년부터 IMF가 끝나는 2001년까지 부동산 경기 활성화 정책을 추구해 나갔다.

그 일환으로 토지규제 완화, 토지 공개념 폐지, 양도소득세 인하, 분양권 자율화, 전매제한 폐지 등 부동산 시장 활성화로 시장은 달아올랐다. 결국 많은 투기꾼들이 몰려들기 시작하였다. 그리고 그들이 부동산 시장의 거품을 조장한다. 이에 따라 정부는 다시금 투기 억제 정책을 시행하였다. 결국 김대중 정부의 부동산 정책은 투기 억제와 경기 활성화라는 정책 사이에서 방황하기 시작하였다.

이 과정에서 양도소득세와 보유세를 비롯하여 세금제도와 분양가 자율화, 전매제한, 재건축 규제는 강화와 완화가 번갈아 가면서 반복되었다. 결국 김대중 정부의 부동산 정책이 일관성을 잃어버리면서 시장의 신뢰성도 상실하였다. 동시에 투명성이 약화되었다. 결국 부동산은 거품이 되어 부풀어 오르고 말았다.

두 번째로는 신용카드의 남발이다.

김대중 정부는 내수 경기 회복을 위해서 국민들이 호주머니를 열도록 하는 정책의 일환으로 신용카드 발급을 남발하였다. 신용카드를 마구 발급해 주는 것은 외상으로 물건을 사고 음식을 먹으라는 말이며 돈은 나중에 갚으라는 말이다. '외상 술은 공짜며 외상으로는 소도 잡아먹는다'는 말이 있다.

국민들은 카드를 사용하여 결국 가계 빚이 엄청나게 불어나고 말았으며 카드빚으로 인해서 파탄된 집들이 무수하였다. 동시에 카드빚을 갚지 못해서 자살하는 사람들도 늘어났다. 이러한 카드 남발은 갚을 능력을 보지 않고서 무조건 아무에게나 카드를 발급한 것이 주원인이었다.

카드사들은 회원확보를 위해서 무한 경쟁에 들어갔다. 이 과정에서 회원들의 신용도를 알아보지 않고서 무조건 카드부터 발급시켰다.

당시 카드사들은 회원 확보 경쟁을 위해서 전철이나 가정집에 가가호호 방문하였다. 가뜩이나 나라가 IMF의 외환위기 사태로 사회전체가 혼란 속에 빠진 상태에 있었다. 카드를 사용하는 사람들은 대부분 실업자들이었다. 그들은 카드사의 무분별한 카드남발로 인해서 여러 개의 카드를 소유하고 있었다.

카드 대금을 갚기 어렵게 되자 카드 돌려막기가 시작되었다. 그러나 이것도 한계가 있었다. 결국 한 카드를 막지 못하면서 터진 카드의 연쇄부도는 결국 사회 전체의 혼란을 초래하게 되었다. 어떤 개인이든 모두 카드빚이 산적해 나가기 시작하였다. 카드빚을 받기 위해서 회사들은 강압적인 방법을 사용하였다. 심지어는 조폭까지 동원하여 빚을 받아내기 위해 고객을 압박하기 시작하였다. 결국 많은 실직자 가정에 파탄을 가져왔다. 건전한 직장인들 역시 우선 먹고 보자는 식으로 카드를 남발하여 사용하다 결국은 파탄에 이르고 월급까지 압류당하는 불운을 맞았다.

직장인이나 사업자나 실업자나 카드빚 때문에 궁지에 내몰린 고객들은 자살을 비롯하여 극단적인 행동을 취하게 되었다. 카드빚 때문에 이혼하는 가정이 생겨남은 물론 경우에 따라서는 빚을 갚기 위해서 절도나 강도 등 범죄행위를 하였다. 사회는 점차적으로 혼란 속에 빠졌다. IMF 극복을 위해서 펼쳤던 내수 활성화 정책인 무분별한 카드 발급 정책은 실패하고 말았다.

세 번째로는 지나친 정보 기술 산업 육성 정책이었다.

당시 세계정세는 빌 게이츠와 스티브 잡스가 컴퓨터 혁명으로 인해서 세계가 술렁거리고 있던 때였다. 빌 게이츠와 스티브 잡스가 20세기를 바꾼 세계 영웅으로 등장하였다. 세계의 젊은이들은 빌 게이츠같은 부자가 되기를 희망하였다. 소위 벤처기업가를 꿈꾸었다. 벤처기업이 자본금 없이 아이디어만 가지고 사업을 벌여 하루아침에 일확천금을 벌어들인다고 생각했기 때문이다.

이러한 벤처기업가의 꿈은 미국 개척기에 캘리포니아에서 금광이 발견되면서 많은 사람들이 일확천금을 얻기 위해 캘리포니아 금광으로 몰린 것과 같은 현상이었다. 미국의 캘리포니아 스탠퍼드 대학에는 실리콘벨리라는 벤치기업 육성단지가 조성되었다. 미국의 백만장자를 꿈꾸는 젊은이들은 실리콘벨리로 몰려들었다.

한국은 60년대 후반과 70년대 수출업에 있던 젊은이들이 하루아침에 부자가 되었다는 소문으로 당시 젊은이들은 너도나도 수출업자가 되기를 희망하였다. 그 대표적으로 성공한 케이스가 대우그룹의 김우중 회장과 당시 율산 실업의 신선호 회장을 들 수 있다. 당시 한국 정부는 수출에 매진하고 있었다. 내수시장이 약하기 때문에 대외 무역에 정부가 사활을 건 시대였다. 율산실업의 신선호 회장은 사우디 왕자와 친하게 되면서 중동과 무역을 통해서 일약 거부가 되었다는 소문이 돌았다. 대우실업의 김우중 회장은 한성실업이라는 보따리 영세 무역장사꾼에서 세계 굴지의 대우그룹을 육성하였다는 소문이 당시 젊은이들 사이에 퍼져 영웅대접을 받았다. 당시 젊은이들은 너나 할 것 없이 모두 무역회사로 몰려들었다. 그리고 그 이면에는 한국 박정희 정부의 부추김이 있었다.

김대중 정부 역시 젊은이들이 벤처기업을 하도록 부추겼다. 당시는 신지식인이라는 이름으로 이들을 내세웠다. 그 대표적인 케이스가 〈용가리〉라는 영화를 만든 심형래였다. 당시는 한국에 신지식인이라는 말이 유행했다. 심형래는 당시 젊은이들 사이에 영웅처럼 여겨졌다. 정부의 신지식인에 대해 그만큼 선전을 하고 있었기 때문이다.

당시 벤처기업 육성을 김대중 정부가 도운 것은 세계의 추세 때문이기도 했다. 동시에 신자유주의의 물결도 한몫 했으나 그보다도 과거 박정희 정부가 주도한 대기업 육성 정책으로 생긴 정경유착의 고리를 단절하기 위한 중소기업 육성 방안으로 벤처기업 정책을 추구해 나간 것과 맞물려 있었다.

그런데 문제는 벤처기업을 시작한 젊은이들이 과연 얼마나 성공을 하는가였다.

사실은 벤처기업이라는 말은 모험기업이란 말이다. 벤처란 어드벤처 즉 모험이라는 말에서 유래되었다. 미국을 비롯한 당시 많은 서구 선진 국가의 젊은이들은 벤처기업에 도전하였다. 태평양의 질풍노도에서 살아남는 벤처기업들은 극소수 기업들이었다. 만약 살아남는다면 그들은 백만장자가 된다. 그들은 살아남기 위해 피나는 노력을 한다. 다만, 살아남을 가능성은 5퍼센트도 채 안 된다.

김대중 정부는 당시 세계화 추세에 맞추어서 정보기술 산업에 주력하였다. 외환위기로 인해서 대기업을 대상으로는 강력한 구조조정을 추진해 나가는 동시에 중소기업인 벤처산업 육성화에 주력을 두었다. 벤처산업의 창업을 도와주고 벤처창업의 요건을 완화하였다. 벤처 창업자금요건을 2천 만 원으로 낮추었고 지방 지역에 벤처기업 단지를 조성하였다. 또한 기술만 보유하고 있는 벤처기업인들에게 3억 원씩 지원하였다. 정부는 벤처사업자금으로 총 9천억 원의 자금을 풀었다.

이처럼 정부의 벤처기업 육성화 전략은 박정희 정부 이래로 추구해온 대기업 육성과 대기업 중심의 기업에서 중소기업 중심의 국가전략 방안을 추구해 나가기 위함이었다. 그 결과 1998년 2천 개에 불과하던 벤처기업이 2001년에는 만 개를 넘어섰다. 중소기업 매출 실적도 1998년 76조에서 2001년에는 189조로 급속도로 증가하였다. 국내총생산의 14.9퍼센트를 중소기업이 차지하였다.

반면 벤처기업을 무분별하게 창업하여 실패하는 창업주가 속출하면서 사회적으로 큰 혼란을 가져왔다. 동시에 국가의 벤처기업 육성화 정책에 정치인들과 로비스트들이 개입하여 부정부패가 속출하는 사례가 많이 생겨나게 되었다. 당시 젊은이들은 일확천금을 벌겠다는 꿈만 가지고 아무런 계획도 없이 벤처산업에 뛰어드는 바람에 실패하는 경우가 허다하였다.

김대중 정부의 벤처기업 육성 방안에 대해서 경제적 차원에서 민주화와 관련하여 사고 할 수 있다. 김대중 정부의 벤처 육성 정책은 박정희의 권위주의에서 시작된 중화학 공업과 비교해 볼 수 있다. 박정희 권위주의는 정부주도하의 일방적인 경제 정책이었다. 정부가 금융을 지배하는 관치금융 정책을 바탕으로 한 시장경제 정책에서 나온 것이 중화학 공업 육성책이었다. 김대중 정부는 정치적으로 민주화가 이루진 이후에 시행된 민주주의 시장경제하에서의 벤처 육성 정책이었다. 그럼에도 정부가 적극적으로 개입하여 벤처 육성 정책을 추진해 나갔다. 이러한 관점에서 보면 박정희 권위주의 시대와 다른 점이 없다고 할 수 있다.

벤처기업 육성정책은 IMF 위기 극복을 위한 갑작스러운 정책이라고 할 수 있다. 김대중 정부는 위기극복과 함께 세계화에 부합하

투표에 의한 최초의 정권교체, 국민의 정부 김대중 정권(1998~2002)

는 자유주의 정책과 정치적으로 박정희 권위주의 탈피라는 목적으로 시작되었다. 그러나 결과는 역시 정부의 개입 없이는 국가산업이 목표를 달성할 수 없음을 보여줄 뿐이었다. 이것은 단순히 벤처 육성 정책에만 국한된 것이 아니라 국가전반에 걸친 경제 정책이 아직까지 정부의 개입 없이는 성공이 어렵다는 것을 보여 주는 예이다. 금융정책과 함께 모든 문제에 있어서 정부가 적극적으로 나서서 규제를 강화시키고 규제를 완화하는 틀에서 벗어나지 못하고 있다는 것을 보여주었다. 따라서 김대중 정부는 정치민주화에서는 어느 정도 완성단계에 이르기는 하였지만 경제민주화는 정치민주화에 미치지 못하고 있다는 것을 보여 준다. 또한 정부가 민간 차원이 아닌 정부 차원에서 언제든지 적극적으로 개입하여 독점 조작할 수 있는 힘이 있다는 것을 보여 주고 있다.

마지막으로 김대중 정부의 경제 정책은 사회의 양극화 현상을 초래하게 만들었다.

김대중 정부는 자유시장 경제 정책을 목표로 출발하였다. 자유주의란 바로 정부의 불간섭 원칙이다. 정부의 불개입은 박정희 정권의 정경유착과 관치금융을 해소하기 위한 경제민주주의 방안이었다. 박정희 정부는 금융기관을 모두 정부에서 통제를 하는 금융관치주의를 주도해 나갔다. 이로써 결국 대기업은 정부가 주도해 키워나가는 결과를 초래하게 되었다. 대기업은 은행과 결탁하여 돈을 빌려야만 했고 은행은 정부의 통제 아래 있기 때문이다. 그러니 결국 대기업도 간접적으로 정부의 통제를 받는다는 결론이다.

김대중 정부는 관치금융과 정경유착을 벗어나기 위해서 신자유주의 경제 정책을 추구해 나가려고 했다. 그러나 외환위기 극복을 위해서 투명한 기업들의 재무구조와 경쟁력 강화를 위해서 강력한

구조조정을 정부주도하에 실시하지 않을 수 없었다. 그 결과 외환
위기로부터 조기 탈출은 할 수 있었다.

반면 정부의 강력한 기업 구조조정은 실업자를 대량 양산하였
다. 또한 노동의 유동성을 만든 결과 기업들이 임금을 줄이기 위해
서 비정규직을 고용하여 비정규직이 대폭 늘어났다. 또한 항상 명
퇴를 시킬 수 있는 근로기준법을 제정한 결과 사회적으로 조기 명
퇴자가 늘어나면서 사회는 양극화 현상이 심화되었다. 그 결과 사
회적 갈등을 초래하는 정부 경제 정책의 실패 현상을 가져왔다.

외환위기 직전인 1997년 18만 명에 불과했던 비정규직이 외환
위기 직후인 1999년 96만 명으로 어마어마하게 늘어났다. 노사정
합의에 의한 고용시장의 자율화에 기인한 것이다.

사실상 IMF 위기 이전에는 기업에서 비정규직이라는 말이 없었
다. IMF 이후에 기업들은 인건비를 감축하는 방안으로 비정규직을
채용하면서 기업 내에서 정규직과 비정규직의 갈등현상이 나타났
다. 사회적으로 비정규직은 언제든지 해고당할 수 있다는 신분상
의 불안을 비롯하여 동시에 경제적 수입의 불안정으로 인해 사회는
양극화 현상이 심하게 나타났다. 또한 저소득층이 중산층으로 상
승하기가 더욱더 힘들게 되었다.

중산층 역시 순식간에 하위 층으로 몰락할 수 있는 위기를 항
상 가지고 있었다. 가장 근본적인 원인은 바로 IMF 였다. 양극화
의 진짜 주범은 IMF 즉 외환위기를 만든 김영삼 정부이다. 그리고
IMF 즉 국제통화기금이 한국에 돈을 빌려주고서 악덕 유통업자
노릇을 하기 시작하였다. 한국에 돈을 빌려준 대가로 기업의 경쟁
력 강화를 목적으로 약한 기업부터 인수·합병하도록 하였다. 이 과
정에서 대량 해고가 시작되면서 엄청난 실업자가 발생하였다. 동시

에 기업이 언제든지 노동자들을 해고할 수 있도록 강요한 것이 국제통화기금이었다. 정부는 국제통화기금이 겁이 나서 말을 듣지 않을 수 없었다. 따라서 김대중 정부가 양극화 현상의 주범이가는 하지만 진짜 주범은 김영삼 정부라고 할 수 있다.

김대중 정부가 추진한 사회복지 정책은 박정희 정권에서 시도한 선성장 정책과는 차이가 있다. 당시 박정희 정권의 복지 정책은 일본의 모델을 답습하였다. 사실상 아시아에서는 일본이 가장 선진화된 복지 모델이었다. 김대중 정부의 복지 정책은 서구식 복지 모델을 도입하였다. 특히 민주주의와 시장경제를 바탕으로 하는 복지모델을 창출하여 도입하려고 노력하였다.

복지하면 대부분 공산주의식 사고를 연상시킨다. 그러나 인간사회가 생기면서 가장 중요한 것이 복지였다. 유럽의 역사도 근대 복지 모델부터 민주주의가 질을 바탕으로 하는 민주주의의 역사로 한 단계 도약하게 되었다.

김대중 정부의 모델은 기초생활보호 등 개인의 보호와 국민연금과 건강보험 등 사회보호의 양쪽 다 비중을 둔 사회보장 정책을 추진해 나갔다. 따라서 서구사회의 모델을 바탕으로 한 모델이라고 할 수 있다. 또한 5인 이하 사업장의 국민연금과 건강보험 가입 등을 시도하였다. 그러나 여러 가지 사정으로 인해서 완전한 국민연금 가입이 실시되지 못했다. 하지만 김대중 정부에서 추진한 사회보장제도인 '요람에서 무덤까지'라는 서구의 복지제도를 도입하려는 시도는 후에 나타난 정부들에게 민주주의의 발전을 위해서 국민의 복지가 우선적으로 중요하다는 것을 알려주는 중요한 계기가 되었다.

# 김대중 정부의
# 대북 정책

투표에 의한 최초의 정권교체, 국민의 정부 김대중 정권(1998~2002)

김대중 정부의 대북 정책
은 가장 성공한 대북 정책의 모델로 여
겨지고 있다. 김대중 대통령은 1970년
대통령 후보 유세 중에 평화통일론을 내세웠다. 당시 김대중의 평
화 통일론은 너무 시대를 앞서간 통일론이라 북한 적색분자라는 의
심을 받았다. 그러나 1997년 대통령에 당선되고 바로 자신이 구상
한 평화 공존, 평화 교류, 평화통일이라는 삼 단계 통일론으로 통일
전략을 추구해 나갔다.

김대중 정부는 북한에 대해서 '선평화 후통일론'을 주장하면서
화해와 협력으로 북한과 평화적 통일을 이루겠다는 전략을 폈다.
이는 후에 햇볕정책이라고 불렀다. 이솝우화 속에서 나그네의 겨울
외투를 벗기는 것은 강한 찬바람이 아니라 바로 햇볕이었다는 이야
기를 인용하여 햇볕정책이라고 하였다.

남북한 통일은 강한 대치적인 대북 정책이 아니라 바로 대화와
협력을 통한 포용 정책을 쓸 때 가능하다고 보았다. 이런 입장은 당
시 미국 민주당의 클린턴 행정부의 전략이 바로 평화적인 포용정책
으로 김대중 대통령이 미국의 대북 정책을 받아들었다고 할 수 있
다. 그러나 제1연평해전과 제2연평해전처럼 북한의 무력도발을 막지
못하면서 포용 정책은 실효성을 상실했다는 비난을 면치 못하였다.

또한 현대그룹의 정주영 명예회장이 북한의 금강산 개발과 대
북 사업권을 따내기 위해서 북한에 4억 5천만 달러를 송금했는데

남북 정상회담을 위한 자금이 그 속에 포함된 사실이 밝혀지면서 김대중의 대북 정책은 빛을 잃었다. 그러나 대북 정책을 통해서 남북 정상회담을 열고 개성공단을 설립할 수 있었으니 아주 효과가 없었다고는 할 수 없다.

김대중 정부는 이런 포용 정책으로 김정일과의 정상회담을 성사 시켜 남북한 평화공존 체제를 구축하는 계기를 마련하였다. 다만 남북 정상회담의 목적을 달성하기 위해서 현대 그룹이 약 5억 달러에 가까운 천문학적인 돈을 지불하였다는 점은 문제가 있다. 북한에 송금한 돈은 불법송금으로서 당시 송금을 주도한 인물은 김대중 최측근인 임동원과 박지원이었다. 이들은 모두 불법송금 문제로 구속되었다.

금강산 개발 같은 7대 사업에 엄청난 돈을 투자한 현대그룹은 그 후 그 대가를 받지 못하면서 기업은 몰락의 길로 들어섰다. 또 한 가지 비난은 남북한 정상회담을 목적으로 북한에 지불한 돈의 사용처가 불분명하다는 점에서 왔다. 북한이 그 돈을 어려운 북한 동포들을 위해서 사용한 것인지 아니면 북한이 당시 추진 중에 있던 북한 핵무기 개발에 사용하였는지 분명히 알 수 없게 되면서 김대중 정부의 대북 정책은 비난을 받았다.

그러나 김영삼 정부의 냉탕과 온탕을 오가는 일관성 없는 대북 정책과 강경대치 국면이 이어졌던 기존 정권과는 달리 남북 정상회담을 통해서 남북이 평화공존 체제를 유지해 나갈 수 있는 분위기를 만들었다는 것만으로도 김대중 정부의 포용 정책은 성공했다고 할 수 있다.

## 절충주의식
## 곡예외교 방식

김대중 정부는 미국 빌 클린턴 행정부와는 호흡이 잘 맞았다. 그러나 후임인 조지 부시 정부와는 초기에 의견의 조율을 보지 못했다. 김대중 정부의 대미외교 전략은 한마디로 절충주의적 전략이라고 할 수 있다.

김영삼 정부의 대북 강경 노선과 다음 정권의 노무현의 친북한 정책과는 다른 한미 공조적 전략과 남북한 공동체 의식을 절충한 전략이라고 할 수 있다. 미국과 강한 동반자적 관계를 가지면 북한을 자극하여 남북한 평화공존이 파기될 가능성이 있고 반대로 북한과 너무 끈끈하게 한민족공동체를 구성하면 한미동맹관계에 문제에 생길 수 있기도 때문이다. 따라서 김대중은 미국과 북한을 오가는 곡예외교를 추구해 나갔다고 할 수 있겠다. 이러한 외교 전략은 초기 조지 부시 대통령과 불편한 관계를 만드는 듯 했으나 결국 미국과 협력관계를 유지해 나가는 데 성공하였다.

2001년 1월 출범한 조지 부시 대통령은 대북한 정책에 있어서 매우 강경한 노선을 고수하였다. 특히 미국의 강한 힘을 바탕으로 한 외교안보 노선을 추구해 나갔다. 부시가 집권한 지 얼마 되지 않아서 발생한 9·11 테러로 테러와의 전쟁을 선포하면서 남한에 대한 전략도 변화를 시도하였다. 기존에 추구하던 붙박이식 군사전략에서 이동식 군사전략으로 신속하게 움직일 수 있는 대군사 정책을 추구해 나갔다. 북한에 대해서도 언제든지 선제공격하여 북한을 군사적으로 제압시킨다는 전략이었다.

부시의 안보팀을 네오콘이라고 불렀다. 네오콘은 강한 힘을 바탕으로 한 군사적 강경노선을 추구해 나간다는 전략이었다. 그런데 김대중은 이미 북한의 김정일과 남북 정상회담을 성사시킨 이후라 미국과의 관계에서는 매우 불편한 관계를 유지하는 듯 보였다. 그러나 김대중은 오랫동안 미국에 있으면서 인권운동을 해온 사람이었다. 또한 워싱턴 정가에는 김대중과 친한 정치인들이 많이 있었다. 친한파들의 협조로 조지 부시와 조율하여 남북관계에 대해 서로 서로 한 발씩 물러서는 것으로 하였다.

한미동맹에 있어 김영삼을 비롯한 이전의 정권에서는 미국에 대해서 적극적인 종속정책을 추구해 왔다. 특히 김대중 이전의 정권에서는 강대국 미국과 약소국 한국이라는 분명한 상하관계 속에 외교 정책을 수립해 나갔다. 군사적으로도 미국에 절대적으로 의존해왔다. 그러나 김대중은 미국 정부의 입장과 다름에도 화해와 협력으로 남북한 평화를 유지하겠다는 전략을 미국 정부에 보였다. 그러자 처음에는 조지 부시 정부는 한국의 대북 정책에 대해서 불만을 터트리는 듯했다. 그러나 얼마 후 부시 정권은 한국의 대북 정책과 미국의 대북 정책이 일치한다고 발표하였다. 결국 초기에 삐걱거리던 한미동맹 관계는 서서히 조율되면서 성공적인 한미관계가 유지되었다.

김대중 대통령은 남북한 문제를 비롯하여 동북아에서 냉전을 평화적으로 변화시켰다는 공로를 인정받아서 노벨평화상을 수상하였다. 김대중 대통령의 노벨평화상 수상은 상당한 의미를 내포하고 있다. 우선 한국인으로서 사상 처음으로 노벨상을 받았다는 데 의미가 있다. 일본의 경우는 이미 오래전 1970년대 사또 수상이 노벨평화상을 수상한 적이 있었다. 김대중 대통령의 노벨상 수상은 한국을 국제사회에서 위상을 한 단계 올리는 데 중요한 기여를 하였다.

한편 김대중의 대일본 외교는 유화정책이라고 할 수 있다. 대부분 일제강점기 교육을 받은 사람들은 일어를 하고 일본문화가 몸에 익숙하다. 그리고 일본에 대해서 큰 반감을 가지고 있지 않았다.

한국의 제3공화국 당시 1964년 한일협정 반대 데모가 절정에 달했다. 당시 야당에서는 신파와 구파로 나누어져서 한일회담에 반대하였다. 그중 김대중 역시 반대파였지만 조건부 반대의 입장이었다. 반면 김영삼을 비롯한 구파들은 조건이 없는 절대적 반대를 하였다. 김대중은 한일회담을 성사시키되 충분한 보상을 전제조건으로 내걸었다.

김대중은 1998년 10월 일본 천황을 방문하여 한일관계의 강한 결속을 위한 동맹을 주장하였다. 김대중은 이미 1973년 일본에서 민주화 운동을 하다가 납치됐다. 당시 일본 정부는 한국 정부에 대해서 외교 단절의 강수를 던졌다. 그 결과 김대중은 국내에 납치되어 돌아오고 일본의 도움으로 일본에서 한 반정부활동은 문책하지 않는다는 조건으로 무마되었다.

김대중은 전두환 군사독재 정권에 맞서서 민주화 운동을 하던 중 사형을 선고 받았다. 그러나 전두환 정권은 일본의 강한 저항 속에서 한일외교 단절이라는 강수에 전두환 정권도 결국 김대중을 석방하였다.

이처럼 김대중은 오랫동안 민주화 운동 기간에 미국과 일본으로부터 개인적으로 많은 도움을 받았다. 그렇기 때문에 일본과의 외교관계는 비교적 매끄럽게 유지하려고 노력하였다. 또한 천주교 신자인 김대중은 자신의 신념을 외교관계에도 적용하여 용서와 사랑을 바탕으로 한 외교 전략을 추구해 나갔다. 특히 국내에서 자신에게 사형을 선고했던 전두환과 그 일당들에 대해서도 용서로서 보답하려고 하였다. 이러한 김대중의 유화적인 제스처는 한일관계의 평화적인 무드를 조성하였다.

그런데 김대중 정부의 대일본 외교전략 중에서 문제가 된 것은 1998년 11월에 체결된 신한일 어업협정조약이다. 이 어업협정조약에서 독도는 한일 양국의 중간적 위치인 배타적 지위를 유지해 나간다는 어업약정이다.

독도는 분명히 우리나라 영토임에도 불구하고 중간 수역으로 설정한 것은 일본이 독도를 자신들의 영토라고 주장하게 하는 빌미가 될 수도 있다. 그러나 헌법재판소는 어업 영유권과 영토 소유권은 별개의 문제라고 판결 냈다. 따라서 어업협정에서 독도를 한국과 일본의 중간수역으로 정한 것은 영토 소유권 분쟁과는 별개라고 할 수 있다.

그러나 이는 분명히 한국이 한발 양보한 어업협정으로 굴욕적 협상으로 비칠 가능성이 있다는 점에서 김대중 정부의 독도협약은 비난을 받고 있다.

# 독야청청을 방해하는
# 주변 인물들의 비리

김대중 정부는 김영삼 정부와 마찬가지로 임기 마지막에 장남 홍일, 차남 홍업과 삼남 홍걸의 비리 사건으로 대국민 사과를 해야 하는 입장에 놓였다. 이것은 동양 사회의 유교문화 공동체 가족주의 사상이 가장 큰 원인일 것이다. 미국의 개인주의를 바탕으로 하는 사고와는 대조적으로 한국에서 친인척 비리가 많이 발생하는 근본적 원인이라고 할 수 있다. 정치 선진화를 위해서는 친인척 비리부터 척결하여야만 한다.

공자는 '수신제가 치국평천하'라고 했다. 이는 나라를 다스리기에 앞서 자신과 자신의 가족부터 관리를 철저하게 하고 나서 나라의 정치를 하라는 말이다. 만일 그렇지 못한 경우에는 자신과 가족 모두가 망신을 당하며 동시에 바르고 큰 정치를 할 수 없다는 것이다.

사실상 앞에서도 언급한 것처럼 '수양산 그늘이 강동 80리'라는 말이 바로 우리 동양 사회를 대표하는 말이다. 이 말은 중국에 있는 수양산이 경치가 좋아서 그 좋은 경관이 80리나 간다는 말이다. 그리고 이 말의 진정한 의미는 집안의 누가 권력을 잡으면 그 주변에 있는 인물들 모두가 그 영향으로 한 자리씩 하여 덕을 본다는 말이다.

김대중 전 대통령은 정치계에 오랫동안 몸담아온 한 직업 정치인이다. 정치란 혼자서 하는 것이 아니다. 주변의 많은 사람들의 도움이 없이는 정치를 할 수가 없다. 대통령에 당선되기 전 힘든 시기에 많은 사람들로부터 도움을 받았다. 그러다 보니 주변 사람들 역시 당선된 후 이권이 되는 일에 관여하려고 달려들기 마련이다. 대통령 자신은 혼자서 개혁하려고 노력을 펼쳤지만 그 과정에서 주변 인물들의 비리가 상당히 불거져 나왔다. 그러니 김대중 정부에서 발생한 사건들을 분석해 볼 필요성이 있다.

첫 번째로 최규선 게이트를 살펴보자.

최규선은 김대중 정부 탄생과정에서 선거참모로서 활동하였다. 최규선은 김대중의 오랜 정치동지이자 참모와 비서 역할을 한 권노갑의 비서 출신으로 김대중 정부의 인수위 보좌역을 거쳐서 청와대에 입성하려다 실패하였다.

그럼 우선 잠깐 언급된 권노갑은 누구인가?

권노갑은 스스로 자신의 비문에 '김대중 대통령의 영원한 비서'라고 적어 달라 할 만큼 평생 김대중의 그림자 역할을 한 인물이다. 권노갑은 1930년 김대중 대통령과 동향인 전남 목포 출신으로 동국대를 나와 1963년부터 김대중의 비서로 있었다. 따라서 그는 소위 말하는 동교동계의 맏형이자 김대중 다음 가는 동교동계의 권력 서열 2인자였던 셈이다.

그러니 김대중이 대통령에 당선되자 그의 입지가 넓어졌다. 따라서 권노갑의 비서였던 최규선 역시 권력에 접근하기가 한결 수월해졌다.

최규선은 당시 '미래도시환경 대표'라는 직함을 가지고 있었는데, 김대중 정부의 인맥을 발판으로 김대중의 삼남인 홍걸과 함께 각종 이권에 개입하였다. 최규선 게이트는 최규선의 운전기사 천호영이 2002년 3월 28일 사건을 폭로하면서 게이트화 되었다.

최규선은 자신의 자서전 집필을 위해서 대필 작가 허철웅에게

준 녹음테이프를 통해 사실의 실체가 드러나게 되었다. 4월 10일 검찰은 이 사건에 착수하여 최규선이 김대중의 삼남 홍걸에게 3억 원을 준 혐의가 드러나 홍걸은 징역 1년 6개월에 집행유예 3년, 최규선은 징역 2년 6개월을 선고받았다.

이 사건은 2000년 김대중 정부의 이권사업인 체육복표 사업인 '스포츠 토토'에 당시 32세인 타이거풀스의 송재빈이 선정되면서 문제가 불거지게 되었다. 이 프로젝트의 규모는 약 2조 5천억 원이다. 이 사건에는 김대중의 동서인 황인돈과 서울시 정무부시장 김희완 등 여야 국회의원과 정관계 인사가 개입된 사건으로 당시 지방선거 바로 직전에 터져 이로 인해서 지방선거에서 야당인 한나라당이 압승하게 되었다.

이 사건은 권력형 비리의 전형적인 케이스로서 최규선과 그의 비서인 천호영 사이의 알력으로 나타나면서 시작되었다. 그러나 실체는 최규선이 당시 대통령 아들인 홍걸의 권력을 등에 업고서 비리에 관여한 사건이다. 최규선은 일이 확대되자 김홍걸을 끌어들여서 자신의 죄를 무마하려고 하였으나 엉뚱하게 일은 더욱더 크게 확대되었다.

두 번째로 윤태식 게이트를 살펴보자.

윤태식은 1987년 수지킴의 살인 사건의 범인이다. 초등학교 졸업이 학력의 전부인 그는 카드 위조 사건 등으로 교도소 생활을 오래한 전과자였다.

그는 벤처기업 육성이 한창이던 2001년에 지문인식회사인 '패스 21'을 차려 상장하고 정통부의 기술인증을 얻기 위해서 당시 김대중 정부의 관료들에게 로비를 하면서 사건은 게이트로 번졌다.

이 사건에 관련된 인물들을 보면 김영렬 전 서울경제신문 사장,

김현규 전 의원, 이규성 전 재무부 장관, 박준영 전 국정홍보처장, 배순훈 전 정통부 장관, 이종찬 국정원장, 김원길 보건복지부 장관, 남궁석 전 정통부 장관, 김정길 전 정무수석, 김성남 전 부패방지위원장 등이 윤태식 패스 21의 게이트와 관련되어 있었다.

윤태식 사건은 당시 한국의 경제상황과 권력형 실세들을 단번에 알아 볼 수 있는 사건이었다. 또한 당시 한국의 젊은이들이면 누구나 다 꿈꾸는 일확천금을 노렸던 대표적인 사건이었다. 정부의 벤처 기업 육성 정책으로 비록 자본이 없더라도 아이디어 하나면 누구나 다 신지식인이 될 수 있던 시대였다. 그 과정에서 자신의 아이디어를 과장하고 그 아이디어를 수용시키기 위해서 당시 권력 실세들에게만 접근하면 쉽게 신지식인으로 인정을 받아서 사업자금을 조달 받을 수 있었다.

그런데 더 큰 문제는 윤태식이 바로 살인자이며 전과자였다는 사실이다. 이런 그가 당시 권력 실세들을 속일 수 있었다는 것은 당시 한국 사회에서 정부가 주도한 중소기업형 벤처 기업의 허점을 가장 잘 보여주고 있다. 이것은 바로 봉이 김선달이 대동강 물을 팔아먹은 사건과 같은 맥락에서 이해할 수 있다.

세 번째로는 이용호 게이트를 보자.

이용호는 전남 영광 출신으로 광주상고 야간부를 졸업하였다. 이용호는 자신의 그룹인 G&G 회사의 삼애인더스와 인터피온 등으로부터 680억 원을 빼돌렸다. 또한 보물선 발굴사업을 미끼로 주가를 조작하여 시세 차액 250억 원을 빼돌렸다. 수가 조작을 위해 보물선 사건들을 크게 세상에 알리고자 국정원과 금감원 등 정부의 실세들에게 접근하여 실제로 국정원이 보물선 발굴사업에 조사를 하기까지 하였다.

이러한 보물선 사건의 확대와 조작을 위해서 김대중 대통령의 처소카인 이형택이 정관계에 로비를 벌였다. 이 과정에서 신승남 전 검찰총장의 동생이 이 사건에 연루되었다. 예보험공사 전무였던 이형택은 전남 진도에서 보물인양업자들과 함께 보물 발굴업자들로부터 보물발굴의 지분을 얻는 대가로 정관계 로비를 주도하였다.

이 사건은 김대중 대통령의 차남인 홍업이 이용호로부터 47억 원을 받은 사실이 드러나면서 특검을 통해서 확대되고 진실이 규명되어졌다. 이 사건으로 김대중의 차남 홍업은 구속되었다. 이 사건 역시 김대중 정부 권력형 비리의 실예라고 할 수 있다.

이용호 게이트 역시 김대중 대통령의 친인척이 연루된 권력형 비리 사건이었다. 이용호는 주가 조작을 하여 그 돈을 빼돌려서 정관계에 로비하였다. 대통령 영부인 이희호 여사의 조카인 이형택이 관련되고 더구나 김대중 대통령의 차남인 김홍업이 관련된 권력형 사건이었다.

외국 선진국의 경우는 친인척이 관련된 비리 사건은 거의 없다. 그러나 우리나라는 유독 형과 동생은 물론 하다못해 사돈의 팔촌까지 권력을 행사하려고 한다. 서양의 경우는 부모는 부모이고 친인척은 친인척이라는 별개의 사고가 아예 사회 풍토로 자리를 잡고 있다. 따라서 권력형 비리는 생길 일이 거의 없다.

이용호 게이트는 한국의 정치풍토가 아직까지 선진국으로 가기 위해서 더 높은 정치발전을 필요로 함을 보여 주고 있다. 특히 더욱 더 필요 한 것은 국민들의 높은 의식 수준이다. 국민들이 친인척과 실권자는 아무런 관련이 없다는 인식을 가져야만 한다.

넷째로 진승현 게이트를 보자

진승현 게이트는 당시 정부와 정계가 관련된 게이트였다. 1991

년과 2001년 사이에 MCI 코리아 부회장 진승현이 자신의 계열사인 열린금고, 한스종금, 리젠트 증권으로부터 2,300억 원을 불법대출 받고 리젠트 증권의 주가를 조작한 사건이다.

진승현은 불법대출받은 돈으로 비자금을 조성해 당시 정계 실세였던 권노갑과 국정원 차장인 김은성 등에게 로비하였다. 2000년 11월 금감원은 주가 조작 혐의로 진승현을 검찰에 고발하면서 검찰은 진승현이 377억 원을 열린금고로부터 불법대출을 받아 이 중에서 권노갑에게 국정원 차장인 김은성을 통해서 5천만 원을 건넸다.

그 후 민주당 전 당료인 최택곤을 통해서 수천만 원을 전달했다고 발표하면서 이 사건은 게이트로 크게 번졌다. 그러나 약 100억 원이 정관계 로비로 활용된 진상을 규명하지 못하고 이 사건은 김은성 국정원 차장의 구속으로 수사가 마무리 되었다.

우리는 국정원 차장인 김은성과 김대중 대통령의 정치적 동지인 권노갑이 연루 되었다는 점에서 이 사건을 해석해 볼 수 있다. 권노갑은 앞에서도 언급한 것처럼 김대중의 정치적 분신이라고 할 수 있다. 그런 그가 진승현 게이트에 관련되었다는 것은 이해가 잘 되지 않는다.

더구나 국정원이 왜 여기에 관련 되었을까?

국정원은 이용호 보물선 게이트에도 관련되어 있었다. 더구나 국정원의 차장인 김은성은 국정원의 형식상의 2인자이지만 실질상 국정의 권력 서열 1인자였다. 그런 그가 권력형 비리에 연루되었다는 것은 문제가 있다. 특히 이 사건은 100억 원에 대한 진상이 밝혀지지 않으면서 흐지부지 되고 말았다.

진승현 게이트는 한국은 아직까지 정경유착의 고리에서 벗어나지 못하고 있다는 것을 잘 보여주고 있다.

마지막으로는 옷 로비 사건이 있다.

이 사건 역시 한국 사회의 정경유착을 잘 보여주는 사건 중 하나다. 또한 김대중 정부가 추구하는 민주주의와 경제민주화 단계가 아직 좀 더 많은 시간이 필요하다는 것을 잘 보여주고 있다.

1999년 5월 당시 한 기사가 보도되었다. 1998년 당시 외환밀반출 사건으로 수사를 받던 신동아 그룹의 최순영 회장의 부인인 이형자가 검찰총장인 김태정의 부인인 연정희에게 호피무늬의 고급 옷을 선물했다는 내용이었다. 그리고 더욱 충격적인 것은 제보한 사람이 이형자 스스로였다는 사실이었다. 이에 연정희가 명예훼손죄로 이형자를 고발하면서 사건은 특검으로까지 확대되었다. 이 사건에는 라스포스 사장 정일순, 강인덕 전 통일부총리의 부인인 배정숙 등이 연관되어 있었다. 그러나 이 사건은 이형자의 실패한 '남편 구명 로비'라고 결론이 나고 말았다. 이처럼 김대중 정권 말기에 터진 게이트는 김대중 정부의 투명성에 치명적인 타격을 가져다주었다.

주목해야 할 것은 이 사건에 김태정과 최순영이 연관되어 있다는 사실이다.

김태정은 당시 검찰총장으로 권력의 하수인이었다. 당시 검찰은 권력의 향방에 따라서 움직이고 있었다. 김태정은 정계를 가장 가까이에서 지켜보는 자리에 있었다.

그렇다면 김태정의 부인에게 접근한 이형자는 누구인가?

이형자는 당시 재계 서열 10위권에 들어가는 신동아 그룹 회장 최순영의 부인이었다. 당시 신동아 그룹은 부도와 도산 위기에 몰려 있었다. 이러한 신동아 그룹을 살리기 위해서 부인인 이형자가 구명

운동을 한 것이었다. 그리고 여기에는 김태정 검찰총장과 강인덕 부총리 부인이 연루되어 있었다.

이 사건은 단순한 옷 로비 사건이기는 하지만 그 당시 사회에 나타난 권력형 비리를 단적으로 잘 보여주고 있다. 최순영의 부인 이형자는 재벌총수의 부인으로 정관계에 로비만 하면 문제가 해결된다는 생각을 가지고 있었다. 그동안 보아온 전례로 보아서는 돈이면 안 되는 일이 없다고 생각했을 것이다. 이형자 뿐만 아니라 한국에서는 무슨 일이든지 돈이면 해결된다는 생각이 만연해 있었다. 그러니 이형자의 생각은 당시 대부분 한국 사회 대다수의 국민들 생각이라고 할 수 있다.

이상의 사건들을 종합해 볼 때 김대중 대통령 한 사람만 보아서는 민주화 운동으로 한국의 민주주의 발전을 한 단계 높이는 데 크게 기여한 것만은 사실이다. 김대중은 경제민주화가 가장 시급하다는 것을 알고 있었다. 스스로 오랫동안 정치 현장에서 경제민주화의 필요성을 뼈저리게 느꼈기 때문이다.

김영삼 대통령 역시 경제민주화의 필요성을 현장 경험을 통해서 잘 알고 있었다. 그 경험이 집권 후 바로 금융실명제를 시행하게 만들었다. 김대중 역시 경제민주화를 주장하였다. 그러나 주변의 인물들 때문에 그가 주장한 경제민주화는 빛을 바래고 말았다.

# 적과의 동침인
# DJP공조와
# 국회의원 꿔주기

김대중 대통령은 한국 민
주주의 역사에서 김영삼과 함께 민주주
의 개척자로서의 상징성을 가지고 있다.
그러나 대통령에 당선된 이후에는 여소야대라는 정국 때문에 인위
적인 정계개편을 통해서 과거의 이미지가 크게 빛을 바래게 되었다.

대통령제의 단점은 행정부와 입법부가 교착 상태에 빠진 경우
행정부가 일을 순조롭게 추진해 나갈 수 없다는 데 있다. 바로 김대
중 정부가 그 케이스에 해당된다. 당시 김대중 정부는 여소야대의
관계 속에 있었다. 거대 야당 속에서 여당인 김대중 정부가 추진한
것이 야당과 연합하는 일이었다. 노태우 정부 역시 야당과 합당한
것과 같은 맥락에서 이해할 수 있다.

김대중 정부 역시 야당과 연합을 추진하였다. 그 대표적인 케이
스가 바로 자민련과의 공조를 유지한 점이다. 김종필은 1995년 3
월 30일 당시 김영삼과 내각제 추진을 목적으로 3당 합당에 동참
한 후 김영삼 정부에서 세계화에 적합하지 못한 구시대 인물로 평
가되었다. 자민련은 김종필이 '충청도 핫바지론'을 제기하면서 창당
한 보수우익 정당이다.

그는 박정희 군사 정변 시부터 박정희 정권의 2인자로 존재하던
보수적인 인물이다. 김종필의 보수 우익 정당은 김대중의 진보 혁
신주의적 사상과는 완전히 다른 사고를 가진 정당이다. 그런데 김
종필이 1996년 다음 해 총선에서 '충청도 핫바지론'을 내세워서 충

청권 민심을 자극해 동정표를 얻어서 돌풍을 일으켰다.

여기에다 3당 합당 당시 민정계의 주류를 이루면서 구 김종필의 공화당계의 극우보수주의자들인 박준규, 박태준, 김용환, 김복동 등을 영입하면서 여당인 신한국당의 텃밭인 경북에서까지 돌풍을 일으키면서 여당인 김대중 당 다음으로 많은 의석을 확보하였다. 그 결과 김대중은 다음 해 대통령 선거에서 김종필과 내각제에 대한 약속과 공조를 바탕으로 대통령에 당선되었다. 그러나 DJP연합에도 불구하고 과반수 의석을 확보하지 못하면서 정국 운영에 어려움을 겪었다.

김대중 정부 국무총리 구성원의 성향을 보면 김종필, 박태준, 이한동 등 모두가 진보적 성향과는 거리가 먼 아주 보수적 성향을 가진 인물들이었다. 김대중 정부의 소위 국정 2인자인 국무총리들 김종필과 박태준, 이한동의 공통점은 모두 극우의 보수 성향의 인물들이라는 점이다. 김대중과 완전히 대조적 성향을 가졌다.

박태준은 경남 양산 출신으로 육사 6기 출신이다. 그는 5·16 군사정변이 일어나자 바로 당시 국가재건최고회의 의장 비서실장으로 기용되었다. 후에 박정희의 조국근대화 작업의 최일선에서 포항제철을 만든 인물이다. 당시 한국은 경제개발을 위한 인프라 구축사업으로 제철공장이 필요하였다.

박태준은 성공한 기업인이었다. 동시에 청렴성과 추진력을 겸비한 인사였다. 5공 전두환 당시 정계에 입문하여 노태우 정권에서 대권 후보로 물망에 올랐다. 그러나 김영삼과 대권 경선에서 패한 후 정계를 떠났다가 다시 자민련으로 정계에 복귀하였다.

다음으로 공동여당으로 국무총리를 지낸 이한동은 누구인가?

이한동은 1934년 경기 포천 출신이다. 경복고와 서울법대를 졸업하고 사법고시에 합격하여 판사와 검사를 지냈다. 이한동은 5공의 전두환 정권이 들어서면서 정계에 입문하였다. 전두환 정권 시절 내무장관과 민정당 사무총장 등 요직을 거친 핵심 전두환 정권의 멤버였다.

즉 김대중 정권에서 국무총리를 지낸 인물들은 모두가 다 극우의 보수주의 성향의 인물들이었다.

여기서 우리가 생각 할 문제는 이것이다. 정치인들은 항상 보수와 진보의 대연합이라는 말을 사용하고 국민들 앞에서 단합이라는 명분을 내세운다. 이 점을 과연 국민들은 어떻게 볼까? 대부분 보수·진보 등의 구실로 대연합을 한 경우 다음 선거에서는 항상 실패하는 경우가 매우 많다.

김대중 정부 집권 2년 차부터 김종필의 내각제 구상이 김대중의 반대로 힘들어지자 DJP 공조를 파기하고 당시 야당이 내놓은 장관 임명 동의안에 부결하면서 DJP 공조는 완전히 무산된다. 이후부터 김종필의 자민련은 여당과 야당 사이를 오가며 당의 정체성을 상실한다.

2000년에 실시된 제16대 국회의원 총선에서 여당인 새천년민주당은 115석을 차지해서 과반수인 137석을 확보하는 데 실패하였다. 여기에 공조를 이루었던 김종필의 자민련은 15대 때 얻은 50석에서 16대 때 17석으로 완전히 몰락하면서 원내교섭권을 가질 수 있는 구성원인 20석도 채우지 못하면서 어려움을 겪게 되었다.

이에 김대중은 송석찬 의원의 주선으로 장재식, 송영진, 배기선 등 몇 명의 의원을 '꿔주어서' 자민련이 겨우 교섭단체를 구성할 수 있었다. 송석찬 의원은 '자민련으로 당적을 옮긴 의원들은 연어가 되어서 친정으로 돌아온다'는 명언을 남겼다. 그 결과 김종필의 자민련은 국민들뿐만 아니라 근거지인 충청권에서조차 신뢰를 잃어버리고 말았다.

김대중은 자민련과 공조를 해도 135석에 불과하여 과반수에는 2석이 모자랐다. 이에 무소속의 춘천 출신인 한승수 의원과 김윤환의 민주국민당에까지 손을 뻗어서 겨우 과반수 확보를 하였다. 이처럼 정당 간 서로 의원을 꿔주고 받는 식의 정당 운영은 김대중의 민주화 투사로서의 이미지를 크게 실추시켰다. 더구나 극우 보수주의자들인 자민련과 구공화계 인물들의 영입은 당의 이미지를 완전히 흐리게 만들었다.

따라서 김대중은 자신이 민주화를 위해서 투쟁했던 적들과 동침을 하는 바람에 정치인으로서 이미지가 크게 실추되었다. 특히 김대중은 김종필과 공조를 약속한 후 대통령 선거 유세 중에 박정희 고향인 경북 구미 유세에서 내가 대통령이 되면 김종필과 합세하여 박정희 기념관을 건립하겠다는 약속을 하기도 했다.

또한 김대중 정부가 들어서면서 김중권, 이상주 등의 5공 핵심세력의 인사를 대통령 비서실장으로 영입한 일로 과거사 청산을 소홀히 하였다는 여론적 비판을 크게 받게 되었다.

그 후 김종필의 자민련은 2004년 17대 국회의원 선거에서 겨우 4석을 얻고 전국구 1번으로 원내 진출을 시도한 김종필은 3퍼센트에서 0.02퍼센트가 부족하여 원내 진출에 실패하자 정계를 은퇴하면서 쓸쓸하게 정치 인생을 마감하고 말았다. 그 후 자민련은 2006년 4월 1일 막을 내리면서 역사 속으로 사라지고 말았다.

# 김대중 정부의
# 허와 실

김대중 정부는 민주주의 개척기의 마지막 정부에 해당한다. 특히 정통 야당으로서 37년 만에 집권여당이 된 민주주의 상징성을 대표하는 정부다. 따라서 국민들 역시 김대중 국민의 정부에 대한 기대가 매우 컸다. 우선 김대중 개인이 한국 민주주의의 역사 현장에서 직접 민주화를 이끈 인물이기 때문에 국민들이 그에 대한 기대는 더욱더 컸다. 사실상 그는 남북 정상회담과 같은 여러 가지 큰 업적을 남겼다. 경제의 측면에 있어서도 김영삼 정부가 남긴 IMF 외환위기를 성공적으로 벗어났기 때문에 그가 남긴 업적은 크다.

반면 김대중 정부에는 많은 문제점도 있었다. 그중에서 김종필과의 공동여당을 구성한 점을 먼저 꼽을 수 있겠다. 여기에 더해 구시대의 보수주의 인물들을 대거 영입하면서 자신이 가지고 있던 이미지를 흐리게 만들었다. 국무총리뿐만 아니라 함께 국정 운영을 해나갈 최측근 인사인 김중권과 이상주 비서실장 모두가 다 5공 군사정권의 핵심 인물들이었다.

그럼 김대중 정부의 비서실장인 김중권과 이상주는 누구인가?

김중권은 1939년생으로 경북 울진 출신이다. 고대 법대를 나와 사법고시에 합격하여 판사를 하다가 5공 전두환 정권에 의해 정계에 입문하였다. 전두환 정권 때 청와대 정무수석을 거치는 등 5공의 핵심인물이었다.

이상주는 경북 영주 출신이며 1937년생이다. 서울 사대와 미국 피츠버그대에서 교육학 박사학위를 받았다. 서울 사대 교수와 정신문화원에서 학자로 출발하여 5공 시절 청와대 교육문화수석을 지냈다. 그 후 강원대 총장 등 여러 대학 총장을 지냈다. 김대중의 비서실장을 거쳐 교육부 장관을 역임했다.

김대중은 군사정권의 핵심 인물들을 왜 발탁했는가? 이것은 아마 지역 안배 차원에서 경북 출신을 기용한 것으로 추정된다. 다만 이로써 김대중 정부의 일관성이 상실되어 버렸다는 문제가 생겼다. 죽이 되든 밥이 되든 끝까지 밀어 붙였어야만 했다. 그런데 김대중 정부는 집권하면서부터 과거사 청산 문제는 그냥 '화해'라는 명목으로 넘어가고 말았다. 5공과 관련된 광주민주화항쟁도 물고 늘어졌어야만 했다. 그러나 모든 것을 인간적인 차원에서 용서와 사랑으로 타협하고 말았다. 역사와 정치발전을 위해서 짚고 넘어갔어야만 했다. 서양의 민주주의는 피를 먹고 자랐다는 교훈을 소홀히 한 것이 김대중 정부의 실책이라고 할 수 있다.

사,

링컨을 꿈꾸었던

서민대통령,

참여정부 노무현 정권

(2003~2007)

# 제16대
# 대통령 선거와
# 바보 노무현의 승리

제16대 대통령 선거는 노무현의 등장으로 한국 민주주의 역사 발전에 크게 기여하는 계기가 되었다. 2002년 12월 19일에 실시된 대통령 선거에서 국민과 여론은 김대중 대통령에게 아쉽게 패한 야당의 이회창 후보의 당선이 거의 확실시 된다고 예상하였다. 그런데 2002년에 들어서면서 김대중 대통령의 차남 김홍업과 삼남 김홍걸이 비리에 연루돼 구속되면서 여론은 정권 교체 쪽으로 기울고 있었다. 이러한 상황에서 민주당은 후계자를 정동영, 한화갑, 이인제 및 김중권으로 내세워 경선을 치르게 되었다. 국민경선이 도입되면서 선거는 국민들의 관심을 불러일으켰다. 그중에서 가장 유력한 인사는 지난 대선에서 표를 분열시켜 이회창 후보에게 낙선을 안겨 주었던 이인제 후보였다. 그런데 후보 확정 국민경선에서 노무현 후보가 등장하면서 돌풍을 일으켰다. 특히 노무현 후보는 광주 경선에서 두각을 드러내며 이인제 후보와 정동영 후보를 따돌리고 후보로 확정되었다.

하지만 이후 노무현 후보는 김대중 측근의 비리로 민주당이 직격탄을 맞으면서 지지율이 반 토막 나고 말았다. 여기에 월드컵 4강 진출 덕분에 축구협회 회장인 정몽준 후보가 갑자기 돌풍을 일으키면서 민주당에서는 노무현을 사퇴시키고 정몽준을 영입하자는 설이 나돌았다.

노무현은 국민통합21의 정몽준 후보에게 후보 단일화를 제의하고 결국 국민투표로 정몽준 후보를 누르고 단일후보로 당선되었다. 이후 노무현 후보의 지지도는 엄청 상승하여 이회창 후보 보다 앞서기 시작하였다. 그런데 이때 갑자기 이인제 후보가 탈당하고 이회창 후보를 지지하고 나서는 변수가 생겼다.

또한 선거 하루 전날인 12월 18일 밤 10시에 정몽준 후보가 후보 단일화를 파기하면서 노무현이 선대위원장인 정대철 등과 함께 정몽준의 집을 찾아 갔으나 정몽준은 만나주지 않았다. 이러한 와중에서 치러진 12월 19일 대통령 선거에서 노무현은 젊은 네티즌들의 동정표를 받아서 이회창 후보를 제치고 대통령에 당선 되었다. 선거결과를 보면 노무현 후보가 48.9퍼센트를 얻어 46.6퍼센트를 얻은 이회창 후보보다 2.3퍼센트인 57만 910표를 더 얻어서 당선되었다. 이번 선거는 투표율이 역대 최저인 70.8퍼센트였다.

노무현의 당선은 20~30대의 선거혁명이라고 할 수 있다. 결국 보수 안정을 원하는 50~60대와 개혁을 원하는 20~30대의 대결 구도 속에서 치러진 이번 선거에서는 젊은 층의 개혁 진보가 승리를 거뒀다고 할 수 있다.

특히 네티즌들이 결집하는 인터넷이 선거에 미치는 영향이 엄청나다는 것을 실감나게 했다. 또한 네티즌들이 돼지저금통장 깨기 등을 통해서 자발적인 모금을 벌인 것은 이제 한국의 정치발전이 한 단계 더 높은 곳으로 급성장하고 있다는 것을 이번 선거혁명을 통해서 알 수 있다.

컴퓨터에 익숙한 젊은 세대들 사이에서 바이러스처럼 확산되는 선거 열기가 결국 노무현을 대통령으로 만들었다. 반면 한나라당의 이회창 후보는 아들 병역사건과 보수적인 사고로 인해서 결국 실패하고 말았다.

한편 이번 선거에서 민주노동당의 권영길 후보가 비록 3.9퍼센트이기는 하지만 제2야당이 제도권에 진출할 교두보를 마련했다는 점에서 큰 의미를 갖고 있다. 또한 노동자들이 오랫동안 체계적으로 노력하여 자신들의 권리와 의견을 수렴하여 국회에서 자신들의 권리를 주장할 교두보를 마련했다고 할 수 있다. 또한 이번 선거부터 TV토론 방식 등이 도입되면서 민주주의 제도와 방식을 갖춘 서양선진국들과 대등한 선진화된 국민의식으로 정치문화가 변화되고 있다는 것을 보여주었다.

이번 선거는 한국 정치사에서 획을 긋는 역사적인 선거라고 할 수 있다. 우선 이번 선거는 보수와 진보의 대결이라는 점에서 큰 의미를 부여할 수 있다. 이회창 후보는 한국의 보수를 대변하는 인물이다. 이회창 후보는 지난번 선거에서 김대중 후보에게 패하기는 하였지만 보수층들이 그를 중심으로 대결집하고 있었다. 그는 한국을 대표하는 집안 출신이었다. 특히 이회창 후보는 경기고를 졸업하고 서울법대 및 사법고시를 거쳐 최연소 부장판사, 최연소 대법관 등 항상 최연소라는 꼬리표를 붙이고 다녔다.

반면 노무현 후보는 후보 지명전부터 말썽을 일으켰다. 그는 박해 받는 한국의 전형적인 서민 출신이었다. 상고를 졸업 후 돈이 없어 대학 진학은 포기하고 군 제대 후에 공사 현장에서 인부로 막일을 하면서 독학으로 사법고시를 준비하여 합격한 입지전적 인물이었다. 노무현은 사법고시를 1975년도에 합격하였다. 그 당시 사법시험은 지금과는 비교가 안 될 정도로 소수정예만을 뽑는 시험이었다. 이 시험에 그가 독학으로 합격하였다는 것은 그가 강한 의지의 소유자라는 것과 동시에 독특한 성격의 소유자라는 사실을 보여준다.

사법시험 합격 후에 그가 택한 길은 정통 법관의 길이 아니라 인권변호사로서의 길이었다. 당시는 사법시험에 합격하면 누구나 다 판사나 검사에 임용되어 정통 법조인으로서 길을 걸어갈 수 있었다. 노무현도 처음에는 판사로 임용되었으나 얼마 후 바로 변호사로서의 길을 택했다.

그는 왜 판사의 길을 포기하고 바로 변호사로서의 길을 택했을까?

하나는 정통 서울 법대를 졸업해 고시에 합격하지 않으면 대법관이나 검찰 수뇌부까지 올라가기가 힘이 들었던 당시 법조계의 분위기 때문이었을 것이다. 가장 높은 자리까지 가는 사람들은 대부분 서울 법대 출신이었다. 서울 법대가 아닌 전국의 몇 개 대학의 출신들이 그다음 그룹을 형성하고 있기는 하였지만 다 합쳐 보아도 숫자 면에서 서울 법대의 반도 되지 않았다. 따라서 서울 법대가 아닌 타 대학 출신들에게는 부장 판사 자리 정도가 그들이 오를 수 있는 한계였다고 할 수 있다. 대통령 당선 후 노무현이 사법시험을 없애고 로스쿨 제도 즉 법학전문대학원제를 도입하는 데 앞장섰던 이유가 바로 서울 법대 중심의 특권 의식 속에서 법조개혁의 필요성을 몸소 느꼈기 때문이라고 볼 수 있다.

이렇게 노무현이 가진 개혁적인 성향은 그가 대통령에 당선 되면서 한국 정치발전에 획기적인 변화를 초래하였다. '대통령의 성격과 정책'이라는 주제는 오랫동안 정치학이 가장 발달한 미국학계에서 가장 큰 주제로 등장하고 있다. 가령 마마보이로 자란 앤드류 잭슨 미국 대통령은 모든 정책을 결정하는 과정에서 최종 결정은 반드시 어머니에게 물어보고 나서야 안심하고 정책 승낙을 했었다. 존 에프 케네디 역시 그의 성격에 따라 모험을 즐기는 정책을 택했다. 1962년 소련의 쿠바 미사일 사건이 발생하자 그는 제3차 대전을 각오하고 해상봉쇄령을 내림과 동시에 선전포고를 할 준비를 하였다.

그런데 만약 대통령 선거에서 이회창 후보가 당선되었더라면 한국의 정치발전은 어떻게 되었을까?

여기에 대해서 생각해 보지 않을 수 없다. 이회창은 오랫동안 법조인으로 이름을 날린 인물이다. 만일 그가 정치계에 차출되지 않았더라면 법조계의 수장인 대법원장 1순위 후보였다. 그만큼 그는 법조계에서 후배들로부터 존경받고 있었다. 그가 대권에서 승리하여 대통령이 되었더라면 점진적으로, 법의 테두리를 벗어나지 않는 범위의 개혁을 추진해 나갔을 것이다. 왜냐하면 그는 케네디처럼 모험을 즐기는 스타일의 정치인이 아니기 때문이다.

반면 노무현은 개혁적이고 저항적인 기질을 가졌다. 그 기질은 어릴 적부터 나타났다.

노무현은 어릴 적부터 성적이 좋았고 줄반장을 할 정도로 우수한 학생이었다. 그런 그가 중학교에 다닐 때 등록금이 없어서 학교에서 쫓겨난 적이 있었다. 그러자 학교에 찾아가서 항의하고 학교를 그만 둘 생각도 했다. 이처럼 노무현은 어릴 적부터 저항적 기질을 타고 난 인물이었다. 고등학교는 부산 지역에서 명문으로 꼽히는 부산고, 경남고와 어깨를 나란히 하는 부산상고에 다녔다. 경제적인 어려움 때문에 부산상고에 간 것 같다. 당시 부산상고는 가난한 수재들이 다니는 학교였다.

그가 당시 야당의 쟁쟁한 후보들을 물리치고 대통령 후보에까지 올라올 수 있었던 것은 바로 그의 이런 외골수적 기질과 강한 승부욕 덕분이라고 할 수 있다. 소위 말하는 '바보 노무현'이 그 자신을 대통령으로 만든 것이다.

그가 강한 승부욕을 가지고 있다는 것은 그가 사법시험에 도전했던 모습에서 알 수 있다. 그는 당시 국가 최고의 시험인 사법고시에 7전 8기로 합격하였다. 대부분 사람들은 한두 번 응시하다 실패하면 포기하였을 것이다. 그러나 노무현은 끝까지 포기하지 않고 7전 8기의 도전 정신으로 사법시험 응시 4번 만에 합격하였다.

노무현이 정계에 입문한 것은 김영삼의 추천 덕분이었다. 김영삼이 3당 합당을 하면서 대부분 민주계 인사들이 김영삼과 함께 합당한다. 그러나 노무현은 김영삼을 따라가지 않고 독자노선을 걸어간다. 이것 때문에 그는 정치계에서 가시밭길을 걸어가게 된다. 만일 김영삼과 함께 3당 합당을 했더라면 그는 다선의 국회의원이 되고 정치인으로서 편안한 삶을 살았을 수도 있다. 하지만 대통령 후보는 되지 못했을 것이다. 단지 김영삼의 참모로서 인생을 마쳤을 것이다.

노무현의 외골수 기질은 결국 6전 4패라는 정치적 전적을 남겼다. 6번 도전하여 2번만 당선되고 4번은 떨어졌다. 개인적으로 매우 힘든 삶이었던 것이다. 그는 편안한 길을 버리고 힘든 길을 스스로 택하였다. 판사를 그만두고 부와 관계 없는 인권 변호사의 길을 걸은 그 선택부터가 힘든 삶의 시작이었던 것이다. 그는 스스로 힘든 길을 골라가면서 택했다.

이러한 그의 기질은 결국 국회에 입문하면서 두각을 드러냈다. 그가 초선 의원일 때 마침 5공특위 청문회가 열리고 있었다. 노무현은 그가 가진 특유의 악센트와 아낌없는 말솜씨로 청문회 스타가 되었다. 청문회에 출석한 사람들의 간담을 써늘하게 만든 동시에 국민들의 속이 시원해질 만큼 통쾌함을 선사해 인기가 절정에

달했다. 게다가 보수적인 사고를 가진 사람이라면 도저히 상상도 못할 파격적인 행동까지 보였다. 5공 청문회 마지막 날이 되어서야 백담사에 은둔하고 있던 전두환 대통령이 국회에 출석하였는데, 출석해서도 단순히 미리 준비한 원고를 읽는 데 그쳤다. 여기에 분개한 노무현이 자신의 명패를 전두환에게 던져서 전두환의 간담을 서늘하게 했다. 확실히 5공 청문회를 통해서 노무현은 국민스타로 탄생된 것이다. 그때부터 노무현은 국민들에게 각인되기 시작하였다.

또 하나 그는 참모가 되는 길을 택하지 않아, 자신의 정치적 스승인 김영삼이 3당 합당할 때 따라가지 않고 그대로 민주당에 남아 소위 꼬마 민주당이라는 이름으로 남았다. 그의 이런 선택은 노무현에게 국회의원 선거 때마다 낙선이라는 결과를 가져다주었다. 왜냐하면 한국의 정치 풍토는 지역을 기반으로 하는 정치문화가 조성되어져 있었기 때문이다. 또한 대통령 중심제하에 여당 1개와 야당 1개로 구성된 정치문화 풍토를 보이기 때문에 제아무리 전국적인 인물이라도 당선이 힘들었다.

노무현은 자신의 정치 기반인 부산을 중심으로 출마한 국회의원과 부산시장 선거에서 떨어지면서 '바보 노무현'이라는 별명을 얻었다. 그 결과 많은 사람들이 노무현의 인물됨을 아까워했다. 그러면서 노무현을 지지하는 세력들이 생기기 시작하였다. 바로 노사모 즉 노무현을 사랑하는 모임이었다. 이 노사모가 예비 국민경선에서 딩시 광주를 기반으로 하던 민주당의 유력주자인 한화갑과 이인제를 물리치고 노무현 돌풍을 일으키면서 전국적으로 확산되기 시작하였다. 결국 바보 노무현이 던진 정치 승부수는 승리한 것이다. 바로 한국의 민주주의 발전을 위한 선거혁명에서 승리를 한 것이다.

노무현은 선이 굵은 삶을 살아왔다고 할 수 있다. 인간적인 면에서 배울 점이 있었다. 달면 먹고 쓰면 뱉어버리는 정치 풍토 속에서 그는 자신의 특유의 고집을 바탕으로 한 정치 스타일을 보여주었다. 한국 후배 정치인들이 본받아야 할 점이 많았다. 결국 인생에서 승리의 여신은 노무현에게 미소를 보냈다.

다음으로 더욱더 중요한 것은 노무현이 집권하게 되는 배경에 대한 설명이다.

노무현은 김영삼과 결별하고 낙선하면서 정치 낭인 생활을 하고 있었다. 그런데 그때 그에게 나타난 인물이 바로 김대중 야당 당수였다. 후에 김대중은 노무현을 해양수산부 장관으로 발탁한다. 그리고 국민경선에 도전해 보라고 추천하기도 했다. 당시 민주당 내에서 정치적 기반이 거의 없었던 노무현은 국민경선제 도입 덕분에 젊은 층으로부터 절대적인 지지를 받아서 후보에 오를 수 있었다. 그렇지만 그는 선거 한 달 전까지 당시 한나라당 후보인 이회창 후보에게 여론조사에서 약 두 배 이상의 차이로 뒤지고 있었다. 그러나 당시 국내에서 치러진 월드컵 4강 신화 덕분에 당시 가장 인기가 있었던 정몽준과 단일화를 이루면서 전세는 역전되었다. 그 후 대통령에 당선된 것이다.

결국 노무현의 당선에는 위로부터의 혁명이 아닌 아래로부터의 혁명을 갈망하는 서민정서가 가장 강한 활력소가 되어 주었다. 민주주의는 대중정치다. 민중으로부터 시작된 미미한 미풍이 결국 국민 전체에게로 부는 돌풍으로 변하고 말았다. 특히 그 중심은 인터넷을 중심으로 하는 젊은 층의 지지였다.

국민을 중심으로 하는 특권과 차별 없는 세상, 지역주의와 금권주의 정치 타파 등이 가장 중요한 요인이다. 또한 스스로 자비로 펼친 열성적인 선거운동 등이 선거에서 승리를 부른 중요한 요소로 작용하였다. 여기에 더해 운동권 출신들이 노무현을 강하게 밀면서 열성적으로 선거운동에 참여하였다. 결국 밑으로부터의 선거혁명이 승리한 것이다.

# 노무현의
# 국정철학

노무현 정부는 과거의 정부들과 차별화된 새로운 역사시대 정부라고 할 수 있다. 김대중 정부까지를 민주주의 개척시대라고 한다면 노무현 정부부터는 과거 김영삼, 김대중 정부가 닦아놓은 터전을 바탕으로 좋은 집을 지어올리는 정부라고 할 수 있다.

서양 유럽 국가들의 민주주의 역사로 보면 기존의 기본권을 위해서 싸웠던 민주주의를 바탕으로 인간의 삶의 질을 중요시 여기기 시작한 시대에 비유할 수 있다. 서양에서는 이때부터 공리주의 시대가 시작되고 민주주의가 사회를 보호하는 중심의 민주주의에서 개인과 사회를 동시에 보호하는 민주주의 시대로 발전을 거듭하게 된다.

한국 민주주의 역사는 해방 이후에 시작되었다. 따라서 한국 민주주의 역사는 매우 짧다. 이 짧은 기간 동안 서양이 수백 년 걸려서 이루어 놓은 민주주의의 터전을 불과 수십 년 만에 닦아 놓은 셈이다. 그렇기 때문에 서양과 비교하여 결코 민주주의의 터가 튼튼하다고는 볼 수 없다. 한국의 민주주의도 이제부터는 공리주의를 바탕으로 한 민주주의가 시작된 것이다.

노무현 정부가 바로 그 최초의 정부라고 할 수 있다. 노무현 정부의 국정 운영은 국민과 함께하는 민주주의 실현, 더불어 함께 사는 균형발전사회 건설, 평화와 번영의 동북아 건설을 목표로 하였다. 또한 원칙과 신뢰, 공정과 투명, 대화와 타협, 분권과 자율을 국정 운영 방침으로 삼았다.

외교·안보 분야에서는 한반도 평화체제 구축, 정치·행정 분야에서는 부패 없는 사회, 봉사하는 행정, 참여와 통합의 정치개혁, 지방분권과 국가 균형발전, 경제 분야에서는 동북아 경제주체국가 건설, 자유롭고 공정한 시장질서 확립, 과학과 기술 중심사회, 미래를 열어가는 농어촌 건설 등이다. 사회·문화·여성 분야에서는 참여복지와 삶의 질의 향상, 국민통합과 양성평등구현, 지식문화 강국, 사회 통합적 노사관계 구축을 국정과제로 삼았다.

인재 발탁은 과거 김대중 정부가 정계 주류와 재야의 주류인사들을 발탁한 데 반해서 비주류를 중심으로 발탁하였다. 비주류 중심으로 젊고 개혁성향의 인사, 새천년민주당의 신주류와 386세대, 시민단체와 진보적 학자 그룹, 운동권 출신 등을 발탁하는 인사 정책을 추구해 나갔다. 또한 정경유착의 단절, 권위주의 청산, 시민사회의 성장을 가장 큰 목표로 삼고서 사회를 개혁해 나가는 데 주력하였다.

노무현 정권의 국정 운영은 김대중 정부에서 추진하던 권위주의 청산, 정경유착의 단절의 목표를 그대로 추진해 나가는 데 역점을 두었다.

# 노무현과
# 정책결정자들,
# 386세대

노무현 정권 창출에 결정적인 역할을 한 인물들은 바로 386세대의 운동권 출신들이라고 할 수 있다. 386세대란 무엇을 의미하는가?

386세대란 90년대 만들어져 시중에 나온 컴퓨터 386을 본떠 지은 이름이다. 즉 60년대 출생하여 80년대 대학을 다닌, 90년대의 나이가 30대인 사람들을 말한다. 좁은 의미로 말하면 386세대는 학생운동권 출신들이다. 이들은 학생운동권 1세대인 4·19세대와 그보다 조금 아래 학생운동권 2세대인 6·3세대와 구별하기 위해서 만든 운동권 출신들의 용어라고 할 수 있다.

학생운동권의 역사는 1960년에 일어난 4·19혁명에서 시작되었다. 4·19학생혁명 1세대의 주역으로는 전 민주당 총재였던 이기택을 들 수 있다. 다음은 1964년에 일어난 한·일회담 반대시위인 6·3사태 데모이다. 이 사건의 주역은 김덕룡 전 한나라당 부총재였다. 이처럼 학생운동권 출신들이 정치에 관여하는 경우는 자주 있었다. 대부분 이들은 서울의 주요 대학 학생회장 출신들이다.

노무현 정부에 들어서면서부터는 학생운동권 출신들을 대거 영입하여 그들이 한국정치사에 깊이 관여하면서 한국정치를 좌지우지하고 있다. 노무현 대통령이 집권하면서 새 정치의 수혈대상으로 386세대를 생각했기 때문이다.

그러면 386운동권과 노무현과의 관계는 어떠했을까?

노무현이 386세대와 인연을 맺은 것은 1981년 당시 노무현이 변호사로서 부림 사건을 맡으면서부터였다. 부림 사건은 '부산 학림 사건'을 말한다. 부림 사건은 1981년 부산에서 사회과학 독서모임을 갖던 학생, 교사 및 회사원 등 22명을 경찰이 구속한 사건이다. 경찰은 이들을 영장 없이 불법감금하고 고문해서 기소했었다. 이 사건은 부산에서 발생한 용공 사건 중 최대 규모의 조작 사건이다. 이 사건은 이후 민주화 운동으로 인정받았다. 당시 이 사건을 맡았던 변호사는 부산의 김광일 변호사다. 김광일 변호사는 후에 김영삼 정부에서 청와대 비서실장을 지낸다. 또한 이 사건은 문재인 변호사가 함께 맡으면서 문재인은 노무현과 정치적 동지가 된다.

부림 사건을 계기로 노무현은 386세대들과 교유하면서 친분을 쌓는다. 노무현은 스스로 80학번이라고 불렀다. 노무현이 집권하면서 그는 386세대들을 대거 정계에 입문시켜 이들을 최측근에 배치한다. 노무현은 부산대학의 81학번 이호철을 민정수석으로 임명한다. 또한 386세대인 안희정과 이광재를 좌희정 및 우광재로 불리울 만큼 가까이하였다. 안희정은 현재 충남도지사이며 이광재는 청와대 초대 국정상황실장을 역임하고 후에 강원도지사를 지냈다. 또한 서갑원을 청와대 의전 비서관으로 백원우를 국회의원으로 발탁하기도 했으니 386세대들에게 포위당해서 정치한 셈이다. 결국 이 386세대들은 노무현을 좌지우지하면서 노무현 정권 5년을 흔들어댔다. 그들의 권력이 어느 정도였는지는 후에 노무현이 그들에게 한 '이제 나를 좀 놓아달라'는 말에서 짐작할 수 있을 정도이니, 노무현 참여정부는 그들의 역할이 매우 컸다.

노무현은 청와대로 들어서면서 마음에 맞는 사람들과 함께 일하겠다고 밝혔다. 이것은 후에 말하는 '코드 인사'를 의미한다. 노무현은 말을 돌리거나 숨기는 인물이 아니었다. 그의 말 표현은 직선적이었다. 그가 청문회 스타가 된 이유도 미사여구를 사용하는 것이 아니라 투박하면서 진실을 담은 직선적인 말을 하였기 때문에 국민들로부터 공감대를 형성한 것이다.

노무현이 청와대에 들어가면서 약 37퍼센트에 해당하는 청와대 비서관 자리를 386운동권 출신들이 장악한다. 이들은 대중적인 기획안을 주로 작성하여 청와대 수석이나 대통령에게 보고하였다. 그중에서도 가장 중요한 자리인 국정종합상황실장 자리에 당시 38세인 연대 운동권 출신인 이광재가 기용된다. 또한 386세대들은 청와대 입성과 함께 2004년 노무현 탄핵 역풍에 힘입어 실시된 17대 총선에서 무려 20여 명이 국회로 진출하였다.

이들은 노무현 정부에서부터 두각을 드러내며 한국 정치의 상징인 청와대와 국회를 386세대들이 잡아 나가기 시작하였다. 1980년대 386세대들은 전두환 독재정권에 강하게 항거하여 노태우 정권에서 1987년 6·29 선언을 얻어내는 데 크게 기여했다. 결국 386세대들이 한국 민주화운동에 크게 기여한 셈이다. 만일 386이 없었더라면 한국의 민주화는 더욱더 늦은 속도로 행보하였을 것이다.

또한 386세대는 북한체제에 대한 포용성과 반미주의 사상의 의식이 매우 강한 인사들이었다. 386세대 운동권 출신들의 성향을 분석하면 NL파와 PD파로 분류된다. NL파는 한국의 분단은 미국의 외세 때문이라는 전제하에 미군 철수와 한미 FTA 반대를 주도한다. 여기에 주사파는 김일성 주체사상을 바탕으로 가졌다. 반면 PD파는 마르크스·레닌 사상을 바탕으로 계급 없는 사회인 사회주의 건설에 주력하자는 사고를 가지고 출발한다. 이들은 노동자와 농민, 시민들을 움직여서 사회를 개혁하자고 주장했다. 재벌개혁에도 중점을 두고 있다. 따라서 이들은 대부분 노동운동에 주력한다.

386세대들은 1990년 시민단체와 노동계, 언론계 등에서 활동
하다 야당의 정권교체와 함께 본격적으로 정계에 입문한다.

# 이념주의적 사고를
# 바탕으로 하는
# 국정 운영

노무현의 사고는 관념주의적 사고를 바탕으로 하고 있다. 현실과 이상주의에서 노무현은 이상주의자이다. 그는 현실을 무시한 이상을 중시하면서 국정을 운영하는 진보주의 개혁가였다. 그의 이러한 이상주의적 사고는 현실을 중시여기는 보수주의적 사고와 크게 부딪치게 된다.

현실을 바탕으로 한 점진적인 개혁이 아닌 급진적 개혁을 주도하면서 모든 면에서 큰 진전과 성과를 내지 못했다. 특히 권력기관인 보수언론 개혁, 국정원 개혁, 검찰 개혁, 국세청 개혁 등에 손을 댔지만 큰 성공을 거두지 못하고 자신이 권력을 내려놓은 후에는 그 개혁의 칼이 자신에게 돌아오면서 개혁의 칼을 피하기 위해서 벼랑 끝으로 몰리는 입장에 처하게 되었다.

노무현의 이상주의 사회 건설을 위한 그의 이상주의적 개혁사고는 국내외의 모든 문제에서 마찰을 불러왔다. 그 결과 그는 대통령으로서는 처음으로 탄핵대에 올라가게 되었다. 국외적으로는 미국과의 관계에서 불협화음을 만들면서 한미관계가 역대 정권 중에서 가장 큰 불협화음을 낳게 되었다.

그가 추구하는 평등사회는 이상적 신자유주의를 채택하면서 그는 오히려 사회의 양극화 현상을 초래하게 되었다. 결국 노무현이 추구하는 평등사회와는 정반대의 현상을 낳고 말았다. 기업이나 조직에서 비정규직의 대량 양산현상을 초래하면서 사회는 실업자와 실직자가 많이 생겨났다.

　동시에 서민들의 편안한 삶을 추구하는 노무현 정부는 집값 폭등을 비롯하여 부동산 정책에서 실패하면서 서민들의 생활을 더욱더 힘들게 만들었다. 사회적으로는 부익부 빈익빈 사회를 만들었다. 이러한 부동산 정책의 실패를 비롯하여 자신이 목표로 세웠던 정책 중에서 상당수가 실패로 돌아갔다. 그 원인은 바로 현실을 무시한 이상주의적 진보적 사고를 바탕으로 한 개혁정책을 추진해 나갔기 때문이다.

　진보를 바탕으로 하는 개혁은 대부분 자칫하는 경우 실패하게 된다. 진보는 현실보다 한발 앞선 사고를 가지고서 출발하기 때문이다. 노무현이 추구하는 세상 살맛나는 사회개혁은 이상은 옳은 것이다. 그러나 거기에 맞는 정책을 조율하여 추진해 나가야만 한다.

　노무현과 주변 인물들은 개혁적 성향으로 국민들을 위한 정치를 실현하고자 했다. 그런데 노무현과 그 주변인물들이 추구한 서민을 위한 정책은 결국은 역효과를 일으키고 말았다. 자신이 생각하는 것과 실지로 하는 일에 대한 결과는 다른 효과를 가져 오는 경우가 허다하기 때문이다.

　노무현이 추구한 정책이 실패로 끝난 이유가 바로 그는 현실을 외면한 이상주의적 사고를 바탕으로 하고 있기 때문이다.

　역사적으로 동서양을 막론하고 개혁주의자들은 초기에는 실패하는 경우가 허다했다. 그 이유는 바로 보수집단의 반발 때문이다.

　노무현이 추구한 개혁은 보수들이 가지고 있는 기득권을 박탈하여 그것을 일반 서민들에게 돌려주겠다는 의도이다. 이러한 과정에서 보수집단들의 강한 저항에 부딪치게 된다. 보수는 자신이 가지고 있는 기득권을 지키기 위해서 진보가 추구하는 길에 방해를 놓기 시작한다. 결국은 치열한 싸움으로 변하게 된다. 이 과정에서 국민들이 진보 쪽으로 돌아서야만 한다.

몇 가지 예를 들면 먼저 중국의 대개혁가인 중국 송나라의 왕안석을 들 수 있다. 왕안석은 백성들을 위해서 개혁안을 내어 놓았지만 너무 급진적인 개혁이라 여러 세대를 두고 개혁안이 통과 되지 못했다.

그러나 마침내 신종 때 왕안석의 개혁안이 받아들여지기는 하였다. 그의 개혁안은 서민들을 위한 개혁안이었다. 그런데 당시 기득권 세력인 관료와 대지주와 대상인들의 반대에 부딪쳐서 끝내 실패로 돌아갔다. 결국은 보수와 진보의 대결에서 왕안석이 실패한 것이다. 그 결과 오히려 탐관오리가 더욱더 늘어나고 국가는 더욱더 어지럽게 되고 말았다.

가장 큰 이유는 왕완석이 현실을 무시한 너무 급진적인 사고의 인물이었던 데 있다. 왕안석은 보수와의 타협을 모르는 인물이었다. 바로 한국의 노무현이 중국의 왕안석에 해당되는 인물이다. 서양에서 프랑스 혁명이 성공을 거둔 이유는 보수와 진보의 대타협이 있었기 때문이다.

자코뱅파와 지롱드파가 보수와 혁신의 대타협 속에서 이루어진 혁명이기 때문에 결국 프랑스 혁명이 성공을 거둔 것이다. 진보가 성공을 거두기 위해서는 절대로 현실을 무시한 정치를 해서는 안 된다는 것이 바로 노무현 정권이 보여준 실 예이다. 노무현은 386 세대들의 현실을 무시한 이상주의적 정치를 벗어나지 못했다. 현실을 외면한 순수한 이상정치는 반드시 현실을 바탕으로 하는 보수에게 밀리게 마련이다. 결국 노무현 이상주의 정치는 큰 결과를 낳지 못했다.

일본이 서세동점 시대에 동양 삼국 중에서 가장 먼저 개혁에 성공한 이유는 무엇인가.

현실을 외면하지 않은 이상주의적 개혁을 추구해 나갔기 때문이다. 바로 국민들의 지지를 받았기 때문이다. 일본은 260년간 계속된 도쿠가와 막부 정치가 막을 내린 이유가 바로 국민들의 지지를 얻는 현실주의이기 때문에 성공한 것이다. 노무현 정부의 안보정책이 실패한 원인도 바로 현실을 외면했기 때문이다. 대부분 북한에 대해서 포용주의 내지는 친북성향의 인물들이 외교안보 라인에 포진해 있었기 때문이다.

사실상 그들의 사고는 당시 상황으로 봐서는 매우 진보적 사고임에 틀림없다. 그러나 보수주의자들이 보는 관점에서는 너무 앞선 위험한 사고임에 틀림없다. 특히 대부분 정책결정자들이 반미주의적 사고에 사로잡혀 있었기 때문이다.

노무현 정부의 대미 정책과 대북한 정책의 기초를 이루는 외교안보 정책라인을 알아볼 필요성이 있다. 노무현 정부의 외교안보라인은 NSC 즉 국가안전보장회의가 중심기관이었다. 국가안전보장회의는 대통령, 국무총리, 통일부 장관, 외교통상부 장관, 국방부 장관, 국가정보원장, 국가안보보좌관과 대통령이 정하는 위원들로 구성되어졌으며 대통령이 의장이다.

그 당시 구성 멤버들을 보면 고건 총리, 정세현 통일부 장관, 윤영관 외교통상부 장관, 조영길 국방부 장관, 라종일 안보보좌관 등이 구성 멤버다. 리종일 안보보좌관이 사무처장과 상임위원장을 겸했다. 실무적인 차원에서 NSC를 총괄하는 자리는 사무차장이며 나중에 통일부 장관을 하는 이종석이 맡았다.

그런데 노무현 정부의 외교안보 라인은 처음부터 삐걱거리기 시작하였다. 그 이유는 386세대와 실무진 팀과의 마찰 때문이었다. 대부분 386세대들은 사주 외교를 바탕으로 하는 외교 정책을 추구하자는 주장이다. 다시 말하면 한민족공동체 의식을 중시하는 사고다. 반면 다른 팀은 한미동맹을 중시하는 외교안보 라인을 구성하자는 주장이다.

386세대들의 강한 주장과 실무 팀들의 협상으로 인해서 초기 NSC 멤버들은 절충식 인사그룹으로 구성되었다. 실무팀은 주로 자주외교를 중시하는 멤버로 구성되었다. 반면 상위직은 한미외교를 바탕으로 하는 멤버들로 구성되었다. 실무그룹은 이종석 사무처장, 이봉조 정책조정실장, 서주석 전략기획실장 등은 남북한 공동체 의식을 중요시하는 그룹으로 형성되었다. 이러한 구성은 결국 한미공조중심파와 남북한 공동체중심파간의 심한 대립 양상을 초래하여 외교안보 노선에 심한 갈등현상을 초래하게 되었다.

노무현은 스스로도 반미주의 진영에 있었다. 그럼에도 불구하고 노무현이 한미공조파들의 의견을 받아들여서 결국 이라크 파병안에 동의하면서 386세대들의 강한 저항 속에 외교안보 라인은 강한 마찰을 빚게 되었다.

당시 노무현 외교안보 라인의 핵심 멤버들은 누구인가?

우선 이종석을 들 수 있다.

이종석은 성균관대 행정학과 출신으로 동 대학원에서 정치학 박사를 받았다. 세종연구소에서 연구원으로 근무하다 노무현 정부에서 통일부 장관을 지냈다. 이종석은 남북한 공동체 의식을 강조하는 친북한주의자로 분류할 수 있다.

다음으로 윤영관을 들 수 있다. 윤영관은 서울대 외교학과와 미국 존스 홉킨스대에서 국제정치학 박사학위를 받고 서울대 교수로

재직하였다. 보수 온건 노선을 걷는 친미주의적 성향이라고 할 수 있다.

다음으로 라종일을 들수 있다. 라종일은 서울대 정치학과와 미국 캠브리지대에서 정치학 박사학위를 받았다. 경희대 교수를 거쳐서 국정원 차장 등을 거쳤다. 김대중 정부 시절부터 북한에 대해서 가까운 온건노선을 걸어왔다.

다음으로 반기문을 들 수 있다.

반기문은 서울대 외교학과와 외무고시를 거친 정통관료 출신이다. 외교수석과 외교차관 등을 거쳤다. 중립적인 입장을 고수하고 있다.

노무현 정부에서 외교안보 라인에 중요한 영향을 미친 인사들은 386세대들과 함께 노사모 즉 노무현을 사랑하는 모임이라는 팬클럽이다. 노사모가 결성된 것은 노무현이 부산에서 계속해서 낙선하면서 사람들의 생각에는 인물은 충분하지만 결국은 지역감정 때문에 노무현이 계속 떨어진다는 동정심에서 부산 지방을 중심으로 하여 노사모가 결성되면서 전국적으로 확산되었다.

그 후 노사모는 노무현 정권 창출에 결정적인 역할을 한다. 그 중심인물들을 보면 노혜경, 명계남, 문성근 등을 들 수 있다. 이들은 386세대들과 함께 친북 성향이 매우 강한 인물이었다. 따라서 노혜경과 명계남, 문성근 등은 노무현에게 정치 및 모든 분야에서 절대적으로 영향력을 행사하는 인물이었다.

청와대 외교안보전략에서 386세대들이 자신들의 뜻대로 움직이지 않자, 그들은 곧 행동에 들어갔다. 특히 이라크 파병안 통과 등 안보라인이 친북이 아닌 친미성향을 비추자 386세대들이 쿠데타를 일으킨 것이다.

청와대 의전실 소속 이종헌은 외교부에 파견 나온 청와대 행정관이었다. 이종헌은 2006년 1월 국가 3급 기밀문서를 유출하여 당시 열린우리당 최재천 의원에게 전달했다. 이종헌은 외교부 노사모로 불릴 정도로 노무현은 물론 386 자주파들과도 상당한 친분이 있는 사이였다. 청와대 기밀문서 유출 사건은 친미주의파들을 견제하기 위한 반미주의자들이 일으킨 사건이라고 할 수 있다.

여기에 반미 친북주의자들은 용산미군기지 이전과 관련하여 미국 측 주장을 대부분 수용하였다는 비난을 하였다. 또한 협상과 관련된 비밀문서를 민주노동당 노회찬 의원에게 전달하였다. 이 당시 강경 반미주의자들은 노무현과 가장 가까운 운동권 출신으로 당시 국정상황실장 이호철, 연설기획비서관 윤태영, 의전비서관 천호선, 대통령 제1부속실장 문용욱 등 핵심 참모진이다. 이들은 친노 386을 비롯하여 386을 추종하는 파견공무원 등 약 40여 명에 달했다. 이들은 친미주의 노선을 걷고 있는 이종석 등을 공격 대상으로 삼았다.

청와대에서 386세대의 반미 강경 노선을 걷고 있는 세력들은 친미주의 노선을 걷는 외교부 북미국과도 갈등이 심화되어지기 시작하였다. 외교부 북미국 직원들이 노무현과 청와대 반미 강경파들을 회식자리에서 비판한 것이 시발점이 되었다. 이 사건을 청와대에 일린 사람은 외교부 조약국 과장이었던 이성헌이었다. 이 문제로 북미국과 직원들이 전원 사표를 냈고 외교부 장관이었던 윤영관도 경질되고 말았다. 이 문제로 한미관계에서 중도적인 입장을 취하면서 한미관계를 이끌었던 세력은 결국 친북주의 강경노선주의자들에게 몰락당하고 말았다.

결국 노무현의 대미, 대북 외교노선은 탈미국 정책과 친북한 주의 정책을 두고서 혼선을 초래하게 된다. 이종석은 당시 386 강경노선의 주자들의 제거대상 1순위 였다. 이종석은 원래 386세대들과 같이하는 친북주의 노선을 고수하였으나 얼마 후 친미주의 성향으로 변하면서 386들의 제거대상으로 표적에 올랐다. 그러나 이종석은 여기에 대해서 친미주의자인 윤영관을 내리치면서 평소 자신과 가까운 386 라인 쪽으로 호흡을 같이하게 된다. 이 사건을 계기로 이종석은 실질적으로 NSC를 장악하게 된다.

그러나 이 사건을 계기로 이종석은 친미주의자로 몰려서 386 강경노선을 걷는 세력들에게 집단공격을 또 다시 받게 된다. 이러한 혼란 속에 노무현은 이종석을 통일부 장관으로 발탁한다. 이후 친미파와 친북파간의 사이에서 외교라인은 혼선을 거듭하게 된다.

# 진보적 노무현의
# 대북 정책

노무현 정부의 남북관계
는 김대중 정부에서 추구한 햇볕정책
즉 포용정책을 이어 받았다. 김대중 정
부와 다른 점은 남북한 공동체 의식이 매우 강한 한민족 중심의 남
북관계를 유지시켜 나가려고 노력한 점이다. 남북관계에서 우리와
동맹관계를 맺고 있는 한미동맹보다 한민족공동체를 바탕으로 한
남북관계를 풀어나가려고 노력 하였다.

북한이 2006년 7월과 10월 장거리 미사일 실험과 핵 실험을 하
면서 중단된 6자회담을 재개하려고 노력하였다. 2007년 2월 13일
합의서를 작성하였다. 2007년 10월 2일부터 4일까지 판문점을 통
해서 북한을 방문하여 김대중 김정일 남북 정상회담 이후 두 번째
로 김정일과 정상회담을 하여 8개 조항의 공동선언문을 발표하였
다. 또한 금강산 관광에서 개성 관광과 백두산 관광을 포함시켰다.

노무현 정부의 대북 정책은 남북한 간의 긴장을 완화시키는 데
상당한 기여를 한 것은 사실이다. 그러나 우리 남한 측이 북측에 끌
려다니는 느낌이 날 정도로 북한에 대해서 너무 우호적인 입장의
남북관계를 유지해 나갔다는 평을 받고 있다.

북한에 대해서 유화정책을 추진하여 북한과 화해 협력관계를
맺어 한반도 평화를 유지해 나가는 것은 좋은 생각이다. 그러나 남
측의 노무현 정권은 북한에 대해서 경제적으로는 충분한 보상과 혜
택을 주면서도 북측의 눈치를 보는 유약한 입장의 남북관계라는

혹평을 받고 있다. 그 결과 북한은 남한에 대한 도발행위는 자제하였지만 남한에 대해서 경제적 수혜를 보면서 남북관계를 주도해 나가는 우위를 점하게 되었다.

노무현 정부가 북한에 대해서 북한 눈치보기 전략으로 북한에 퍼주고 끌려 다니는 남북관계의 보이지 않는 이면을 생각할 수 있다.

앞에서도 언급한 것처럼 노무현을 움직이고 있었던 집단은 바로 386세대들이었다. 노무현 자신은 대학을 나오지 않았지만 이미 386세대들과 정치적 동지로서 출발하고 있었기 때문에 노무현의 대북 사상이 바로 386세대들과 같은 사상이라는 맥락에서 이해할 수 있다.

386세대들은 NL파와 PD파로 나눈다. NL파는 대북 사상에 있어서 한민족공동체 의식이 강한 친북주의 사상을 바탕으로 하고 있다. 이 중 NL파 중에서도 주사파는 김일성 주체사상을 바탕으로 하고 있기 때문에 더욱더 남북한 통일에 있어서 반미주의 사상이 강한 집단이다. 동국대 강정구 교수와 같은 사고는 주사파로서 강한 김일성 주체사상을 바탕으로 하고 있다.

386세대들은 남북 분단의 원인을 미국책임론에 두고 있다. 이들은 반미주의를 바탕으로 한 탈 미국과 자주사상을 바탕으로 형성된 사고이다. 이러한 급진적인 사상은 미국 시카고 대학교수인 브루스 커밍스의 사상을 보면 알 수 있다.

브루스 커밍스는 미국의 주도하에 남한만의 단독 정부를 수립하는 바람에 북한이 남북한 통일을 목적으로 전쟁을 일으켰다고 말한다. 따라서 남한이 미국의 사주가 없었다면 남한만의 단독 정부를 수립하지 않았을 것이며 한반도 통일전쟁인 한국동란은 일어나지 않았을 것이라는 주장을 펴고 있다.

남한이 미국의 영향권으로부터 벗어나면 북한 역시 자연스럽게 한반도 평화통일에 동조하여 평화적 통일을 이룰 수 있도록 만든다는 것이다. 따라서 한반도 통일을 방해하는 주범이 바로 미국이라는 사고가 386 주사파들이 가지고 있는 핵심사고인 것이다.

노무현 역시 정치적 동지로서 386과 함께 참여정부를 수립하고 그들과 함께 정국을 운영하겠다고 말한 바 있다. 따라서 노무현의 대북한 사고를 연구 분석해 볼 필요성이 있다.

우선 당시 동국대 교수이며 북한에 2001년 8·15 평양축전에 참여한 강정구에 대해서 노무현 정부가 행한 태도를 볼 수 있다. 강정구는 평양축제에 참석하여 방명록에 "만경대 정신 이어받아 통일위업 이룩하자." 라고 썼다. 이에 친북논란이 일면서 국가보안법 위반혐의로 구속기소 되었다. 이에 노무현은 당시 법무장관 천정배를 시켜 천정배가 헌정사상 처음으로 자의권을 발동하여 불구속을 지시하였다.

노무현 정부는 북한에 대해서 주적이라는 말을 국방부가 삭제하도록 했다. 또한 국가보안법 폐지에 대해서 언급하면서 당시 야당과 시민단체 등과의 논란으로 국가가 혼란에 빠졌다. 결국 그 국가보안법 폐지는 성사되지 못했다.

재독학자인 송두율 문제에 대해서도 노무현 정부는 강력한 대응을 하지 못했다. 송두율은 2003년 한국에 귀국하였다. 그런데 송두율은 북한 공산당 서열 23위이며 북한 명은 김철수였다.

송두율은 김일성 부자를 면담하고 북한을 수차례 방문한 경험이 있는 인물이었다. 또한 송두율은 국정원 심문에서 김일성을 훌륭한 존경받을 인물이라고 찬양하였다. 이런 송두율을 결국 독일로 돌아가도록 하였다. 또한 2006년 10월에 적발된 일심회 사건은 민노당 간부들이 대남공작 활동을 벌인 사건이다. 그러나 이 사건 역시 흐지부지 되고 말았다.

북한의 핵문제에 대해서 노무현 정부가 취한 조치는 한민족공동체 의식이 강하고 반미 성향의 386세대들과 같은 맥락에서 이해할 수 있다. 노무현 정부는 북핵이 한창이던 2003년 베이징에서 개최되었던 북핵 회담에 초청받지 못했다. 이것은 북핵 문제의 당사자인 남한이 북한의 핵개발 문제에 관심이 없다는 것을 의미한다.

또한 노무현은 북한의 핵개발 문제에 대해서 북한을 인도에 비유하면서 인도는 국제사회에서 핵개발을 허용하면서 왜 북한은 핵개발을 허용하지 않는가 하는 의문을 제기하지 않을 수 없다는 북한 두둔 발언을 하였다. 게다가 2006년 신년 기자회견에서 미국이 북한의 붕괴를 바란다면 한미 간의 마찰이 일어날 것이라는 말로써 부시 정부의 대북 정책을 공개적으로 비난했다. 또한 노무현은 향군 지도부 초청 간담회에서 북한이 핵을 개발하는 것은 선제공격용이 아니라 방어용이라고 말했다. 이처럼 노무현은 북한을 두둔하는 발언을 하면서 한미동맹 관계에 마찰이 생기도록 만들었다.

북한이 2006년 10월 9일 1차 핵실험을 단행하였음에도 불구하고 북한의 핵무기 위협을 과장해서는 안 된다고 말했다. 동시에 북한의 핵무기 개발로 한반도의 군사균형이 깨지지는 않는다고 말했다. 또한 노무현 정부는 북한의 핵개발 실험에도 불구하고 금강산 관광 유지 및 개성공단 운영 등 종전의 대북제제 결의에 소극적으로 임했다.

# 노무현 정부의
# 안보 정책

노무현 정부의 대북 정책은 평화번영정책이다. 이것은 김대중 정부의 포용정책을 계승한 것이다. 평화번영정책은 한반도에 평화를 증진시키고 남북공동번영을 추구하여 평화통일의 기반을 조성하여 동북아 경제중심 국가로 발전의 토대를 마련하고자 하는 데 의미를 부여하고 있다.

노무현 정부가 추구하는 평화번영정책의 목표는 한반도 평화증진과 공동번영추구이다. 남북관계를 주변 국가들과 협력하여 북핵 문제를 평화적으로 해결하고자 한다. 또한 이를 토대로 하여 남북한의 실질적인 협력증진과 군사적 신뢰를 구축하는 데 역점을 두고자 한다. 이를 위해서 노무현 정부는 모든 남북한 문제는 대화를 통해서 문제를 해결해 나가는 데 역점을 두고 있다. 한반도는 지구상에서 유일하게 냉전이 종식되지 않은 지역으로서 무력충돌을 피하고 모든 문제를 대화를 통해서 해결한다는 것이다.

다음으로 상호신뢰와 호혜주의를 바탕으로 한 대북 정책을 추구한다는 전략이다. 동북아 지역은 비록 같은 유교문화권 국가이기는 하지만 역사와 전통을 달리하기 때문에 각 국가들에 대해서 서로를 인정해 주자는 것이다. 또한 남북당사자 원칙에 기초한 국제협력이다. 한반도 평화체제 구축과 남북경제 공동체 형성은 당사자인 남북이 협의 하에 추진해 나간다는 전략이다.

다음으로 국민과 함께하는 정책이다. 평화번영정책을 추진하는 과정에서 국민의 의견을 묻고 국민의 의견을 수렴하여 투명성을 바탕으로 하는 대북한 정책을 수립해 나간다는 전략 방안이다.

대북한 전략 방안으로서는 단기·중기·장기의 3단계로 목표를 설정하여 추진함이 있다. 단기적 목표는 북한 핵문제 해결이다. 이를 위한 3대 원칙으로서 북한 핵 불용 및 대화를 통한 평화적 해결을 위해 남한이 적극적으로 나선다는 것이다. 대량파괴 위기를 피하기 위해서는 핵 및 미사일 문제 해결을 위한 대규모 대북 경제 협력조치를 단행한다는 것이다.

중기적인 목표는 단기목표를 토대로 남북한 실질적인 협력의 증진과 군사적 신뢰구축을 실현하고 북미 및 북일 관계의 정상화를 지원하고 한반도의 평화체제를 구축한다는 것이다. 한반도 평화체제 구축을 위해서는 남북한 당사자 해결원칙과 국제사회의 협력확보를 바탕으로 한다. 국제사회의 협력을 위해서는 북미 및 북일 관계 정상화에 대한 지원 및 새로운 국제환경을 조성한다는 전략 방안이다.

장기적 목표는 남북공동 번영을 추구하여 평화통일의 실질적인 기반을 마련하여 나아가서 동북아에서 경제중심의 국가 건설을 위한 토대를 마련한다는 것이다. 동북아 중심국가로 만든다는 것은 한국을 동북아에서 관광, 무역 등 모든 산업의 경제관문으로 만들어나간다는 전략이다.

노무현 정부가 추진한 전략 중에서 첫 번째 전략은 북한 핵문제 해결이었다. 북한의 핵 불용이었으나 추진과정에서 북한과의 공조에 너무 치중한 결과 큰 성과를 거두지 못하고 말았다. 노무현 정부의 북핵 불용 문제에 대한 소극적인 태도는 한미동맹관계에서 불협화음을 초래하였다.

김대중 정부는 북핵문제 해결을 위해서 주변 4강을 비롯하여 국제사회와 공조하여 북핵문제를 해결하고자 하였다. 그러나 노무현 정부는 미국과 일본 등 주변 국가들의 공조를 끌어내는 데 실패하면서 국제사회에서 북핵문제와 관련하여 소외당하는 지경에 이르렀다. 그 결과 노무현 정부의 평화번영정책은 국민적 합의를 얻어내는 데 실패하고 말았다.

북핵문제를 근본적으로 해결하기 위해서는 동북아 국가들과 주변 4강들과 관계를 원만한 유대관계를 지속해 나가야만 한다. 그런데 노무현 정부는 일본과의 독도 문제와 야스쿠니 신사참배 문제 등을 심한 갈등상태로 만들었다. 동시에 중국과도 동북공정의 역사왜곡 사건을 문제로 관계가 악화되었다.

북한과의 정전문제에 있어서 노무현 정부는 정전체제 종식 및 평화체제 구축을 강하게 강조하고 성사시키려고 노력하였다. 하지만 정전은 한국동란 당시 북한과 미국이 맺은 정전협정이기 때문에 미국의 협력 없이는 불가능하였다. 따라서 정전체제 종식을 얻어내기 위해서는 미국과의 관계 정상화가 더욱 시급한 문제였다. 그럼에도 부시 행정부와 노무현 정부 사이에는 신뢰의 금이 가기 시작하면서 한미동맹은 마찰을 초래하게 되었다.

# 10·4
# 남북공동선언과
# 의의

　　　　　　　　　노무현 대통령은 2007년
10월 2일부터 4일까지 방북하여 김정일
과 10·4 공동선언 8개항을 발표하였다.
그 내용을 보면 김대중 정부와 김정일이 맺은 6·15 공동선언을
준수하고 통일문제에 대해서 남북한이 자주적으로 해결한다. 다음
으로 상호존중과 신뢰관계를 확고히 한다. 다시 말하면 내정불간섭
과 남북한 관계를 화해와 협력을 바탕으로 한다. 세 번째는 군사적
적대관계를 종식시키고 한반도에서 긴장완화와 평화를 보장하기
위해서 긴밀히 협력하기로 한다. 이것은 전쟁반대의 불가침을 준수
하기로 한다는 내용이다. 네 번째는 현 정전체제를 종식시키고 항
구적인 평화체제를 구축해 나가는 데 인식을 같이하기로 한다. 한
반도 핵문제 해결을 위해 6자회담을 성공적으로 수행시키기 위해
서 남북한이 공동으로 노력하기로 한다. 다섯째, 민족경제의 균형
적인 발전을 위해서 경제협력 사업을 공리공영의 원칙에 의해서 추
진해 나간다. 여섯째, 모든 분야의 교류와 협력을 발전시켜 나간다.
일곱 번째, 이산가족 상봉 확대 및 자연재해 시 인도적 차원에서 서
로 도운다. 여덟째, 국제무대에서 민족의 이익과 해외동포들의 권리
와 이익을 위해서 협력을 강화해 나간다.
　　노무현과 김정일의 정상회담은 대선을 불과 두 달 앞두고 가진
정상회담으로서 남북이 교류와 협력을 통해서 한반도 평화적인 통
일방안을 강구하였다. 그러나 사실상 몇 달 후에 한국은 정권이 교

체되고 말았다. 그 결과 노무현의 남북 정상회담 내용은 다음 정권에 큰 부담을 안겨주는 결과를 초래하였다.

노무현·김정일 남북 정상회담은 김대중 정부 이후 시도한 두 번째 남북 정상회담이라는 데 역사적인 의미를 부여할 수 있다. 만일 정권 교체가 되지 않았더라면 상당한 실효성이 있을 수 있었다. 그러나 다음에 창출된 이명박 정부는 노무현 정부와는 완전히 다른 보수적인 성격을 가졌기 때문에 남북관계가 다시 화해무드에서 적대관계로 돌아서게 되면서 10·4 공동성명은 유명무실하게 되고 말았다.

# 보수주의 네오콘과
# 마찰을 일으킨
# 386들의 한미관계

노무현 정부의 한미관계
는 역대 한국 정부가 추진해온 한미관
계 중에서 가장 큰 불협화음을 일으킨
관계였다. 미국 조지 부시 2세의 8년간 미국은 자유주의의 확산이
라는 큰 목표를 달성하기 위해서 나섰다. 미국 역사는 원래 두 개의
큰 목표를 가지고 출발하였다. 하나는 지구상에 자유주의를 심는
것, 다른 한 목표는 언덕 위의 도성을 세우는 일이다. 언덕위의 도
성이란 경제적으로 성공한 미국식 모델을 지구상에 심어주는 일의
두 가지 목표를 가지고 있다.

조지 부시는 집권 초기부터 자유주의의 확산이라는 명목으로
출발하면서 2001년 9·11 테러를 당한다. 이에 테러지원국인 이라
크부터 없애고 다음 순서가 북한이었다. 따라서 북한을 없애는 일
이 1순위에 올랐다. 이러한 와중에 탄생한 노무현 정부는 386세대
를 중심으로 한 한미공조보다는 한민족공동체의 외교방향으로 가
닥을 잡으면서 미국과의 잡음이 계속되었다.

미국의 눈에 한국이 미국 편이 아니라 북한감싸기식 외교를 펼
치는 것으로 보이자 미국 정책을 주도하던 보수주의 강경파들은 노
무현 정부에 대해서 강한 압박을 가하기 시작하였다. 결국 노무현
정부는 미국의 강한 압박에 굴복하여 자주적 외교노선의 의지를
접고 말았다. 그러나 종합적으로 볼 때 한국이 이제는 미국과 대등
한 외교관계를 수립해 나갈 정도의 세계적인 국가로 위상이 격상되

없다는 것을 잘 보여준 한미관계라고 생각할 수 있다.

노무현 정부에서 한미관계는 기존의 정부가 추진해 나온 정책과는 완전히 다르다. 1953년 7월 한국동란 중에 맺어진 한미동맹은 그동안 강대국 미국에 대한 적극적 순응정책을 추구해 나왔다. 그러나 노무현 정부는 강대국 미국에 대해서 약소국의 입장에서 소극적 순응정책을 추구해 나가면서 대등한 관계의 자주국방의 이미지를 심어 주었다.

미국은 이러한 노무현 정부에 대해서 강경노선을 택하였다. 당시 조지 부시 2세의 외교담당 보좌진들을 네오콘이라고 불렀다. 네오콘이란 신보수주의라는 의미로 이들은 당시 대부분 시카고 대학의 정치학과 교수였던 네오스트라우스의 제자들로서 힘을 바탕으로 하는 강경파들이었다. 따라서 약소국인 한국이 한미관계에서 노무현 정부가 마찰을 일으키자 강경노선 쪽으로 선회를 하면서 노무현 정부는 수그러들게 되었다. 이 기간 동안 한국은 여중생이 미군 장갑차에 치여서 숨진 사건 등을 비롯하여 미국에 대해서 반미감정이 일고 있었다. 특히 반미감정에 대한 촛불 시위 등으로 인해서 미국과의 관계가 악화일로에 있었다.

노무현 정부는 미국 정부로부터 작전권 이양을 요구하였다. 또한 용산 기지 이전 문제를 비롯하여 방위비 분담 문제들을 기존의 정부보다 한국 정부에 유리한 방향으로 협정을 하려고 하였다. 한국의 위상을 높여서 한국과 미국이 대등한 관계에서 한미동맹을 유지해 나가자는 의도에서였다.

지금까지 한미동맹은 미군이 작전권을 비롯하여 모든 것을 미군주도로 이루어지고 있었으나, 이제 우리도 자주적인 독립을 하여야만 한다는 것이 노무현 정부의 주장이다. 또한 북한도 우리의 적으로서 대할 것이 아니라 우리와 같은 민족으로 보고 한미관계에서 북한의 입장도 고려하자는 것이 노무현 정부의 대미관이다.

그러나 초반기에는 부시 행정부와의 관계에서 불협화음을 계속 하였으나 후반기에 가서는 미국에게 한발 양보하였다. 초기 2003 년의 이라크 파병에 동의하여 파견군을 이라크에 보낸 것이 한 예 일 것이다. 동시에 한미 FTA를 협상을 통해서 성사시켰다. 그러나 MD 즉 미사일 방어방 구축은 미국의 요구를 거절하였다. 이를 보 면 노무현 정부의 대미관계는 과거 정부들과는 초기에는 완전히 다 른 소극적 순응정책을 추구했었다. 그러나 후반기에는 미국에게 순 응하는 적극적 순응정책을 지향했다고 볼 수 있다.

2006년 미국에 대해서 전시 작전권을 3년 내에 돌려달라고 했 다. 또한 군복무기간의 6개월 단축 등은 북한의 군사력을 알지 못 한 상황에서 만들어진 군사적 전략이라고 볼 수 있다. 국방개혁 2020 계획을 수립해 미국으로부터 독립된 군사력을 갖출 수 있도 록 국방예산을 증가 시켜나고자 하였다. 이처럼 노무현 정부는 미 국으로부터 독립을 하는 자주국방을 원하고 있었다.

노무현 정부의 대미 정책을 분석하기 위해서 당시 미국이 추진 하던 정책을 간략하게 분석해 볼 필요성이 있다. 부시 행정부는 1 기와 2기로 분류하여 생각할 수 있다. 제1기는 2001년부터 2004 년까지며 2기는 2005년부터 2008년까지로 분류할 수 있다.

조지 부시는 제1기가 시작되는 2001년 9월에 바로 중동의 알 카에다로부터 테러를 당한다. 중동의 오사마 빈 라덴은 미국의 자 본의 상징인 뉴욕의 무역센터와 군사력의 상징인 국방성 즉 펜타곤 을 침공한다. 그 당시 미국의 오만성 때문이라는 명분이었다. 미국 은 당시 전 세계와도 싸워도 승산이 있다는 자신감에 차 있었다. 그러자 전 세계에서는 반미감정이 일어나고 있었다. 심지어는 같은 자유국가인 프랑스에서조차 반미감정이 일어날 정도로 세계는 미국에 대해서 반감을 가지고 있었다.

이러한 미국의 반미감정을 가장 잘 이용한 집단이 바로 알 카에다였다.

미국이 테러로 침공 당하기는 미국 역사상 전무한 일이었다. 물론 이차대전 당시 미국은 일본에 의해서 하와이 진주만이 기습당하기는 했다. 그러나 하와이는 미국 본토가 아니었다. 사실상 9·11 테러는 미국 역사상 처음 있는 일이었다. 미국의 자존심을 완전히 구겨 놓았다. 부시 정부는 바로 전략을 바꾸었다.

2002년 부시는 1월 29일 연두 교서에서 테러를 지원하는 이라크, 이란, 북한을 악의 축이라고 불렀다. 미국의 '악의 축'이라는 말은 전쟁 선전포고로 볼 수 있다. 부시 이전에 로널드 레이건 대통령이 공산주의 국가들을 악의 축이라고 말했다. 이후 레이건은 신 냉전 시대를 열어가면서 공산주의 국가들과 냉전을 계속했다. 그 결과 1988년부터 구소련인 러시아를 포함한 공산주의 국가들이 붕괴되어 미국 앞에 무릎을 꿇고 말았다.

부시 행정부는 북한을 비롯한 테러 지원국들에 대해서 강력한 대응 조치를 취하고 전쟁을 통해서 이 땅에서 악의 축인 국가들을 영원히 없애 버리겠다는 강한 의지를 표명하고 나섰다. 우선 미국은 테러지원국으로서 9·11 테러와 직접적으로 연결된 오사마 빈 라덴을 도운 이라크와 사담 후세인 대통령을 제거하는 전쟁을 하였다. 이보다 앞서 미국은 아프간을 3주 만에 굴복시키는 전쟁을 하였다. 그다음으로 미국은 순식간에 이라크를 제거시키고 말았다.

이처럼 강한 미국은 이제 북한을 악의 축의 국가로 규정하여 강한 압박을 가하기 시작하였다.

이러한 상황에서 2003년 2월에 나타난 노무현 정부는 미국과 처음부터 강한 마찰을 예상하였다. 그 이유는 노무현 정부의 대미 정책을 주도하는 안보팀이 대부분 386세대와 연계성을 가지고 있었기 때문이다. 노무현 정부는 집권하면서 바로 2003년 8월에 미국의 요청으로 이라크 파병문제에 부딪친다. 집권 초기 외교안보팀은 친미 성향이 우세한 가운데 이라크군 파병안에 동의 한다. 그러나 386세력들의 반격이 시작되면서 미국과의 마찰은 시작되었다.

미국은 2001년 9·11 테러와의 전쟁을 통해서 군사적 작전을 변화시켰다. 기존의 붙박이식 전략에서 이동식 전략으로 바꾸었다. 한반도에 대해서도 같은 전략을 적용해 나가기 시작하였다. 한국은 2002년 여중생 사망사건을 계기로 반미감정이 고조되었다. 미국의 여론 주도층은 한국에 대해서 회의를 갖기 시작하였다. 특히 미국 의회에서까지 한국의 노무현 정부에 대해서 반감을 보여주었다. 노무현 정부는 자주국방을 주장하며 핵문제와 대미 자주노선 등으로 미국과 다른 시각차를 보였다. 미국은 2005년 3월 8일 윌리엄 펠런 미 태평양 사령관이 상원 군사위 청문회에서 아태지역에서 군사 재배치를 강조 하였다. 특히 한국에서 미군을 단계적으로 감축시키겠다는 전략을 발표하였다.

또다시 한국의 NSC 즉 국가안전보장회는 미국을 겨냥하여 북한을 대화상대로 인정하자는 주장을 하였다. 또한 북핵 해결에 한미가 공동으로 노력을 하자는 뜻을 내비쳤다. 이에 대해서 미국에서는 '누구를 위해서 미군을 한국에 두어야 하는가' 하는 주한미군 주둔 론에 대한 회의론이 다시 고개를 들기 시작하였다.

2006년 10월 9일 북한이 대포동 미사일 발사에 이어서 핵실험을 감행하였다. 이에 한국 정부는 미국과 북핵해법 문제에 대한 인식에서 현저하게 차이를 보였다. 한국 노무현 정부는 북한의 붕괴를 막는 것이 한국 정부가 해야 할 일이다. 또한 북한이 공격을 받거나 붕괴되지 않으면 절대로 공격을 하지 않을 것이라며 유엔 안보리에 상정된 북핵 제재 문제에 대해서 북한을 옹호하고 나서는 발언을 하였다.

이러한 노무현 정부와 미국의 보수주의파인 네오콘과의 마찰은 결국 동북아에서 러시아, 중국, 북한의 동맹관계에 맞서서 결성된 한·미·일 삼국의 동맹정책에 금이 가기 시작했다. 미국은 당시 한국 대신에 일본의 고이즈미 내각과 강한 공조를 통해서 일본의 군사대국화와 우경화를 묵인하였다. 그리고 일본과의 강한 결속력을 통해서 동북아에서 북핵 문제를 해결해 나가고자 하였다.

노무현 정부의 말기와 부시 정부의 말기로 넘어가면서 양국 간의 관계는 어느 정도 조율되는 듯싶었다. 왜냐하면 미국 역시 대선이 눈앞에 있었다. 한국 정부 역시 정권 재창출이 필요한 시점에 있었다. 한국 정부는 미국과의 마찰을 피하고 정권 재창출을 위해서 미국과 한미 FTA를 성사시켰다. 동시에 미국은 한국이 주장하는 작전권 이양 문제에 대해서도 마찰 없이 넘겨주기로 했다.

노무현 정부의 대미 관계론을 좀 더 구체적으로 분석해 볼 필요성이 있다. 우선 이라크 파병 문제를 들 수 있다. 2003년 3월 노무현 정부 출범 1년 만에 미국과 영국의 연합군이 대량살상무기 제조를 이유로 이라크를 공격하였다. 미국은 한국군의 파병을 요청하였다. 국내 여론은 반전 여론이 높았다. 노무현 정부는 국회의 동의를 얻어서 건설공병 지원단과 의료지원단 등 비전투병력 3,000명을 파병 시켰다.

이라크 파병 문제를 놓고서 한국 정부는 보수와 진보 간에 갈등을 가져왔다. 친노 386운동권들은 파병을 반대하였다. 그러나 당시는 노무현 정권이 집권 초기 단계였다. 따라서 미국과의 균열을 우려하고 있었다. 이 와중에서 보수 온건 노선을 걷던 윤영관 외교 장관의 주장이 받아 들여졌다. 파병은 절충안을 택하게 되었다. 미국이 요청한 10,000명에 대해서 전투병을 제외한 비전투병 3,000명으로 축소 시켰다.

노사모의 가장 핵심 멤버인 명계남은 수년 전 발간한 그의 저서 《봉하로 간다》에서 노무현이 이라크 파병을 결정한 원인에 대해서 설명하고 있다. 파병 이유는 미국의 북폭정책을 철회 시키고 대화로서 평화적인 해결책을 얻어내기 위함이었다고 말한다. 동시에 이라크 파병으로 인해서 얻는 실익도 고려하였다. 이라크 파병은 종전 후에 벌일 재건 사업에 대한 한국의 참여와 석유 공급선의 확보 등의 실익을 가져다줄 것이라고 했다. 또한 실전에 참여함으로써 한국군의 전투력이 향상될 수 있으며 동시에 우리의 국제적인 위상이 향상된다는 것이다. 이 중에서 한국 정부가 노리는 것은 바로 전쟁 후에 생기는 대규모 재건 사업에 한국 정부가 참여하는 것이었다. 이에 가장 큰 기대를 걸고서 이라크전에 파병한 것이다. 사실상 미국이 전후에 이라크 사업에 엄청난 규모의 사업을 구상하고 있었기 때문이다.

다음으로 미군 군사 전략의 변환성에 대한 문제이다. 미국은 9·11 테러 이후 모든 군사적 전략을 테러와의 전쟁에 초점을 맞추었다. 미국은 동북아에서도 과거의 붙박이식으로 군대를 고정해서 놓아두는 전략에서 신속하게 이동시키는 기동성 전략으로 바꾸었다. 강력하게 군의 신속한 이동을 위해서 한국군이 주둔하는 동두

천 등에서 평택으로 미군 기지를 이동하고 언제든지 적의 침략에 신속하게 대응해 나간다는 전략이다.

동시에 미군은 해외 어디서나 분쟁이 발생하는 경우 주변에 배치한 군을 신속하게 움직여서 대응해 나가고자 했다. 한국과 동맹관계를 맺고 있는 미군의 경우 만일 동북아에서 분쟁이 발생하는 경우에는 언제든지 미국과 동맹관계에 있는 한국군을 동북아 지역에 신속하게 배치하는 전략이다. 다시 말하면 미국과 동맹관계에 있는 병력들을 해외에 보내서 전투에 참여시킨다는 계획이다.

가령 중국과 대만이 영토분쟁을 놓고서 전쟁이 발생하는 경우에는 한국군을 파견한다는 것이다. 이 경우 한국은 한국의 의사와는 관계없이 바로 중국과 전쟁을 하게 된다. 만일 한국이 미군의 군사적 전략에 맞추어서 대만과 중국과의 내전에 개입하는 경우 중국과 동맹관계에 있는 북한이 개입할 때 한반도는 남한과 북한과의 전쟁으로 확대될 수도 있는 것이다.

이것이 바로 386세대를 비롯한 당시 청와대 주류를 이루고 있는 인사들의 대미국관이라고 할 수 있다. 따라서 노무현 정부는 이러한 미국의 붙박이 정책에서 이동식 유연적인 군사전략의 변환에 대해서 반대 입장을 표명하였다. 특히 미국의 신속한 이동식 군사전략에는 미국은 전략상 필요한 경우에는 언제든지 선제공격을 할 수 있다는 전략을 명백하게 밝혔다. 따라서 노무현 정부 내에서 심각하게 반대하려고 하였다. 그러나 강대국 미국 네오콘의 강한 힘에 밀려서 미국의 군사작전 전략에 동의할 수밖에 없었다.

한가지 미국과 마찰을 일으킨 것은 전시 작전권 환수문제를 들수 있다. 군사작전권이 미국으로 이관된 것은 1950년 한국동란이 발생한 1950년 7월 17일 이었다. 이후 1994년 12월 1일 한국은 미군으로부터 평시작전권은 돌려받았다. 그러나 전시 작전권이 문제였다. 한국의 노무현 정부는 미국으로부터 전시 작전권을 돌려 달라고 요구했다.

전시 작전권은 미국이 이동식 전략을 실시하는 경우 자신들이 필요하면 전시라는 이름으로 한국군을 활용할 수 있다는 확대 해석이 가능하였다. 따라서 미국은 항시 전시라는 이름을 사용하여 남한과 북한에 대해서 위협을 가할 수 있었고 한국군이 약화되는 현상을 가져온다는 것이다. 또한 한국군은 미군에게 의지하여 미군의 힘만 믿게 되고 자주국방이라는 사고는 잊어버리는 나약한 군사력을 유지하게 된다는 것이다. 동시에 미국과의 관계에서 종속관계의 군사관계를 유지해 나간다는 것이다. 사실상 노무현은 직접 한국의 현역 장성들 앞에서 형님인 미군들의 엉덩이 뒤에서 숨어서 '형님 빽만 믿습니다. 형님'하고 부르면서 살려달라는 생각만 하는 것이 한국군의 현실이라고 강력하게 비판했다. 따라서 노무현의 생각은 전시 작전권을 환수하는 경우 우리 군이 강한 자주국방을 하는 강한 군으로 거듭 날 수 있다는 것이다. 전시 작전권 문제는 2012년까지 미군이 이양하기로 했으나 이명박 정부는 2015년으로 연기하고 그 후는 계속해서 연기되고 있다.

노무현 정부가 대미 관계에서 이룬 실적은 한미 자유무역협정 즉 한미 FTA를 들 수 있다. 한미 FTA 즉 한미 자유무역협정은 북한 핵문제에 대해서 불협화음을 계속한 노무현 정부가 경제문제에 대해서 미국과 타협하여 체결한 문제였다. 노무현 정부는 2007년 4월 한미 FTA 협상을 타결하였다. 한미 FTA 문제가 시작된 것은 노무현 정부 초기인 2004년 5월 미국무역대표부가 이 문제에 대해서 관심을 갖기 시작하면서 부터였다. 2005년 2월 한미 FTA 사전

실무점검회의가 서울에서 개최되면서 2006년 총 8차례의 실무진들이 서울과 워싱턴을 오가면서 타협한 결과다.

노무현은 처음에는 한미 FTA가 농민들을 다 죽인다는 사고로 반대하였다. 그러나 초기의 친미파로 분류되는 김현종 통상본부장과 한덕수 경제부총리가 노무현을 설득하였다. 이 과정에서 청와대 386들은 배제시켰다. 결국 노무현은 타결 쪽으로 가닥을 잡았다. 초기 노무현 정부는 FTA 문제에 대해서는 관심이 없는 후순위 문제였다. 그러나 2006년부터 노무현은 FTA 체결이 가져오는 엄청난 경제적 효과에 대해서 선전하고 다녔다.

이 과정에서 미국 무디스가 한국의 신용등급을 낮추려는 의도를 보이면서 노무현 정부는 친미경향을 보였다. FTA에 대해서도 더욱더 강한 집착을 보이기 시작했다. 그러나 FTA가 국회를 통과하기까지는 많은 진통을 겪었다. 특히 수입소가 광우병을 일으킨다는 의문이 제기되면서 반대에 부딪치기도 했다. 특히 한미 양국이 서둘러서 체결하는 바람에 세부조항에 대해서 문제가 제기되기도 했다. 노무현 정부가 이룬 경제 실적 중에서 가장 큰 실적 중의 하나가 FTA에서 로드맵을 만들어서 한미 양국 간의 FTA 조약을 체결했다는 것이다.

# 탈권위주의
# 대통령

노무현 정부의 특성은 바로 탈권위주의라고 할 수 있다. 권위주의는 독재정부를 나타나게 하고 민주주의가 퇴보하게 한다. 민주주의의 역사는 탈권위주의의 역사라고 할 수 있다. 유교문화를 바탕으로 하는 동양이 서양사회보다 민주주의가 덜 발달된 이유가 바로 권위주의 때문이다.

정당도 마찬가지이다. 민주화 운동을 한 김대중, 김영삼 대통령까지도 보스 즉 우두머리 정치를 하였다. 다시 말하면, 김영삼과 김대중은 자신들이 마음만 먹으면 언제든지 당을 만들 수 있을 만큼 우두머리 행세를 하였다. 이것도 일종의 권위주의라고 할 수 있다. 그리고 정당 내에서의 서열은 바로 직책이 문제가 아니라 당수와 가장 친근하고 자주 만나는 사람 순서대로 권력 서열이 정해지는 것이다. 이처럼 보스 중심의 정치가 바로 권위주의인 것이다.

노무현 정부는 참여정부로서 누구나 다 정치에 참여하도록 문을 열어 놓았다. 노무현 자신이 권위를 없애기 위해서 서민들과 같이 막말도 하고 바로 자신이 서민이라는 것을 보여주었다. 또한 검찰 개혁을 위해서 평검사와의 토론을 주도하고 대대적인 언론공개를 통해서 직접 자신이 서열을 무시하고 그들과 토론을 하였다. 이러한 그의 거침없는 행보는 국민들의 눈에 바로 권위주의 청산이라는 것을 잘 보여 주었다. 민주주의는 인간은 누구나 다 평등하다는 원칙위 에서 존재하기 때문이다. 사람 위에 사람 없고 사람 아래 사람 없다는 평등 정신을 노무현 참여정부는 잘 보여주고 있다.

　노무현 자신이 서민임을 강조하면서 약자 편에 서서 약자의 권익을 위해서 일하는 것처럼 보여 주었다. 인사 정책 면에서 그는 서열을 무시한 발탁을 하였다. 자신이 보기에 능력이 있다고 생각되면 경력이 있건 없건 무슨 자리든지 갖다 놓았다. 당시 청와대를 비롯하여 핵심 자리에는 대부분 경험이 없는 인사들이 대부분이었다. 특히 가장 보수적 집단인 법조계에서조차 서열을 무시한 파격적인 인사를 단행하였다. 법무부 장관을 비롯하여 고위직에 판검사 경력이 없는 사람도 기용하였다.

　조직인 정부 운영 방식도 계선기관을 무시하고 참모기관을 중심으로 조직을 운영하였다. 정부 각 부서의 조직은 최고위직인 장관부터 시작해서 최하위직인 서기보까지의 직제로 구성되어져 있다. 이것을 정통 계선라인 조직이라고 한다. 업무는 이러한 절차를 거쳐서 이루어진다. 그러나 노무현 정부는 계선조직이 아닌 위원회를 구성하여 운영하였다. 노무현 정부 시절 필요 없는 위원회가 상당히 많이 생겼다. 이 위원회는 사실상 정부의 참모 역할로서 전문 지식을 제공하는 부서에 불과하다. 그런데 참모기관인 위원회는 정통 관료조직을 무시하고 바로 대통령이나 청와대와 협의하여 업무를 처리하였다.

　노무현 정부는 단계를 거쳐서 업무를 처리하는 것이 권위주의를 만든다는 생각을 가지고 있었다. 그 결과 정통 실무를 담당하는 각 부서들은 위원회에 눌려서 제 역할을 하지 못했다. 또한 청와대에 행정 경험이 없는 인사들이 대통령을 둘러싸고 있어서 각 부서의 장관을 비롯하여 기관장들은 대통령 만나기가 더욱더 힘이 들었다.

　결국 노무현 정부가 추구하는 탈권위주의는 행정상의 혼선을 초래하여 업무가 뒤죽박죽 되어버리고 누가 상관이고 누구 부하인지를 구분하지 못하는 사태까지 번지고 말았다. 더구나 각 위원회나 청와대에서 자신의 관할이 아닌 업무를 맡아서 하는 경우도 많아 각 부서간의 업무상의 구분이 불분명한 사태까지 생기게 되었다.

이처럼 노무현 정부가 추구한 탈권위주의 정책으로 인해서 많은 시민단체가 생기게 되었다. 노무현 정부의 탄생에 많은 도움을 준 시민단체로서 대표적인 단체는 참여연대이다. 참여연대를 비롯하여 많은 시민단체들이 정부의 업무에 대해서 무시하고 툭하면 소송이나 고소를 하는 사례가 부쩍 늘어나면서 정부는 업무에 차질이 생겼을 뿐만 아니라 국민들로부터 신뢰성을 상실하는 정부기관으로 변하고 말았다. 각종 민원 업무를 처리하는 부서 역시 시민들로부터 권위주의가 문제가 아닌 신뢰성 없는 부서로 전락하고 말았다.

동시에 노무현 정부가 들어서면서 참여연대 등 시민단체 출신들이 청와대를 비롯하여 정부 주요부서의 요직에 발탁되는 사례가 많았다. 이렇게 중요한 자리에 밑에서부터 올라가는 것이 아니라 외부의 공직 경험이 전무한 인사들이 발탁되면서 공직사회의 기강이 해이해짐과 동시에 공무원들은 자신의 업무와 직업에 대해서 회의를 품기 시작하였다. 결국 공직사회는 기세가 꺾이고 업무에 대한 의욕을 상실하고 말았다.

노무현의 등장으로 인해서 한국은 과거의 권위주의 사고의 정부와 공무원들의 사고로부터 상당히 탈피하였다. 특히 노무현 대통령은 임기 후 스스로 대통령을 그만두고 고향인 김해 봉화마을에 가서 농사를 짓는 농민으로 돌아갔다. 이것은 탈권위주의라는 것을 국민들에게 스스로 보여주는 귀감이 되었다.

## 보수와 진보의
## 개념

노무현 참여정부의 대명사는 진보 정부이다. 노무현 스스로도 노무현=진보라는 별명을 가지고 있다. 사실상 노무현은 진보주의를 상징하며 참여정부 역시 진보주의 인사들로 구성되어 있다. 문제는 노무현 정부가 스스로 진보와 보수를 완전히 분리해서 생각하고 있다는 점이다. 노무현과 정부의 인사들은 진보는 보수와 확연히 다르며 진보는 선이며 보수는 악이라는 사고를 바탕으로 하고 있다.

이것은 미국이 개척기에 흑인들을 노예로 부리고 흑인들을 짐승취급하면서 백은 선이며 흑은 악이다. 또한 백인은 우등한 진화된 생명체를 가지고 태어났으며 흑은 덜 진화된 생명체를 가지고 태어났다는 사고와 같은 맥락에서 이해할 수 있다.

노무현 정부의 진보주의적 사고를 가진 인사들은 보수는 낡은 사고를 가지고 구태의연한 행동을 하는 꼴통들로 보고 무시하고 있다. 또한 창의력이 부족하고 개혁을 싫어하고 안주하는 사고를 보수주의라고 생각하고 있다. 따라서 소위 진보주의자라는 노무현 정부의 인사들은 보수주의자들과 함께 일하기를 꺼린다.

그런데 민주주의가 가장 발달한 미국의 경우 역사 초기에는 대부분 보수와 진보로 나누어져 있었다. 그러나 민주주의가 발달한 최근에는 보수와 진보는 동전의 앞면과 뒷면 정도의 아무런 차이가 없다. 진보를 바탕으로 하는 정당인 민주당과 보수를 상징하는 공화당 역시 아무런 차이가 없다.

사실상 인류의 역사의 초기에는 진보와 보수의 확연한 차이가 있었다. 보수는 모험을 피하면서 점진적인 개혁을 추진해 나가려 한다. 반면에 진보는 급속한 개혁을 바탕으로 사회의 변화를 추구 한다. 그러나 인류의 역사를 통해서 볼 때 보수와 진보는 모두 필요 하다. 또한 보수와 진보가 모두 똑같은 비율로 인류의 발전을 위해 서 기여하였다.

보수와 진보에 대해서 좀 더 구체적으로 설명하면 보수는 진보 가 위험하고 다른 길로 달려 나가는 데 제동을 거는 브레이크 장치 역할을 한다. 반면 진보는 보수가 너무 천천히 달리는데 조금 더 빨 리 달리라고 페달을 밟아준다. 이처럼 진보와 보수는 서로의 공존 을 위해서 서로를 필요로 하고 있다.

역사적인 사실을 바탕으로 경제를 적용해 볼 수 있다.

진보는 역사적으로 위기 상황에서 문제를 해결하는 능력을 가 지고 있다. 1929년 세계 경제공황이 발생했을 때 보수적 사고를 가 지고는 해결할 수가 없었다. 그러한 비상시에 진보적 영국의 경제학 자인 케인즈의 이론을 적용하여 문제를 해결하였다. 경제학자 조 셉 슘페터는 창조적 파괴라는 말을 사용하고 있다. 이것은 바로 진 보적 사고이다. 창조를 위해서는 현재의 낡은 틀은 깨트려 버려야만 한다는 사고가 바로 창조적 파괴다.

이처럼 진보는 필요하다. 그러나 평상시는 보수도 필요하다. 경 제학자 그레샴의 법칙을 생각할 수 있다. 그레샴은 악화는 양화를 구축한다고 말한다. 예를 들면 금화와 은화를 만들어서 똑같은 가 격으로 시중에 내놓으면 얼마 가지 않아서 금화는 시중에서 사라지 고 만다. 단지 은화만 시중에 유통된다. 그 이유는 가치가 큰 금화는 다른 물건으로 만들어서 사용해 버리고 가치가 적은 은화만이 시중에 남아돌아간다. 결국 시중에는 은화가 지배하게 된다.

여기서 악화란 은화를 말한다. 양화란 금화를 말한다. 진보는 양화이며 보수는 악화에 해당된다. 그러나 결국 살아남는 것은 악화인 보수가 살아남아서 사회에 돌아다닌다. 노무현 정부는 낡고 가치가 적은 보수를 싫어했다. 그리고 새로운 진보를 원했으며 진보와 보수를 완전히 분리하였다. 정치권이나 청와대 및 공공기관에는 진보세력이라고 말하는 학자나 시민운동가들을 채용하였다.

그런데 문제는 인류의 역사를 통해서 진보와 보수의 대결에서 진보는 보수를 이기지 못했다. 노무현 정부가 추진한 보수 세력의 개혁은 실패하고 말았다. 보수 언론사에 대한 개혁과 검찰 개혁을 비롯하여 국세청과 국정원 개혁에서 실패했다. 그 이유는 무엇인가?

개혁이란 개개인의 성공적인 변화가 모여야만 혁신이 시작된다. 성공적인 혁신이란 성공적인 개혁을 의미한다. 노무현 정권이 들어서면서 보수언론을 비롯하여 보수집단에 대한 개혁을 시작했다. 그런데 보수라는 이름을 하루아침에 제거시킬 수가 없다. 그 이유는 전체적인 문화를 바꾸어야만 하기 때문이다. 그것을 바꾸기 위해서는 권력이나 힘으로 쉽사리 되지 않는다.

조선일보는 이미 노무현 정부의 권력 위에 군림하고 있는 것이다. 정부가 주는 경제적 불이익은 소위 말하는 새발의 피에 해당된다. 조선일보가 가지고 있는 눈에 보이지 않는 이면에 엄청난 힘이 존재하고 있는 것이다. 국세청과 국정원과 검찰 등은 개혁이 쉬워 보인다. 정부 산하의 기관이기 때문이다. 노무현은 자신이 가지고 있는 인사권을 통해서 인사이동은 할 수가 있다. 실지로 노무현은 검찰 수뇌부인사를 통해서 검찰 개혁을 시도하였다.

그러나 그가 시도한 검찰 개혁은 겉으로 나타난 빙산의 일부인 개혁에 불과했다. 빙산의 일각만 개혁하고 나머지는 할 수가 없었다. 빙산은 밖으로 나타난 부분보다 바닷 속에 있는 부분이 훨씬 더 깊이 있다. 검찰과 국세청 등 모든 권력기관이 빙산처럼 눈에 보이지 않는 권력을 가지고 있다. 그 결과 노무현은 자신이 추구하는 이상만을 가지고 개혁을 시도하였지만 그는 결국 개혁에 성공하지 못한 것이다.

개혁에 성공하기 위해서는 무엇보다도 국민의식 수준을 향상시켜 나가야만 한다. 국민들의 민주주의에 대한 의식수준이 얕은 경우에는 권위주의와 같은 비민주주의는 그대로 존재하고 있는 것이다. 반면 국민들의 정치의식을 비롯한 민주주의에 대한 의식 수준이 선진국과 같은 수준인 경우에는 자연히 권위주의는 사라지게 된다. 동시에 민주주의를 위한 개혁은 성공하게 된다. 따라서 노무현이 추구한 급격한 개혁은 시간을 두고서 점진적인 개혁을 실행했어야 서서히 성공단계로 가게 되는 것이다.

한국의 역사를 통해서 진보와 보수의 대결에서 진보가 실패한 원인을 역사적으로 생각해 볼 수 있다. 조선 중종시대의 개혁가 조광조를 들 수 있다. 조광조는 자신이 개혁을 시도하다 결국은 수구보수파들의 반대에 부딪쳐서 결국 죽음을 당하였다. 또한 조선조 말의 김옥균 역시 개혁을 추구해 보았지만 결국 보수파들의 반대로 인해 실패하고 말았다.

# 부족했던
# 부동산 정책

한국 정부가 안고 있는 가장 큰 문제점은 부동산 정책이다. 한국은 국토가 좁기 때문에 땅을 가지고 있는 사람들이 부자행세를 했다. 한국에서 부자로서 행세하고 살기 위해서는 부동산 투자를 잘 하는 사람이 결국 부자가 된다. 정부에서 해야 할 일은 부동산 투기를 억제하여 올바른 생활을 하는 서민들을 보호해야만 한다. 부동산 투기 억제정책은 국민들의 양극화 현상을 막고 평등하게 부의 분배를 만드는 가장 기본적이고 중요한 정책이다.

노무현 참여정부의 목표는 바로 서민중심주의 정치였다. 그러기 위해서는 부의 형평성과 분배위주의 정치로 국정을 운영하여야만 한다. 노무현 정부 이전 정부인 국민의 정부는 외환위기를 성공적으로 극복하기 위해서 최선을 다했다. 그 결과 외환위기는 예상보다 빨리 성공을 거두었다. 그러나 부동산 안정정책에서 일부 중요한 정책을 폐지하는 바람에 부동산 거품현상이 발생하였다. 그 결과 김대중 정부 시절에 강남의 부동산 값이 폭등하였다. 이러한 현상은 노무현 정부가 들어서면서 다시 불안이 고조되기 시작하였다.

노무현 정부의 소비자 물가지수는 15.3퍼센트 증가하여 김대중 정부에서 시작된 물가 안정을 그대로 이어져 나가면서 성공적인 안정정책으로 평가 받았다. 그러나 부동산 시장은 엄청나게 폭등하였다. 노무현 정부 5년을 통해서 전반기 4년 동안의 주택가격은 높은 상승세를 보였다. 마지막 1년간은 약간 낮은 상승세를 보였다.

노무현 정부의 5년간 주택 매매가는 전국적으로 24.2퍼센트 상 승하였다. 그중에서 서울이 49.2퍼센트 상승하였다. 강남 지역은 51.3퍼센트 상승세를 보였다. 그중에서 아파트는 전국이 33.8퍼센 트 상승하였다. 그중에서 서울이 56.6퍼센트 상승세를 보였다. 또 한 강남이 67퍼센트를 상승세를 나타냈다. 이러한 부동산 상승세 와 소비자 물가세를 비교하면 아파트 값은 2.2배에서 약 4.4배 정 도 상승했다. 또한 주택가격은 1.6배에서 3.4배 정도의 상승세를 보였다.

노무현 정부가 부동산 안정대책을 적극적으로 나서서 추구해 나간 것은 사실이다. 노무현 정부의 가장 큰 목표가 바로 서민을 위 한 정책에 초점을 맞추어 나갔기 때문이다. 그럼에도 불구하고 이 시기의 부동산 가격 상승은 결국 참여정부의 부동산 정책이 실패 하였다고 할 수 있다. 이렇게 노무현 정부가 부동산 정책에 집중하 고 많은 노력에도 불구하고 실패한 원인은 어디에 있는가. 가장 큰 원인은 전월세에 대한 안정대책이 미흡하였다는 점이다. 그 결과 신규주택에 대한 수요가 급증하여 부동산 가격이 크게 상승하고 내 집 마련에 대한 대책이 부족했다고 할 수 있다. 부동산 정책에 대해서 지역별로 정확하게 분석하여 각 지역에 맞는 부동산 대책을 시급하게 마련하여 대응해 나가야만 했다. 그러나 노무현 정부는 이러한 방안을 정확하게 해결해 나가지 못했다.

다음으로 부동산 대책에 대한 투명성이 정확한 정책을 추진해 나가야만 했다. 가장 중요한 것은 부동산 분양 원가가 투명하게 공 개되어서 국민들이 정확하게 알고 있어야만 했다. 그러나 더욱더 중 요한 것은 국가가 매 분기별로 부동산 시세의 변동 등에 대해서 정확하게 파악하고 그 원인규명에 총력을 기울어 나가야만 했다. 결국 부동산 상승 원인은 수요와 공급의 불균형에서 발생하는 것이다. 이러한 부동산 시장에서 발생하는 수요와 공급의 불균형 현상을 타파하기 위해서는 정부가 적극적으로 개입하는 정책을 추진하여야만 했다. 그리고 그다음 정책으로 단호한 처방조치를 처했어야만 했다.

정부의 부동산 시장에 대한 단호한 조치나 의지 등은 이해가 간다. 그러나 정부는 말로만 부동산 억제 정책 등을 떠들어 댔다. 그러나 실지로 부동산 억제 정책에 대해서 적극적인 정책을 추구해 나가지 못했다. 그 이유는 서울시의 시장을 비롯한 관련 부서의 공무들과 복합적인 부동산 관계 등의 현상이 나타나면서 정부가 그들이 주도하는 방향으로 끌려나가고 말았다. 예를 들면 서울시의 경우 서울시가 추진하는 뉴타운 추진과 재건축 완화정책 등이 서울시의 부동산 가격 상승의 견인차 역할을 한다는 것을 파악하는 경우 거기에 대한 적극적인 대응 방안을 모색하여 추진해 나가야만 했다. 그러나 정부는 이러한 시급하고 가장 중요한 상황에 대처하지 못하고 결국 부동산 정책은 실패하고 말았다.

여기에 더해서 부동산 상승효과는 단일한 부동산 문제가 아니다. 가령 노무현 정부가 추진한 전국적으로 행복도시와 혁신도시를 비롯하여 기업도시 등은 부동산 가격 상승을 부추기는 견인차 역할을 하였다. 동시에 여기에 따르는 토지 보상금은 부동산 상승에 승수효과를 가져오게 되었다.

부동산 정책이 어려운 점은 바로 원인이 단순한 하나에 국한된 것이 아니다. 서로 상호 관련성을 가지고 있기 때문이다. 다시 말하면 정부의 조세정책을 비롯하여 금융정책과 복지 정책이 하부구조를 이루고 있다. 이러한 하부구조를 바탕으로 주택시장과 토지시장 및 경매시장 등이 상부구조가 자리를 잡고 있기 때문이다.

따라서 상부구조를 고치기 위해서는 하부구조의 개선이 더욱더 중요하다. 상부구조와 하부구조의 강력한 연계성으로 형성된 것이 바로 부동산 시장이다. 이러한 문제를 해결하기 위해서 국가의 전반적인 경제 정책에 대한 점검이 필요하였다. 노무현 정부의 부동산 실패정책은 정부가 그렇게 강조하던 양극화 현상을 막고 부익부와 빈익빈의 차이를 감소시키는 세상 사는 맛이 나는 이상주의 건설에 실패하는 오점을 남기게 되었다.

# 대통령 탄핵

노무현 후보의 당선부터가 한국 정치사에 하나의 혁명이라고 불리울 만큼 엄청난 충격과 파장을 몰고 왔다. 노무현의 등장으로 한국 국민들은 기대와 관심과 염려 속에서 노무현을 유심히 지켜보기 시작하였다.

노무현은 노사모를 비롯한 군사독재를 무너뜨리는 결정적인 역할을 한 386세대들과 함께 신정부를 수립하였다. 노무현은 특유의 서민적이며 친근한 특유의 경상도 악센트로 막말을 거침없이 하였다. 이러한 노무현의 거침없는 말은 그의 서민적이고 인간적인 면모를 드러내 주면서 서민대통령이라는 이미지를 심어주고 집권 초기 그의 인기도는 70퍼센트를 상회하는 높은 인기도를 유지하였다.

그러나 노무현 대통령의 형인 노건평을 비롯하여 최측근인 청와대 총무 비서관인 최도술과 안희정, 이광재 등 최측근 인사들의 비리가 속출되면서 노무현에 대한 국민들의 의심은 가중되기 시작하였다. 또한 선거 당시 그를 지지하며 표를 몰아주었던 사람들이 등을 돌리기 시작하였다. 특히 노무현의 친형인 노건평에게 로비를 시도했던 대우건설의 남상국 사장에 대해서 노무현이 인신공격을 하자 남상국 사장은 자살을 하였다.

여기에 더해서 노무현 대통령이 측근들의 비리를 옹호하는 말인 "나와 동업자들이다." 라는 말을 스스럼없이 하기도 했다. 집권 초기부터 터져 나오는 측근들의 비리에 노무현은 사과는커녕 더욱더 강경한 발언으로 대선 당시 한나라당이 쓴 비용에 대해서 검찰 조사를 지시했다. 그러면서 노무현은 자신이 쓴 돈이 한나라당이 쓴 돈의 10분의 1이 넘으면 대통령직을 사임하겠다는 말을 하였다.

또한 당시 노무현 주변의 최측근들은 아무런 행정경험이 없는 사람들을 채용하여 정국이 혼란 속에 빠져들고 있었다. 예를 들면 총무 비서관으로 발탁되어 비리를 일으킨 최도술이 있다. 그는 누구인가?

최도술은 노무현과 같은 부산상고 출신으로 고졸의 학력이 전부였다. 경력은 노무현이 변호사 시절 사무장으로 일한 것이 전부였다. 이러한 무리들을 국가 국력의 최고핵심인 청와대 총무비서관으로 기용하였다. 또한 이광재와 안희정은 좌희정 우광재라는 말로 불리울 만큼 최측근중의 측근이었다. 이들이 청와대를 좌지우지 하였다. 또한 외곽에서는 노무현의 형인 노건평이 노무현의 힘을 이용하여 비리를 저질렀다. 그러면 노건평은 누구인가?

노건평 역시 경남 지역에서 세무공무원을 하면서 동생의 공부 뒷바라지를 도와준 노무현이 무시할 수 없는 골육의 정을 누리는 사이였다. 이러한 와중에 노무현은 행정부와 입법부의 대등한 관계라는 삼권분립 원칙을 지키겠다는 의미로 새천년민주당과 정부의 분리를 선언하였다. 그 결과 행정부의 안건이 입법부에서 거절되는 사례가 허다하면서 가장 중요하고 시급하게 처리하여야 할 경제현안 문제 등이 이루어지지 못하면서 국가 경제도 추락하면서 국민들이 경제적 고통도 가중되기 시작하였다.

노무현 초기의 이미지는 바로 한국의 링컨대통령이 되는 것이었다. 링컨은 미국 민주주의의 상징이자 미국인들이 현재 신약에 나오는 예수에 해당하는 가장 존경하는 대통령이다. 노무현 대통령 역시 성장 배경과 환경이 링컨과 비슷하였다. 링컨 역시 가난한 산골에서 독학으로 변호사가 되었다. 노무현도 독학으로 변호사가 되었다.

노무현은 이상주의자이면서 자존심이 매우 강했다. 측근 비리와 당 내분으로 인해서 국민경제가 흔들리자 검찰조사를 통해서 한나라당의 대선자금조사에서 자신이 약속했던 새천년민주당의 대선 자금이 야당인 한나라당의 10분의 1을 넘기면 대통령직을 사퇴하겠다고 선언하였다. 그러나 조사결과 민주당이 쓴 자금이 노무현의 예상보다 많은 7분의 1이나 되었다.

이러한 와중에서 새천년민주당은 원래 고유의 정통 민주당으로서 동교동계의 김대중 계파의 인사들이 주류를 이루고 있었다. 반면 노무현 중심의 계파들은 신진주류들로서 대부분 참신한 인물들이었다. 민주당 내에서 구파인 김대중계와 신파인 노무현계 간의 갈등이 심화되었다. 이들은 결국 새천년민주당으로부터 탈당하여 새로운 정당을 창당하여 당명을 열린우리당으로 명명하면서 노무현 중심당이라고 할 수 있다.

이러한 와중에 노무현은 다음 해 있을 총선에서 자신의 당인 열린우리당을 지지해 줄 것을 공공연하게 발언하기 시작하였다. 노무현의 이러한 지지발언에 대해서 야당인 새천년민주당과 한나라당이 노무현에게 국민에게 사과와 함께 해명을 요구하였다. 그러나 노무현은 거절하였다.

여기에 대해서 중앙선거관리위원회가 선거법 위반으로 경고를 하였다. 그러나 노무현은 여기에 더해서 법이 잘못되었다고 법치주의 국가에서 대통령이 솔선수범해서 법을 따라야 할 인사가 법이 잘못되었다는 상식 밖의 말을 하면서 국민들을 실망시켰다. 2004

년 1월 5일 새천년민주당 대표인 조순형이 기자회견을 통해 공무원의 선거중립의무 위반에 대해서 사과를 요구하자 노무현은 거절하였다. 이에 2004년 3월 12일 한나라당과 새천년민주당 국회의원 195명이 투표하여 193표의 가결로서 대통령 직무를 정지시키고 헌법재판소에 탄핵소추안을 제출하였다.

이 과정에서 여당인 열린우리당 의원들의 강한 반대에 부딪쳤으나 국회의장인 박관용 의장이 경호권을 발동하며 난동을 막았다. 그 후 시민단체를 비롯하여 각종 단체들이 촛불시위를 비롯하여 탄핵안에 대한 반대운동을 벌였다. 그 결과 국민들의 민심은 극히 동요되기 시작하였다. 노무현 대통령의 대통령으로서 업무는 정지된 상태에 있었으며 후임으로 임시로 고건 국무총리가 대통령 권한대행을 하였다.

대통령을 탄핵한다는 것은 한국 헌정사상 처음 있는 일이었다. 국민이 선거로 뽑은 대통령을 몰아낸다는 것은 국회가 국민들의 의사를 무시한다는 것과 같은 맥락에서 이해할 수 있다. 특히 노무현을 지지했던 노사모를 중심으로 하는 많은 젊은이들 사이에서는 한국의 실정은 대통령이 자리에서 잘려 버리는 판국인데 아무리 좋은 직장도 정리 해고 될 수 있다는 유행어가 나올 정도로 노무현에 대한 동정심이 일기 시작하였다.

노무현은 직무가 정지된 상황에서 불쌍하고 동정어린 표정으로 언론에 비치면서 국민들의 동정심은 더욱더 가중 되었다. 특히 젊은 직장인들은 자신의 직장과 연관시켜 노무현이 해임되는 것은 앞으로 자신들이 직장에서 안심하고 근무할 수 없는 것과 같은 맥락에서 대통령 사태에 대해서 관심을 가지기 시작하였다.

이러한 대통령 탄핵안이 국회에서 가결된 이후 국민들의 민심을 판가름하는 제17대 총선이 4월 15일에 치러졌다. 4·15 총선 결과는 여당인 열린우리당이 과반수가 넘는 152석을 차지하였다. 동시에 제1야당인 한나라당은 121석에 불과하였다. 또한 민주당은 9석이며 김종필의 자민련은 4석을 얻는 데 그치고 말았다.

이번 선거 결과로 인해서 국민들은 노무현을 중심으로 하는 열린우리당에게 힘을 실어 주었다. 반대로 김대중을 추종하는 새천년민주당은 완전히 몰락의 길로 들어섰다. 동시에 삼김시대를 이루었던 김종필 대표가 이끄는 자민련은 초라하기 짝이 없는 4석을 얻는 데 그치고 말았다. 결국 전국구 비례대표를 희망한 김종필은 낙선하면서 쓸쓸하게 정계를 은퇴하였다. 결국 이번 탄핵으로 인해서 삼김시대의 마지막 인물인 김종필이 정치사에서 사라지면서 한국 정치는 이제 본격적인 세대교체를 이룬 셈이 되었다. 국민들은 노무현을 원하고 열린우리당을 원하면서 세대 교체에 대한 소망을 보여주었다. 그 결과 5월 14일에는 헌법재판소에서 국회에서 제출한 탄핵소추안이 기각되면서 노무현은 입법부와 행정부를 장악하면서 사실상 입법 사법 행정의 3권을 손에 장악하게 되었다.

# 4대
# 개혁 법안

입법부와 행정부를 장악하는 데 국민의 힘을 빌린 노무현은 이제 거침없이 자신이 원하는 개혁에 속도를 내기 시작하였다. 이제 노무현 정부는 이승만 정권의 정통성부터 시작하여 한국 현대사를 부인하기 시작하였다. 이승만에 대한 정통성 부정은 김영삼 정부에서 정통성을 김구의 임시정부에 찾으려고 한 것과 같은 맥락에서 이해할 수 있다. 열린우리당에 당선된 386세대들은 약 30명 정도로서 이들은 이제 노무현 정부의 앞에 서서 개혁을 지휘하고자 하였다. 국회와 정부에 전진 배치된 386세대들은 과거 전두환 독재를 무너뜨리고 노태우로부터 6·29 선언을 받아낸 향수에 젖어 있었다. 이제 그들은 강한 투사로 변신하였다.

제일 먼저 노무현 정부가 추진한 개혁안은 정치, 경제, 사회에 걸친 개혁을 요구하였다. 바로 그들은 혁명을 요구하였다. 그 내용들을 보면 국가보안법 폐지, 사학개혁을 위한 사립학교법 개정, 과거 청산을 위한 과거사진상규명법 제정, 언론개혁을 위한 언론 관계법 등 4대 개혁입법을 관철시키고자 하였다. 이러한 열린당의 제안에 대해서 야당인 한나라당이 강력하게 저항을 하는 바람에 국회는 파행으로 치닫고 있었다.

노무현이 가장 강력하게 주장하는 것은 바로 국가보안법 폐지 문제였다. 노무현은 이미 대통령이 당선되기 전에 인권변호사로 활동할 당시부터 국가보안법 철폐를 주장해왔다. 국가보안법은 전근대적인 법이기 때문에 이제는 박물관으로 보내야만 한다는 주장을 하였다. 특히 신보성향의 시민단체들이 맥아더 동상 철거운동을 벌이는 가운데 동국대 강정구 교수가 나서서 미군이 개입하지 않았더라면 통일이 이루어졌을 것이라는 말을 하여 검찰이 구속하려고 하였다. 이에 노무현은 적극적으로 강정구의 구속을 저지하는 발언과 함께 당시 법무장관인 천정배를 통해서 불구속 수사 지휘권을 발동하였다. 이에 대해서 당시 검찰총장인 김종빈이 사퇴하였다. 이처럼 노무현이 추구하던 국가보안법 철폐론은 보수와 진보의 대결이 되어 재향군인회 등의 강한 보수단체의 저항에 부딪치면서 실패하고 말았다.

언론 개혁법은 노무현 자신이 보수언론에 대한 개혁을 주장한 것이다. 특히 조선일보와 동아일보 및 중앙일보에 대한 개혁을 요구하고 나섰다. 노무현은 조선일보 등 보수언론의 가족소유에 대한 관련법을 고쳐서 언론사의 힘을 빼려고 하였다. 여기에 더해서 진보적 성향의 시민단체들 역시 보수언론사에 대한 개혁을 요구하고 나섰다.

그러나 이러한 노무현의 언론사 개혁법안은 위헌의 소지가 있어서 결국 흐지부지 되고 말았다. 조선일보와 동아일보는 일제강점기에 3·1 운동이 일어난 해에 창건된 민족지다. 동아와 조선은 한국의 역사 현장을 지켜온 민족지로서 이미 뿌리를 엄청나게 깊이 내리고 있었다. 따라서 그 과정에서 동아와 조선은 독재와 항거와 타협을 계속해 온 신문이다. 노무현 정부는 조선·중앙·동아일보라는 이라는 언론사가 보수 성향의 신문이라는 점에 대해서 강하게 비판하고 제거시키려고 하였다. 그러나 5년 단임의 노무현 정권은 이들과 싸우기는 역부족이었다. 그 이유는 바로 오랜 역사를 바탕으로 내려놓은 뿌리 때문이다. 노무현 정부와 보수언론과의 싸움은 결국 무승부로 끝을 맺고 말았다.

사립학교 등 교육법 개정안은 평준화 방안에 초점을 맞추었다. 교육에 대한 내용도 중요하지만 엘리트화를 없애 보겠다는 목적이었다. 특히 공교육 정상화 방안 등을 내용으로 교육개혁을 추구해 나가기는 하였다. 그러나 문제는 단순히 교육의 질의 향상을 목적으로 개혁을 추구해 나가는 것이 아니라 기득권 타파를 위한 사립학교 개혁법안을 추구해 나갔다는 데 있다. 여기에 교육개혁을 추구하는 교육혁신위원회의 위원으로 전교조 출신들을 대거 기용하였다. 동시에 청와대의 교육비서관과 행정관에는 상당수의 전교조 출신들이 있었다.

이러한 와중에 교육개혁위원회의 위원장 자리에 시골중학교 교장을 전격적으로 발탁하였다. 동시에 교육위원들 역시 서열을 무시하는 발탁을 하였다. 이러한 파격적인 위원 발탁은 교육개혁에 혼선을 초래하였다. 초대 교육부 장관인 윤덕홍 교육부 장관을 비롯하여 역대 교육부 장관들이 일관성 없는 교육정책을 내놓는 바람에 교육정책의 혼선을 초래하였다. 노무현 정권 5년 동안 장관만 5명이 교체되는 바람에 교육의 혼선을 초래하고 학부모들로부터 신뢰를 상실하고 말았다.

노무현 정부의 사립학교 개혁은 진보세력이라는 전교조들에게 유리한 방향으로 흘러갔다. 학교 재단의 비리가 발견되면 관선이사를 파견하였다. 학교의 관선이사에는 대부분 진보적 성향의 인사들이 발탁되었다. 관선이사들이 사학재단을 좌지우지하면서 기존의 교육정책과 다른 정책을 추구하면서 일관성 없는 정책을 펼쳐 결국 학부모들로부터 신뢰성을 잃고 말았다. 이러한 노무현 정부의 일관성을 상실한 공교육 정책으로 인해서 학부모들은 자녀들의 교육을 학원과 유학 등 사교육으로 눈을 돌리게 되었다. 노무현 정부 당시 학부모들이 사용한 사교육비는 엄청나게 늘었다.

노무현 정부가 추진한 4대 개혁 중에서 가장 사회적인 혼란을 초래한 개혁은 과거사 청산 문제였다. 과거사 청산 문제는 과거의 잘못된 역사를 바로 잡아 보겠다는 것이 근본 목적이었다. 여기에 앞서 노무현 정부가 추진한 지방화도 과거사 문제와 연계하여 생각할 수 있다. 한국의 오랜 전통은 대부분 정권이 바뀌는 경우 대대적인 혁신과 개혁을 위해서 수도를 이전하는 경향이 있었다. 노무현 정부 역시 국가의 대대적인 혁신과 과감한 수술을 위해서는 중앙정부의 지방화 정책을 추구해 나갔다.

이 정책은 노무현이 추구한 탈권위주의 정책과 함께 한국의 정치발전에 크게 기여했다고 평할 수 있다. 앞에서도 언급한 것처럼 탈권위주의 정책과정에서 약간의 불협화음과 마찰이 있기는 하였다. 그러나 노무현이 추구한 탈권위주의는 민주주의 발전에 가장 필요한 요소이다. 또한 지방분권화 정책 역시 노무현 정부가 추진한 성공적인 정책임에 틀림없다. 중앙정부의 이전을 비롯하여 지방화로 인한 국가균형 발전 역시 중앙의 기득권세력을 타파하여 지방으로 분산하는 정책을 추진해 보자는 의도였다. 노무현이 추진한 지방분권 정책은 국가균형 발전을 위해서 장기적인 안목에서 매우 필요한 앞선 진보적인 사고임에 틀림없다.

사실상 지방과 중앙의 균형적인 발전이 바로 국가의 균형발전을 초래하며 사회 양극화 현상을 없애는 가장 기본적인 일임에는 틀림없다. 제3공화국부터 시작된 조국 근대화 작업과 맞물려서 시작된 경제개발 5개년 개혁은 도시와 지방 간의 격차를 더욱더 심화시키는 결과를 초래하였다. 그 결과 국가발전은 인구가 수도권으로 집중되는 현상이 나타났다. 수도권 집중화 현상은 부익부 빈익빈의 사회 이분화 현상을 초래 하였다. 박정희 정권의 후반기에 시작된 새마을운동은 농촌과 도시발전의 균형을 위해서 시도된 정책이었다.

빈부격차의 사회 불평등의 원인은 바로 지방과 중앙의 균형발전이 중요한 영향을 미친다. 미국을 비롯한 서구 선진국들을 보면 중앙과 지방이 균형적인 발전을 가져왔다는 것이다. 따라서 노무현 정부가 추진한 중앙부서의 세종시 이관을 비롯하여 공공기관의 지방으로 이전 정책은 매우 진보적인 사고임에 틀림없다. 만일 보수적인 사고를 가진 인사들이 집권했다면 이러한 정책적인 아이디어가 불가능했다. 노무현 정부가 이루어 놓은 가장 큰 업적은 지방화 정책이라고 할 수 있다.

이제 다시 과거사 청산 문제를 생각할 수 있다. 노무현을 비롯한 386과 진보적 시민단체 등 정책결정에 깊이 관여하거나 결정에 영향을 미치는 집단들의 성향을 분석하면 그들은 대부분 좌파적 시각에서 문제의 초점을 맞추고자 하고 있다.

우선적으로 국가의 정통성에 대한 문제이다. 노무현 정부는 국가의 정통성을 부정하고 있다. 이미 앞에서도 여러 차례 언급한 김영삼 문민정부는 역사 바로 세우기에서 이승만 정권을 인정하지 않고 김구의 상해 임시정부에서 국가의 정통성을 찾으려고 하였다. 또한 박정희 전 대통령이 일으킨 5·16을 군사 쿠데타로 규정하였다. 그러나 현재도 5·16이 군사쿠데타냐 군사정변이냐를 두고서 논란을 거듭하고 있다.

역사적 평가란 이렇게 어려운 것이다. 근대 역사의 아버지 레오

폴드 폰 랑케는 역사는 객관적인 시각에서 평하여야만 한다고 하고 있다. 조선시대에 실록을 편찬하는 사관들에 대해서 당시 가장 강한 권력을 가진 왕들조차 사관이 쓴 실록을 보지 못하도록 한 이유가 바로 객관성을 상실할까 하는 문제 때문이다.

이처럼 노무현이 추구한 과거사 청산 문제는 처음부터 많은 잡음을 낳았다. 노무현은 우리의 역사는 "정의가 패배하고 기회주의가 득세했다"는 평을 하였다. 따라서 정의를 바탕으로 하는 역사를 바로 세우겠다는 것이 바로 노무현의 역사 바로 세우기의 의도이다. 이것은 친일과 친미 및 독재에 굴복하여 동조한 무리들을 역사에 세우겠다는 의도이다. 사실상 한국 20세기의 현대사는 세계사적 관점에서 보면 가장 불행하고 굴곡진 역사임에 틀림없다.

일제강점기의 친일과 독립 세력의 이분화, 해방 후에 등장한 친미와 민족주의의 이분화, 군사정변 이후부터 시작된 독재에 대한 동조와 민주화의 이분화 현상이 바로 한국 20세기의 현대사임에 틀림없다. 노무현 정부가 추진하는 과거사 청산은 부당하게 역사에서 불이익을 당하는 인물들을 역사를 통해서 바로잡아 보겠다는 의도이다. 우선적으로 친미주의자인 이승만부터 시작된 한국 정부의 뿌리를 부정하고 김구나 김규식, 여운형 등의 민족주의자들로부터 한국의 뿌리를 내리겠다는 의도이다.

여기에 앞서서 친일주의자들이 역사의 비판을 받도록 하겠다는 의도이다. 관변단체인 민족문제연구소가 친일인명사전을 발간하는데 정부가 적극적으로 지원하였다. 친일이냐 아니냐의 문제는 바로 보는 관점에 따라서 다르다. 당시는 국가가 일제 치하에 있었기 때문에 일본에 대해서 어느 정도 동조를 하였는가에 따라서 달라지기 때문에 객관적인 근거와 기준을 마련하기가 쉽지 않다. 따라서 많은 사람들이 친일인명사전에 올랐다. 그러나 이것은 기준이 매우 모호하다. 이완용을 비롯하여 을사오적신들은 친일인명전에 당연히 올라야만 한다. 그러나 일제에 어쩔 수 없이 약간의 동조를 했거나 또는 일제강점기에 공무원을 지낸 인물을 친일파로 몰아붙이는 것은 논란의 문제가 생기게 된다.

2004년 열린우리당이 총선에 승리한 이후부터 과거사 정리문제가 본격화되기 시작하였다. 과거사 진상 규명의 열풍이 불면서 과거 군사독재 시대에 대한 재조명의 움직임이 일기 시작하였다. 당시는 박정희 대통령의 딸인 박근혜가 야당인 한나라당의 대표로 있었다. 이러한 정치적인 요인으로 인해서 집권당인 여당의 열린우리당은 박정희 비하 바람을 일으키기 시작하였다. 과거사 진상규명 운동은 2005년 2월 노무현 취임 2주년을 맞아서 국회에서 행한 국정연설에서 시작되면서 여론몰이로 들어가기 시작 하였다.

결국 노무현 정부의 과거사 진상규명운동은 과거 모택동이 사상운동에 실패하자 당시 젊은 홍위병들을 동원하여 그의 정치적 정적들을 제거시키는 바로 문화혁명과 같은 맥락에서 이해할 수 있다. 과거사 진상규명법은 2005년 5월 국회에서 통과되었다. 100년 전에 일어난 동학혁명 참여자 명예회복심의위원회를 시작으로 친일반민족행위, 제주 4.3 진상, 의문사 진상, 진실, 화해를 위한 과거사 등 16개 과거사 진상위원회가 설립되었다.

여기에 정부는 적극적으로 나서서 엄청난 돈과 시간을 투자 하였다. 동시에 심의위원회의 상당수의 위원들이 진보적 성향의 인사들로 구성되었다. 위원회는 대부분 11명의 위원들로 구성되었다. 위원들의 성향은 과반수 이상이 진보적 성향의 위원들로 구성되었다. 여기서 한 가지 문제가 되는 것은 과거사 진실이 어느 정도 확실성을 가지고 있느냐가 문제인 것이다. 특히 당시 칼자루를 쥐고 있던 노무현 정권이 결정권에 상당한 영향력을 행사하지 않을 수 없는 실정이다.

진상규명위원회는 동학혁명까지 거슬러 올라가서 시작하였다. 동학혁명은 우리 민중들이 일으킨 진정한 밑으로부터의 혁명이다. 우리 민족이 일으킨 진정한 프랑스 혁명에 버금가는 민주화 운동이다. 그런데 신성한 동학혁명을 가지고 진상규명을 한다는 것 자체가 문제가 있다고 본다. 제주 4.3 사태 등은 진상규명이 필요하기는 하다. 그러나 그것도 정확한 진상규명이 쉽지 않은 것이다. 친일인명사전 명단에는 총 4,389명의 명단이 들어 있었다. 이 중에는 당시 만주국 중위였던 박정희 전 대통령을 포함하여 장면 총리니 김성수 건국 부통령을 포함시키고 있었다.

특히 당시 가장 많이 사용하는 고등학교 교과서는 금성출판사에서 발간하는 역사교과서였다. 이 교과서에는 김일성과 모택동의 사진은 들어있다. 반면에 초대 대통령 이승만의 사진은 빠져 있다. 동시에 교과서의 내용이 친북 좌파적 성향과 반미주의 성향이 상당히 강한 역사교과서라고 할 수 있다. 이러한 관점에서 보면 과거사 청산과 진상규명운동은 국가와 민족의 정치발전에 어느 정도의 도움이 되는지가 의심스럽다.

역사에 대한 재조명은 그만큼 중요하고 어려운 것이다. 그렇기 때문에 이 문제는 가급적이면 정부에서는 적극적인 개입을 피하는 것이 바람직한 견해라고 생각된다. 왜냐하면 역사의 왜곡은 끝없는 역사 왜곡을 탄생시켜 결국은 이상하고 엉뚱한 방향으로 흘러가고 말기 때문이다.

링컨을 꿈꾸었던 서민대통령, 참여정부 노무현 정권(2003~2007)

## 보수언론과의
## 전쟁

진보주의 성향의 노무현 정부는 보수언론인 조선, 중앙, 동아 등에 대해서 감정이 좋지 않았다. 특히 노무현은 초년 정치인 시절에 부산 지역구의 요트회원권 문제를 두고서 조선일보와 싸움을 벌인 사건이 있었다. 그 후 보수언론사들이 노무현의 정치생활에 항상 발목을 잡는 행동을 한 것에 대해서 불만을 가지고 있었다. 노무현 정부가 들어서면서 보수언론과는 단절하고 그 대신 진보적 성향의 언론들을 선호하고 가까이 했다. 노무현이 집권한 이후로 진보언론사들이 정부의 광고수주를 가장 많이 받은 것으로 드러났다. 오마이뉴스를 비롯하여 친노사모계 신문들을 비롯하여 한겨레신문 등이 그 예라고 할 수 있다.

노무현 정부가 집권기간 동안 추진한 계획은 보수언론에 대해서는 강한 견제를 가하는 반면에 진보 언론에 대해서 키워주기식의 언론 전략을 추구해 나갔다. 이는 노무현 대통령 자신이 청문회 스타로서 정치권에서 급부상하면서 조선일보 등 보수언론에서 그의 발목을 잡았다는 피해의식에서 출발하고 있다. 사실상 노무현 정부는 집권 기간 동안 보수언론 길들이기 전략을 추구해 나가면서 언론중재법을 재정하고 경제적으로 세무조사와 신문법 등을 통해서 조선일보와 중앙일보와 동아일보 등에 대해서 강력한 견제를 추구하는 정책을 추진하였다. 또한 신문 유통원을 통해서 신문판매 부수를 통제하였다.

중앙정부에 국정홍보처를 통해서 각 부서의 공무원들에게 정부 업무에 대해서 기자들과의 접촉을 금지시켰다. 또한 기자들에게 알리는 공무기사를 사전에 보고하고 사후에 역시 회견 내용 등을 알리도록 강력하게 명령하였다. 또한 국정홍보처와 각 부서 간의 관계에서 공무원들의 국정홍보 업무의 비중을 높여서 승진점수에서 가장 중요한 점수를 바로 국가 홍보 점수에 두었다. 이처럼 노무현 정부는 언론에 대해서는 가능하면 정부 정보의 노출을 꺼리면서 직접 국정홍보실을 통해서 대국민홍보 활동을 추구해 나갔다. 따라서 언론의 알권리를 없애고 동시에 국민을 직접 상대하는 홍보정책을 추구해 나갔다.

또한 보수언론의 힘을 줄이기 위해서 한 언론사가 전체 언론사의 30퍼센트 이상의 신문 판매 부수를 못 가지도록 하고 동시에 3개 언론사가 60퍼센트 이상의 판매부수를 가지지 못하도록 하는 신문법을 제정하였으나 이것은 헌법제판소의 위헌결정으로 인해서 목적을 달성하지 못했다. 반면에 보수언론사가 방송과 신문을 겸하지 못하도록 하는 신문법을 제정하였다. 이렇게 노무현의 보수언론과의 전쟁은 끊임없이 계속되었다.

또한 국정홍보실을 비롯하여 중앙부서에 홍보담당관제를 실시하여 각 부서의 담당관을 2~3급에서 1~2급으로 격상시켰다. 또한 국정홍보실의 홍보담당실장을 국장급에서 차관보급으로 격상시켰다.

노무현 정부는 언론을 피하는 대신에 인터넷 매체를 적극적으로 활용하여 국민들을 상대로 한 국정홍보 활동을 벌였다. 노무현 정부가 탄생된 직접적인 원인은 역시 인터넷 매체를 가장 잘 활용하였기 때문이다. 인터넷으로 직접 국민과 대화하는 것이 효율성이 더욱더 높다고 생각했다. 또한 신문 구독자가 1998년에 64.8퍼센트에서 2006년에서 반 토막인 34퍼센트에 불과했기 때문이기도 했다. 이것은 신문의 영향력이 인터넷의 힘보다 월등하게 떨어지고 있다는 생각에서였다.

노무현의 언론관은 언론개혁과 취재선진화가 목표였다. 노무현은 이미 2001년 해양수산부 장관 시절부터 언론과의 전쟁을 선포했다. 또한 동시에 언론사의 세무조사를 적극적으로 옹호하고 조선일보를 개혁의 적이며 한나라당 기관지라고 몰아붙였다. 노무현은 임기동안 언론과의 건강한 긴장관계를 강조하고 나섰다. 언론을 국정 운영의 파트너가 아닌 국정 운영의 방해물로 간주하였다. 동시에 투명하고 다양한 정보유통과 정·언 유착의 관계를 단절하여 언론의 공정성을 높이겠다는 의도를 분명히 하고 나섰다.

노무현 정부가 추진한 언론을 통한 정책은 편가르기식 홍보이다. 특히 보수와 진보의 양쪽의 편을 가르는 전략적 홍보를 하였다. 예를 들면 야당인 한나라당에 대해서 부정 정당 또는 차떼기 정당으로 몰아붙였다. 또한 종합부동산세에 대해서는 2퍼센트의 부자와 98퍼센트의 서민으로 홍보하여 편가르기를 하였다. 행정도시 건설과 공공기관 지방 이전 문제도 수도권과 지방의 싸움으로 전환시켰다.

앞에서도 언급한 것처럼 자신의 형인 노건평의 비리 문제가 일자 당시 노건평에게 돈을 건넨 대우건설 사장인 남상국에게 "좋은 학교 나오고 크게 성공하신 분이 별 볼일 없는 사람에게 가서 머리 조아리고 돈까지 주는 그런 일 이제 없었으면 좋겠다." 라는 말을 하였다. "별놈의 보수를 다 갖다 붙여도 보수일 뿐이다." 라는 말도 거침없이 하였다. 동시에 "그놈의 헌법"이라는 말과 같이 일반대중들이 비공식 석상에서 사용하는 평범한 용어를 사용하여 국민들의 관심과 마음을 얻는 홍보 정책을 펼쳤다. 사실상 대중의 비율은 서민이 특권층보다 훨씬 많기 때문에 편을 갈라서 다수 쪽인 서민 쪽으로 가는 경우 전세가 절대적으로 우세하기 때문이다.

일상적인 말투와 버릇을 사용하고 경우에 따라서는 민주주의와 정의를 화려한 추상적인 언어도 사용하여 평민을 가장한 수법을 사용하여 서민대통령이라는 이미지를 심어 주었다. 또한 국정브리핑을 통해서 언론과는 접촉을 피하고 직접 국민들과 접촉을 시도하였다.

청와대는 공무원들에게 국정브리핑에 글을 올리도록 독려하였고, 그 실적을 평가에 반영하였다. 노무현은 공무원을 통해서 뿐만 아니라 스스로 직접 인터넷을 통해서 국정홍보에 나섰다. 따라서 노무현 정부는 언론을 통한 국정홍보는 가능하면 피하고 언론에 대해서 소극적인 태도를 취하였다. 또한 언론에 대해서 언론의 접근을 막는 쪽으로 정책을 추진해 나갔다.

노무현은 취임 초기부터 기자들과 밥 먹지 말고 술도 마시지 말라고 지시했다. 동시에 국정홍보처와 청와대는 만일 공무원이 기자들을 만났을 때는 사후에 그 내용을 보고해 달라고 지시했다. 그 결과 언론과의 접촉은 줄어들었고 언론에 대한 자료제공을 비롯하여 인터뷰는 공식 홍보라인을 통해서만 가능했다. 동시에 국정홍보처는 정부 부서가 기자들의 방문을 제한하고 있는지를 점검하고 이것을 실적평가에 반영하였다.

노무현 정부는 개방취재 시스템을 도입하여 일부 매체에게만 출입이 허용되었던 기자실을 없앴다. 대신 브리핑 룸으로 전환하였다. 일정 요건을 갖춘 모든 매체에게 출입을 허용하였다. 기존 언론의 기득권을 없애기 위해서 인터넷 언론 등 다른 언론에 대한 진입의 폭을 넓혀 주었다. 이와 함께 취재 기자들의 부처 사무실 방문을 제한하고 공무원들이 공보관실에 사전에 신고한 후에 취재에 응하도록 하였다. 또한 기자들과 접촉한 후에는 반드시 면담내용을 보고하도록 했다. 취재 창구 일원화 제도를 택해서 언론의 접근을 막는 정책을 추구한 것이다.

이것은 정부가 정보를 일방적으로 쥐고서 언론에 공급하겠다는 의미이다. 그 결과 김대중 정부 시절 80여 명 정도에 불과한 청와대 출입 기자수가 300여 명 선으로 늘어났다. 중앙부서 출입기자단도 230명에서 430명으로 크게 늘어났다. 인터넷 매체 등의 언론기관도 출입을 허용하였기 때문이다. 결과적으로 노무현 정부의 언론정책은 알리고 싶은 것만 알리고 동시에 알리고 싶지 않은 것은 알리지 않는 언론정책을 추구한 것이 되었다.

노무현 정부는 취재 선진화 방안을 발표하였다. 그 내용의 요지는 브리핑 룸을 통폐합하고 기자들의 부처 출입을 전면 봉쇄하는 방안이었다. 따라서 각 부처에 있던 브리핑 룸은 대부분 폐쇄되었다. 중앙정부 청사와 과천청사에 종합 브리핑 룸이 새로 만들어졌다. 또한 기자들의 부처 사무실 출입을 막기 위해서 건물 입구마다 출입통제기가 설치되었다.

이와 같은 기자실 개혁에 대해서 노무현 대통령은 부처의 기자실이 자유로운 취재와 국민의 알 권리를 보장해 주지 못한다. 따라서 부처에 기자들이 임의로 출입하는 관행은 없어져만 한다. 이러한 조치는 결국 언론에 대한 노무현 정부의 폐쇄적인 조치라고 할 수 있다. 이처럼 노무현 정부와 언론 간의 갈등은 집권 마지막까지 계속되었다.

특히 노무현 정부가 언론기관의 오보와의 전쟁을 선포하면서 중재신청과 민·형사상의 고발 전으로 이어졌다. 언론에 대한 고발 기준은 악의냐 선의냐를 기준으로 하여 결정하였다. 선의의 경우는 모르고 오보를 하였기 때문에 고발대상에서 제외시켰다. 그러나 악의는 알면서도 고의적으로 정부를 흠집내기 위한 오보로 간주하여 고발하였다. 이러한 악의와 선의의 기준은 주체가 정부이기 때문에 기준과 잣대가 매우 모호하였다.

정부가 언론중재를 청구한 건수가 노태우 정부에서는 8건이며 김영삼 정부 시절은 27건, 김대중 정부에서는 118건으로 늘었다가 노무현 정부에서는 753건으로 급증하였다. 노무현 대통령이 직접 중재청구한 건수도 18건에 달했으며 청와대 비서실까지 합해서 55건이나 되었다.

또한 노무현 정부는 신문가판구독이 권언유착의 원인을 제공하고 있기 때문에 신문가판구독을 철저히 금지했다. 이러한 노무현 정부의 언론에 대한 공격은 언론의 사회적 책임감을 높이고 정부와 언론의 유착을 방지하여 언론의 투명성을 가져오는 계기를 마련하기는 했다. 그러나 한편으로는 정부의 언론에 대한 탄압이라는 비판을 초래했다.

# 경제 정책

노무현 정부의 경제 정책은 김대중 정부로부터 물려받은 경제침체 상황에서 시작되었다. 따라서 상당한 위기 상황에서 경제 정책을 추구해 나가야만 하는 불리한 상황에서 앞으로 나가야만 했다. 김대중 정부는 김영삼 정부가 안겨준 외환위기 극복을 위해서 전념을 기울이다 보니 결국 양극화 현상과 대량 해고 등 많은 문제점을 남겼다.

이러한 불리한 상황에서 노무현 정부는 그의 정책이념이 분배와 균형을 원칙으로 하는 정책을 추구해 나가기 시작했다. 특히 그와 정책결정자들은 반기업 정신과 노동자 중심의 경제 정책을 추구해 나갔다. 따라서 노무현 정부의 경제 정책은 시장경제의 원칙인 수요와 공급을 무시한 정부개입에 의한 인위적 수요와 공급 위주의 정책을 추구해 나갔다.

다시 말하면 정부가 인위적으로 시장경제에 개입하였다. 또한 큰 틀에서 보면 성장 위주의 경제 정책보다는 분배 위주의 경제 정책을 추진해 나갔다. 가진 자들인 기업인들이 돈을 많이 벌면 그 돈을 빼앗아서 가난하고 덜 가진 자들에게 나누어 준다는 논리이다.

노무현 정부의 이러한 정책은 노동자 위주 즉 가난한 사람들이 잘사는 사회를 목표로 하였다. 그러기 위해서는 작은 정부가 아닌 큰 정부로 만들어서 정부가 더욱더 강하게 경제 정책에 개입한다는 것이다. 이 과정에서 관리하는 청와대 인원수를 늘렸다. 또한 대통령의 권한을 내각과 국무총리에게 이관한다는 명목으로 중앙정부와 국무총리실 공무원 수도 대폭적으로 늘렸다.

여기서 중요한 것은 시장경제가 독과점 등으로 인해서 수요와 공급의 불균형 상태에 빠지는 경우가 허다하다는 점이다. 이 경우 대부분 자본주의 국가에서는 정부가 적극적인 개입하면 수요나 공급을 균형적이고 발전적인 방향으로 만드는 좋은 정책을 편다. 하지만 노무현 정부는 의도적으로 분배정책에 너무 치중한 결과 경제를 살리고 부를 생산하는 기업들이 위축되고 말았다.

따라서 부를 생산하는 공장이 침체상태에 빠져 버린 것이다. 그 결과 성장률이 저하되는 현상이 나타났다. 노무현 정부 5년 동안 국가 성장률은 과거 한국 정부가 기록한 경제 성장률의 평균치를 훨씬 밑도는 성장률을 기록하였다. 그 이유는 대기업을 비롯한 기업들에게 강력한 규제정책을 추진해 나갔기 때문이다.

또한 기업의 사주와 일하는 노동자들과의 관계에서 발생하는 노사분쟁에서 대부분 노동자들 편에서 노동자들에게 손을 들어주는 방향으로 몰아갔다. 이렇게 되자 기업 측으로부터 불만이 터지고 노동자들은 툭하면 파업에 돌입하면서 상당한 생산 감소와 수출부진 현상이 나타나기 시작하였다. 세계 각국들은 한국 경제에 대한 신뢰성에 대해서 의심을 가지기 시작하고 외국인 투자자들이 줄면서 국제시장에서 한국의 경쟁력이 약화되기 시작하였다.

국내시장에서 노무현 정부의 대기업에 대한 강한 규제조치로 수원에 설립할 예정인 삼성전자 건립이 지연되는 등 대기업들의 사업계획에 차질을 빚기도 했다. 그 결과 대기업들은 인건비가 싼 중국 등 다른 나라에 눈을 돌리기 시작하면서 국내의 내수시장이 침체되는 악순환을 거듭하게 되었다.

이러한 국내 내수시장의 회복과 국제 경쟁력을 높이기 위해서 정부는 노사 간의 갈등을 피하고자 기존에 노동자 편에서 사주인 기업가 쪽으로 약간 기울어진 모습을 보인다. 그러자 민주노총과 금속노조를 비롯한 전국의 노동자들은 노무현 정부를 비난하기 시작하면서 노사 간의 관계가 더욱더 악화되는 현상이 초래되었다.

경제 정책 실무진들 사이에서는 성장과 분배를 두고 마찰이 생겼다.

그중에서 정책 분배에 중점을 둔 실무자는 이정우였다. 이정우는 당시 경북대 교수로서 이론만을 중시하는 경험이 부족한 케인즈 학파라고 할 수 있다. 반면에 성장 위주로 정책을 추진하자는 실무자는 김진표로서 그는 당시 경제부총리 자리에 있었다. 김진표는 정부의 전문경제 관료로서 모험을 싫어하는 경제실무자였다. 결국 이정우와 같은 이론가와 김진표와 같은 실무자 사이의 갈등상태에서 노무현 정부의 경제 정책은 혼선을 거듭하면서 경제성장에 빨간불이 켜졌다. 여기에 더해서 시민단체들까지도 재벌 규제완화를 주장하는 김진표의 정책에 반대하고 나섰다.

특히 한국을 대표하고 세계적인 다국적 기업인 삼성전자의 화성공장 건설과 쌍용자동차 평택공장 설립에 정부가 허가를 내주지 않아서 계획이 수포로 돌아가고 말았다. 쌍용은 제쳐두고 삼성은 계열사까지 포함해서 삼성에 붙어서 먹고사는 인원이 27만 명으로 한국의 경제활동 인구의 100분의 1이 삼성과 인연을 맺고 있다. 이처럼 기업을 무시한 정책은 국가경제발전에 발목을 잡는 결과를 초래하였다.

또한 두산중공업 파업 당시 노동자 분신자살로 사건이 확대되자 노동부 장관이 직접 현장에 나타나서 노동쟁의에서 노동자의 손을 들어 주었다. 또한 화물노조 파업 당시 민정 수석이었던 문재인이 직접 화물노조에 개입하면서 이후부터 노조들은 정부와 타협을 하지 않고 바로 청와대와 접촉을 시도하기 시작하였다.

결국 이러한 흐지부지하고 노동자 편에 선 정부의 힘을 믿고 노무현 정부 당시 평균 하루 한 건 이상의 노사분규가 발생하였다. 그 결과 국제적으로 한국은 파업공화국이라는 별명을 얻었다. 외국의 기업과 투자자들이 한국의 기업에 대해서 인수합병 하거나 투자를 꺼리는 이유가 바로 한국의 강한 노조 때문이었다.

이들은 노조가 약하거나 없는 기업 투자를 하거나 인수합병을 원하였다. 그 결과 기업들의 투자율은 노무현 정부 5년 동안 3퍼센트 대를 밑돌았다. 이것은 과거 정부들의 투자율의 절반에도 못 미쳤다. 또한 2003년 외국인 직접투자는 노무현 정부 초기인 2003년에는 12억 달러로 이것은 김대중 정부 시절인 1999년의 106억 달러에 비해 10분의 1도 되지 못하는 부진한 실적을 나타냈다.

분배를 항상 우선시하는 노무현 정부는 복지예산에는 엄청난 투자를 하였다. 노무현 정부는 복지 부분 예산을 과거 김대중 정부보다 연평균 20퍼센트 이상 증가시켰다. 이 예산은 일자리 창출 등 실효성이 있는 곳에 사용하기보다는 실업급여 등 사회적 약자를 위해서 사용하였다. 이러한 노무현 정부의 복지 정책은 빈곤의 악순환 현상을 초래하였다.

빈곤의 악순환이란 '우선 먹기는 좋은 곶감이 달다' 라는 말로 표현할 수 있다. 노무현 정부는 빈부의 격차를 줄이기 위해 가장 기본적인 인프라를 구축하고 단계적으로 균형을 추구해 나가야만 한다. 그러기 위해서 선 성장에 중점을 둔 정책이 바로 사회의 부의 균형을 창출하는 기반이 된다. 그러나 노무현 정부는 우선적으로 쉬운 분배정책부터 시작하였다.

돈을 많이 가진 부자들에게 세금을 많이 부과하여 그들로부터 돈을 빼앗아서 가난한 사람들에게 나누어 주는 쉬운 선분배 후성장 정책을 추진해 나갔다. 노무현 정부는 더욱더 빈곤층을 양상 시키는 악순환의 고리를 끊지 못하면서 경제 정책은 큰 성과를 거두지 못하고 말았다. 노무현 정부 당시 근로자의 실질임금 상승률은 연평균 2.1퍼센트로 역대 정부 중에서 가장 낮았다. 취업률 역시 김대중 정부의 188만 명 증가에 비해 98만 명이 증가하여 절반 정도에 그쳤다. 가계부채 역시 120조가 늘었다.

국가균형 발전을 위해서 노무현 대통령은 선거 공약으로서 행정수도를 충청권으로 옮기는 공약을 발표하였다. 동시에 공공기관을 지방으로 이전하여 국가균형 발전 전략을 수립하였다. 이러한 정책은 장기적인 안목으로 보아서는 바른 정책이다.

사실상 한국은 좁은 국토를 가졌는데 모든 기능이 너무 수도권에 편중된 것은 사실이다. 세계 선진국가들의 대부분이 지역적으로 도시와 농촌간의 균형적인 발전을 하고 있다. 노무현 정부는 지역균형 발전을 위해서 여의도의 25배에 해당하는 세종시 건설을 비롯하여 송도신도시 개발, 수도권 몇 개의 아파트 타운 건설을 비롯하여 6개 기업도시와 10개의 혁신도시 및 7개의 혁신클러스터 건설 등을 하면서 국가균형 발전을 추구하였다. 이외에 부산, 진해, 광양만을 경제자유구역으로 또한 당진, 대구, 경북, 새만금, 군산 등도 경제자유지역으로 정했다. 노무현의 지역균형 발전은 부동산 투기 등을 유발하기는 하였으나 장기적인 안목으로 보면 성공적인 국가균형발전 전략이라고 할 수 있다.

# 노무현 정부 정책의
# 허와 실

노무현 대통령과 정부는 역대 정부와 비교하여 너무나 다른 사고를 가지고 출범하였다. 출범 자체부터가 새롭고 드라마틱한 한 편의 영화나 소설 같은 등장이었다. 노무현의 트레이드마크는 서민대통령이었다. 노무현이 당선되면서 삼은 그의 정치 이상은 바로 미국인들이 가장 좋아하고 가장 존경하는 링컨 대통령이다. 수십 년 전까지 미국은 미국의 건립자이자 초대 대통령인 조지 워싱턴을 미국의 가장 위대한 대통령으로 꼽았다. 그러나 현재는 미국인들이 가장 존경하고 가장 친근한 아저씨이며 자신들의 인권을 보호해 주는 대통령인 링컨을 우선순위에 올려놓았다. 조지 워싱턴은 구약에 나오는 모세에 해당하며 링컨은 신약에 나오는 예수에 해당된다.

예수에 해당하는 링컨을 왜 미국인들은 사랑하고 있을까?

바로 서민대통령이기 때문이다. 링컨은 외모부터가 서민적이다. 그는 학교의 정규 교육을 받지 못했다. 그는 미국 중남부 지역인 켄터키와 테네시의 경계인 첩첩산중에서 출생하였다. 가정 형편이 어려워 독학으로 변호사 시험에 합격하였다. 그리고 인권 변호사로서 출발하여 결국 미국의 대통령 자리에 오르는 입지전적 인물이다. 그가 남긴 업적은 인권적인 차원에서 흑인 노예 해방에 있다. 또한 그가 남긴 명연설 "국민의 국민에 의한 국민을 위한" 연설은 미국을 세계 민주주의를 상징하는 국가로 만들었다.

노무현 스스로나 당시 노무현을 지지한 국민들 모두가 노무현을 한국의 링컨으로 생각하였다. 그는 링컨과 같은 서민과 약자 편에 서는 지도자가 되기를 기대했다. 노무현은 링컨과 같이 정규 대학을 졸업하지 못했다. 그는 상고를 졸업하고 그 당시 가장 힘들다는 국가 최고시험이자 권위 있는 사법고시에 1975년도에 합격했다. 노무현이 사법고시에 합격할 당시의 사법고시는 어느 정도의 권위가 되었는가 하면 국가공무원인 부이사관 대우를 받았다. 당시 부이사관은 군수와 시장보다 훨씬 높은 도시사 다음인 부지사 정도의 계급에 해당된다.

사법고시와 행정고시를 비교하면 행정고시는 합격하는 경우 사무관을 받는다. 사무관은 도청의 계장 정도로서 사법고시보다 훨씬 아래였다. 군의 부군수 정도 였다. 이처럼 힘든 시험에 그것도 독학으로 합격한 노무현은 우수한 두뇌와 강한 의지력을 갖춘 특이한 성격의 소유자임에 틀림없다.

그는 링컨과 같이 사회의 약자를 돕는 인권변호사의 길을 택했다. 당시는 사법시험 합격자 수가 소수정예이기 때문에 누구나 다 판검사 발령을 받았다. 노무현은 판사로 임용되어 잠깐 동안 판사로서 활동한다. 하지만 얼마 후 바로 인권변호사로서 험난한 가시밭길로 들어선다. 그는 당시 자신이 활동하던 부산 지역의 정치적 대부인 김영삼에 의해서 정계에 입문 한다. 이후 그는 곧 청문회 스타로 두각을 드러내면서 외골수 정치 철학을 신념으로 하여 정치의 힘든 길을 걸어간다. 그에게 주어진 별명이 바로 '바보 노무현'이었다.

바로 그가 보여준 기회주의가 아닌 소신의 정치철학은 결국 그를 큰 인물로 만드는 결정적인 계기가 된다. "지성이면 감천"이라는 고사성어가 있다. 그가 추구해 나간 정치적 소신은 그가 선거에서 떨어지면 떨어질수록 더욱더 빛을 발했다. 소신이 없는 정치인은 두 번 정도 떨어지면 정치생명이 끝나서 정계에서 사라진다.

그러나 노무현은 6번 선거에서 4번을 떨어진다. 그러나 그는 빛바랜 백일홍이 아닌 막 이슬을 머금은 아름다운 백일홍으로 다시 태어난 것이다. 부산 지역을 중심으로 노무현을 사랑하는 노사모가 결성되면서 그의 정치적인 발판이 그가 높이 뛸 수 있도록 만든 것이다. 그가 소신 있는 정치인이라는 것을 알아준 인물은 바로 노무현의 정치 스승인 김대중 전 대통령이었다. 김대중은 노무현을 해양수산부 장관으로 기용하였다. 그리고 결국 그의 정치후계자로 삼고 그 인연으로 노무현은 대통령에 당선된 것이다.

노무현의 정치철학은 "서민의 서민에 의한 서민을 위한 정치"라고 할 수 있다. 바로 링컨이 말하는 국민이라는 말을 서민이라고 바꾼 말과 같다. 그는 이상주의자였다. 링컨도 이상주의자였다. 그러나 링컨이 추구한 이상주의 정치는 실현되었다. 그러나 노무현이 추구한 이상주의는 크게 성공을 거두지 못했다.

그 이유는 무엇인가? 미국은 국민들을 비롯한 정치문화가 이미 가장 선진화된 정치문화를 바탕으로 하고 있었기 때문이다. 미국인들의 선조들은 유럽의 수도사 문화를 헌신짝 버리듯이 버리고 유럽 전체 크기만 한 미국 땅에서 새로운 정치문화를 창조해 냈다. 그들은 선조인 영국의 의원내각제를 포기하고 새로운 대통령제를 창출하였다. 그리고 그들만의 정치문화를 만들었다. 따라서 링컨은 이러한 선진화된 국민들의 정치의식 속에서 자신이 가지고 있던 이상주의 정치를 펼칠 수가 있었다.

그러나 노무현은 민주화 이후에 처음으로 탄생된 정부였다. 수십 년간 계속된 군부독재 정치를 비롯하여 관료들의 권위주의 등이 아직도 청산되지 못한 정치 환경 속에 있었다. 그는 낡은 권위주의 청산을 위해서 노력하였다. 권위주의에는 기득권 보수집단 세력들이 그를 둘러싸고 방해 공작을 펼쳤다. 특히 그는 언론 등 4대개혁을 하려고 하였다. 그러나 워낙 강한 뿌리를 내리고 있는 보수 세력에 휘둘리고 말았다.

약자들인 흑인 노예들의 편에선 링컨 대통령을, 미국인들은 링컨에게 손을 들어 주었다. 그리고 흑인에게 인간의 존엄성과 자유를 주도록 허락하였다. 그러나 노무현이 추구한 2퍼센트의 가진 자들의 재산을 거두어서 98퍼센트의 약자들에게 분배하겠다는 그의 정치철학은 좌초되기 시작하였다. 바로 국민의식 수준이 선진화 되지 못했기 때문이다. 노무현 혼자서 뛴다고 되는 것이 아니다. 민주주의는 하루아침에 이루어지는 것이 아니다. 민주주의는 시간과 피와 땀을 필요로 한다.

노무현이 추구한 이상주의인 분배 중심의 사고는 바른 것이다. 그러나 실행과정에서 많은 시행착오를 거친다. 주변의 정책결정자들 역시 대부분 실무경험보다는 이상을 바탕으로 한 실무진이다. 그들 역시 많은 오류와 시행착오를 경험한다.

그리스 철인 아리스토텔레스는 그의 대표작인 《정치학》에서 말한다. 바로 훌륭한 국가조건으로 국민들의 부는 최대한 4:1을 넘어서는 안된다고 한다. 만일 4:1을 넘는 경우에는 국민들이 혁명을 일으킨다는 것이다. 사실상 한국은 김영삼 대통령의 외환위기 때문에 후임자인 김대중 대통령이 외환위기 극복에 초점을 맞춘 경제 정책으로 인해서 사회는 위기 속에 빠져 있었다. 그래서 노무현 정부 초기부터 심각한 사회 양극화 현상이 나타나기 시작하였다.

노무현은 인간적으로 국민들에게 접근하였다. 그의 트레이드마

크가 바로 서민 정치와 서민대통령이었다. 국민들은 쉽게 그에게 접근할 수 있었다. 그 점이 바로 노무현이 가지고 있는 매력이자 장점이었다. 젊은 진보세력들은 그를 따랐다. 그의 카리스마적 리더십은 바로 노무현만이 가지고 있는 장점이었다. 카리스마란 바로 타고난 천부적인 리더십이다. 노무현에게 누구의 권고도 없이 스스로 그를 따르는 추종세력이 생기게 되었다.

노무현의 정책이 상당 부분 실패한 점도 부인할 수 없다. 특히 부동산 정책은 실패했다고 할 수 있다. 그러나 역사적인 관점과 거시적인 차원에서 그는 한국 정치 발전을 한 단계 높이 끌어올린 인물임에 틀림없다. 노무현의 이상주의 정치가 비록 현실을 외면하고 현실과 동떨어진 정치를 하였다는 점은 인정한다. 원래 이상주의란 현실을 한 단계 끌어올리기 때문에 시행착오가 일어날 수 있다. 그러나 그 시행착오는 어느 정도 착오를 거듭하고 시간이 지나면 그것이 올바르다는 것을 알 수 있다.

앞에서도 잠시 언급했듯 역사적으로 볼 때 동양의 개혁자이자 이상주의자인 왕안석을 들 수 있다. 왕안석은 중국 송나라 신종 때 인물로서 여러 세대에 걸쳐서 그의 개혁안이 성사되지 못했지만 결국 시간이 지나면서 그가 진정한 개혁자라는 것을 역사가 증명해 주고 있다. 또한 조선조 중종시대에 개혁주의자이며 이상주의자인 조광조 역시 개혁에 실패한 인물이지만 그는 진정한 개혁자임을 역사가 잘 보여주고 있다. 노무현 대통령이 추구한 개혁은 앞으로 시간이 지나면서 그가 진정한 개혁자라는 것을 역사가 판단해 주리라고 기대된다.

오,

보수·창조적 실용주의 시대,

이명박 MB정권

(2008~2012)

# 진보에서
# 보수로의 회귀

노무현 참여정부는 민주화 이후에 나타난 최초의 정부라는 데 그 상징성을 부여할 수 있다. 민주주의적 관점에서 보면 중세 플라톤 사상에서 아리스토텔레스 사상의 부활이라고 할 수 있다. 노무현은 관념주의자였다. 초기에는 노무현과 같은 이상주의적 관념주의가 필요하다. 그러나 다음에 나타난 이명박은 바로 철저한 현실주의를 바탕으로 하는 실용주의자 였다.

플라톤은 이상주의를 바탕으로 하고 있다. 아리스토텔레스는 경험주의를 바탕으로 하고 있다. 노무현의 사상은 플라톤적 이상주의자였다. 반면 이명박은 아리스토텔레스의 경험주의를 바탕으로 하고 있다. 또한 노무현은 진보주의를 바탕으로 하고 이명박은 보수주의를 바탕으로 한다.

노무현은 서양으로 말하면 플라톤이라고 할 수 있다. 반면 이명박은 아리스토텔레스라고 할 수 있다. 가령 오렌지를 사는데 오렌지 빛깔을 보면 그 오렌지가 맛이 있는 오렌지인지 아닌지를 안다는 것이 바로 노무현의 사고다. 반면 아리스토텔레스는 오렌지 외형적인 색깔만 볼 것이 아니라 그 오렌지의 껍질을 직접 벗겨서 맛을 보고서 그 오렌지가 정말 맛있는 오렌지인지 아닌지를 알 수 있다는 경험주의를 중시하는 사고를 가졌다. 바로 이명박의 사고는 실용주의적 사고다. 또한 노무현의 사고는 전형적인 진보적 사고주의자다. 반면 이명박은 전형적인 보수주의적 사고주의자다.

여성 정치철학자 하나 아렌트는 그녀의 혁명의 사이클에서 초기 혼란기에는 진보가 등장하고 다음에는 보수가 나타나서 사회의 안정을 가져온다고 한다. 노무현 정부 이후 국민들은 사회적 안정을 희망하였다. 따라서 실지로 경제적인 안정과 함께 청년일자리 창출 등을 필요로 하였다. 리더십 면에서도 혁명적인 기질을 가진 인물보다는 잘 먹고 살 수 있는 리더를 원하고 있었다. 이러한 시점에서 치러진 제17대 대통령 선거에서 야당인 한나라당 이명박 후보가 압도적 지지로 당선되었다.

김대중 정부부터 노무현 정부까지 10년간을 진보의 시대라고 할 수 있다. 그리고 이제 국민들은 진보에서 보수로 안정적인 삶을 원하고 있었다. 그 결과 치러진 대통령 선거가 잘 보여주고 있다. 제17대 대선에서 총 10명의 후보가 난립하였다.

이 중에서 한나라당이 당에서 이미 50퍼센트 이상의 지지도를 가지고 있었다. 따라서 한나라당 후보 경선이 사실상 본선 당선이나 마찬가지 였다. 한나라당은 서울시장 출신으로 인기를 얻고 있던 이명박 후보와 지방선거를 비롯하여 모든 선거를 압승으로 이끌어낸 박근혜 후보 간의 경선이 치열했다. 결국 국민들의 지지를 기반으로 대중적 인기를 얻고 있던 이명박 후보가 당 경선에서 승리하여 후보자로 확정되었다.

반면 여당인 대통합민주신당은 노무현의 열린우리당에서 이름을 바꾼 당이다. 그러나 국민들로부터 신뢰가 높지 않았다. 후보 역시 그리 탁월한 후보가 없었다. 당시 후보로는 정동영 후보와 한나라당을 탈당한 손학규 후보가 유력후보였다. 손학규 후보는 한나라당에서 경선 가능성이 없자 대민주신당으로 적을 옮긴 것이다. 그점이 약점이었다. 특히 조직 면에서 정동영 후보보다 열세에 있었다.

그 외에 친 노무현계의 이해찬, 한명숙, 유시민 등이 출사표를 던졌으나 한명숙과 유시민은 이해찬을 지지하였다. 또한 민주당에서는 이인제 후보가 조순형 후보와의 대결에서 압도적으로 당선되었다. 민주노동당의 권영길 후보, 창조한국당의 문국현 후보, 이수성 전 총리, 과학기술의 원로인 정근모 박사 등 많은 인사들이 출사표를 던지는 바람에 후보난립 사태가 발생하였다. 이 중에서 빅 3로 불리우는 후보는 야당인 한나라당의 이명박, 여당인 대통합 민주신당의 정동영, 다음으로 지난번 김대중 후보와 노무현 후보에게 아쉽게 석패한 이회창 후보로 압축 되었다.

투표율은 역대 대통령 선거 사상 가장 저조한 63퍼센트에 불과하였다. 투표결과 이명박 후보가 48퍼센트, 여당인 정동영 후보가 26퍼센트, 무소속의 이회창 후보가 15퍼센트를 얻어서 이명박 후보가 압도적인 표를 얻어서 당선 되었다.

노동계를 대표하는 권영길 후보와 일자리 창출에 적합하다는 문국현 후보가 예상외로 많은 표를 얻었다. 특히 기업인 CEO 출신으로 정치에 입문한 문국현 후보가 선전한 것은 국민들이 경제적인 능력을 가진 인물을 원하고 있다는 것을 보여 주었다.

후보 검증과정에서 이명박 후보는 많은 비리에 대한 의혹이 불거졌으나 잘 해결되면서 무난히 당선 되었다. 선거에서 알 수 있는 것은 국민들이 이념적인 대립보다는 현실적으로 잘 먹고 살기를 원한다는 것이다. 사실상 노무현의 여당인 열린우리당은 이념적 대립에 너무 치중하였다. 그 결과 청년실업자가 대량으로 양산되었다. 이명박 후보는 경제통이라는 점이 매우 유리한 강점을 가지고 있었다. 특히 정치계에 입문하여 서울시장을 역임하면서 청계천 복원

공사와 버스노선 확정 등으로 국민들에게 절대적인 신뢰를 얻었다.

그러면 17대 대통령 선거에 나온 후보들은 누구인가.

득표순으로 출마자들을 보면 정동영 후보는 전북 순창 출신으로 서울대 국사학과를 나와서 MBC 정치부 기자로서 활동하였다. 그 후 정계에 입문하여 당시 여당 내에서 혁신적인 인물로 이름을 날렸다. 무소속으로 3위를 한 이회창 후보는 이미 수차례 설명하였다. 이번 선거에서 4위를 차지한 창조한국당의 문국현 후보는 유한그룹의 유한킴벌리 사장 출신으로 기업인이었다. 그가 이번선거에서 4위를 한 것은 국민들이 국가경영에 대한 경제적 능력을 필요로 한다는 것을 잘 보여주고 있다. 그는 IMF 위기 시 유한킴벌리 사장으로 있으면서 직원들을 구조조정하지 않고 성공적으로 이끌었다는 점에서 능력 있는 CEO로 인정되었다.

그다음으로 민주노동당의 권영길 후보가 어느 정도 많은 득표를 한 것은 노동계도 이제 제도권에서 목소리를 낼 수 있다는 것을 잘 보여주고 있다. 민주당의 이인제 후보는 예상 밖으로 매우 부진한 성적을 얻었다. 이처럼 이번 선거에서 이명박 후보가 개표 시작 얼마 되지 않아서 당선이 확정되는 압도적인 결과를 얻어냈다. 그러면 압도적으로 당선된 이명박 후보는 누구인가.

이명박은 1941년생으로 본적은 경북 포항이다. 그러나 출생지가 일본인 것은 부모들이 일제강점기에 일본으로 이주하였기 때문이다.

이명박은 당시 한국 사회의 전형적인 가난한 농민을 대표하는 가정에서 태어났다. 당시는 대부분의 농민들의 자녀교육은 초등학교가 전부였다. 중학교에 진학하는 사람들이 거의 없었다. 경제적인 이유 때문이었다.

전임 대통령 노무현과 이명박의 공통점이 바로 가난한 농민집 안이라는 점이다. 둘의 또 다른 공통점은 머리가 우수하다는 점 이다. 강한 열정과 도전정신이 있다. 이러한 도전과 열정이 그들을 정치 최고 지도자까지 올라가도록 만든 것이다. 모든 생명체는 주 변 환경이 성격을 만든다는 것을 노무현과 이명박이 잘 입증하고 있다.

여기서 성공한 정치인들이 가지고 있는 공통점을 분석하면 어 릴 때 큰 좌절과 시련을 겪었다는 점이 있다. 대부분 성공한 정치인 들은 가정환경이 경제적으로 불우한 경우가 많은 공통점을 가지고 있다. 그들은 가난에 대해서 시련을 겪고 좌절한다. 이 경우 두 가 지 유형으로 그들은 다시 탄생된다. 하나는 그들은 사회의 반항아 로서 사회에 대한 복수심으로 가득차서 강도 등 전과자로 전락하 는 경우이다. 다른 하나는 좌절에서 벗어나서 사회에서 생존하겠다 는 의지 있는 사람으로 다시 탄생한다. 후자들이 바로 성공한 정치 인이 된다. 대부분 성공한 정치인들은 바로 어린 시절 가난 등으로 큰 좌절을 겪고서 그 좌절을 극복한 사람들이다.

이명박과 노무현 역시 그런 인물들이다. 이명박은 가난을 극복 하기 위해서 주경야독을 한다. 낮에는 농사나 장사를 하면서 학비 를 번다. 그리고 대학은 고려대 경영학과에 입학한다. 시골의 야간 고등학교에서 서울의 명문대학에 합격한 것은 그가 우수한 두뇌의 소유자라는 것을 보여주는 대목이다.

여기서 인간은 어릴 적 고생은 사서라도 하라는 말이 바로 강한 인간으로 키우기 위해서이다. 인간뿐만 아니라 식물들도 마찬가지 이다. 일본 군국제국주의 시절에 이차대전을 일으켜서 이차대전후 에 사형에 처해진 일본군 총사령관 도조는 부모가 도조를 강한 인간으로 만들기 위해서 노력하였다. 이차대전 당시 도조의 별명은 면도칼이었다.

그가 그토록 날카로운 인간이 된 것은 어린 시절의 영향이 크다. 그가 어릴 적 교육을 받을 때 책상 앞에는 항상 시퍼런 칼을 걸어 놓았다. 만약에 졸음이 와서 조는 경우에는 이마에 칼이 박혀서 죽을 수도 있기 때문에 도조는 어릴 적부터 공부할 때는 정신을 집중하였다. 동시에 그는 성격이 매우 날카롭게 변하게 되었다.

식물의 경우도 인간과 마찬가지다. 화분 두 개에 다 같은 종류의 식물을 심어서 한쪽에는 매일 물을 열심히 주고서 정성스럽게 가꾼다. 반면 다른 화초에는 물을 2주일 동안 주지 않고 그대로 두는 경우 어떤 결과가 나올까? 물을 주지 않은 화초는 물을 찾아서 뿌리를 깊이 내리고 강한 화초로 변한다. 반면 물을 자주 준 화초는 약한 화초가 되어서 조금만 가물어도 죽어 버린다. 그러나 물을 먹지 않고 강하게 자란 화초는 웬만한 가뭄에도 견디어 내고 죽지 않는다.

바로 이명박이 이처럼 강하게 성장한 것 같다. 그는 주경야독을 하면서 포항 동지 상고 야간부뿐만 아니라 주야를 합쳐서 천재 소리를 들을 만큼 두각을 드러냈다. 노점의 행상부터 시작해서 어린 시절 해보지 않은 일이 없었다. 아무튼 그는 어릴 적 가난 때문에 사회에 적응력을 높여서 한국을 대표하는 현대건설에서 가장 뛰어난 인재들을 물리치고 20대 후반에 이사를 거쳐서 30대에 이미 사장에 오르는 샐러리맨 신화를 이루어 낸다.

위로 가면 모든 것이 통한다는 말이 있다. 현대그룹의 회장인 정주영이나 한국 근대 산업화를 이룬 박정희나 모두 통하게 된다. 박정희나 정주영 역시 어린 시절 가난을 경험한 것이 나중에 한국

산업 역군으로서 두각을 드러내게 된다.

미국 정치를 대표하는 정치 가문인 케네디 가문은 절대로 20살의 성인이 될 때까지는 아이들에게 돈을 주지 않고 구두닦기나 햄버거 가게 등에서 아르바이트를 해서 돈을 직접 벌어 쓰도록 하는 것을 가문의 철칙으로 여기고 있다. 그래야만 돈의 중요성을 알기 때문이라는 것이다. 또한 미국 대통령 지미 카터 역시 부모의 땅콩 농장에서 생산한 땅콩을 5살 때 부터 팔러 다니도록 부모들이 교육을 시켰다. 그 이유는 카터의 부모들이 카터를 강한 인간으로 만들기 위해서였다. 카터는 후에 땅콩 사업으로 큰 부자가 되었다.

이명박은 고대 재학 중에 6·3 사태인 한일회담 반대 데모에 연루된다. 당시 그는 고려대학교 상과대학 학생회장직을 맡고 있었다. 대학 졸업 후 현대그룹에 입사하여 결국 정주영 회장과 인연을 맺고서 성장한다. 그 후 그는 정주영 회장이 만든 국민당에 들어가지 않고 노태우 정부의 민자당에 입당하여 국회의원을 거쳐서 서울시장에 당선된다. 서울시장 재직 시 그는 자신이 평생 해오던 토목 건설사업인 청계천 복원 사업에 성공하고 시민들이 불편해 하던 버스노선 정리에 성공하면서 또 한번 인생에서 도약할 기회를 포착한다. 여기서 다시 대권에 도전하여 성공한다.

# 중도실용주의
# 정책 노선

이명박 정부가 가지고 있
는 국정 운영 철학에 대해서 간략하게
설명하면 중도실용주의라고 할 수 있다.
중도실용주의란 무엇인가?

앞에서도 언급한 것처럼 이명박 정부는 전 정부인 노무현 정부
와는 완전히 다른 국정 운영의 방향을 추구해 나갔다.

우선 중도주의 노선과 실용주의 노선을 합쳐서 운영하는 방향
을 택하고 있다. 중도주의란 이명박은 아리스토텔레스의 중용의 도
를 지침으로 한다는 것이다. 중용의 도란 너무 앞서거나 너무 뒤로
가지 않고 글로벌 시대에 맞추어 나간다는 것이다. 사실상 노무현
정부는 중용의 도를 지키지 않았다.

그는 분배와 균형이라는 명목으로 또한 노동자 중심으로 국정
을 운영하였다. 서민과 노동자 중심인 가진 자가 아닌 98퍼센트의
못가진 자를 중심으로 하는 한쪽으로 치우친 국정 운영을 하였다.
그러나 이명박 정부는 가진 자와 못 가진 자들의 중간에 서서 양쪽
모두를 위한 정치를 추진해 나간다는 것이 이명박 정부가 추진한
국정 운영 철학이다.

노동자만을 위해 노동자 편에 서는 경우 기업들이 발목을 잡혀
서 성장이 둔화되고 노동조합이 판을 치고 노사분쟁으로 인해서
파업으로 국가 경제가 둔화되는 현상이 나타나는데 이를 막겠다는
것이다. 그렇기 때문에 노동자와 사주 간에서 중립적인 입장에서

문제를 해결하고 국민들이 단결하도록 하는 국정을 운영한다는 것이 중도론이다. 또한 보수와 진보 중에서 보수 쪽이기는 하지만 극우의 보수가 아닌 보수 중도론으로 정책을 운영한다는 것이다. 다시 말하면 뉴라이트 방향으로 사상을 정립하는 것이다. 그렇기 때문에 보수와 진보가 서로 조화와 균형을 이룰 수 있도록 한다는 것이다.

노무현 정부의 진보는 사실상 보수와 진보가 편을 가르도록 하였다. 노무현 쪽에서 생각하는 보수는 구시대적이고 전근대적인 사고로서 진보적 사고를 가진 자신들의 사고와는 같이 동참할 수 없는 것이다. 노무현 정부에서 보는 보수는 보수꼴통이라는 극우파적인 보수라고 할 수 있다. 그러나 이명박 정부의 보수는 극우적인 사고가 아니라 보수와 진보가 공존하고 상생하는 보수라는 것이다.

그러면 실용주의란 무엇인가? 이명박이 추구하는 실용주의 노선이란 바로 국가의 이익을 위해 실질적으로 이익이 되는 방향으로 국가를 운영한다는 것이다. 현재 세계 패권국인 미국의 정책이 바로 실용주의 노선을 걷는 정책이며 미국인들이 가지고 있는 사고가 바로 실용주의적 사고이다. 미국이 세계 패권국이 된 원인은 바로 실용주의를 바탕으로 하고 있기 때문이다.

실용주의를 이해하기 위해서는 서양 철학의 기원부터 알아볼 필요성이 있다. 서양 철학은 플라톤 철학과 아리스토텔레스 철학에 근원을 두고 있다. 플라톤 철학은 관념주의적 사고를 바탕으로 하는 것이다. 관념주의란 이데아 즉 이상주의를 바탕으로 하고 있다. 플라톤 철학은 그 후 독일을 중심으로 한 유럽 철학의 기원을 이루게 된다. 반면 아리스토텔레스 철학은 경험주의 철학으로서 영국을 중심으로 발전하여 미국으로 건너가서 미국의 실용주의 철학으로 자리를 잡게 된다.

실용주의 사고를 이해하기 위해서 가장 알기 쉬운 방법은 호주에만 서식하는 코알라에 대한 연구조사를 생각하면 이해가 간다. 코알라에 대한 연구 과제를 받는 경우 미국의 실용주의적 접근법과 영국의 경험주의적 접근법과 독일의 관념주의적 접근법은 다르다. 먼저 영국인들은 비행기 표를 사서 호주로 가서 코알라 옆에서 관찰을 한다. 그리고 연구보고서를 작성한다.

반면 독일인들은 곧바로 도서관으로 가서 도서관에 처박혀 자료만을 분석하여 자료에 의존한 거대한 연구보고서 논문을 작성한다. 다음으로 미국인들은 영국인들과 같이 호주로 가서 가장 먼저 실험실을 만든다. 그리고 코알라를 관찰하여 실험을 통해서 분석을 한 후에 그것을 토대로 연구 보고서를 작성한다. 실험의 결과 그것이 후에 실질적으로 사용할 수 있는지 없는지를 분석하여 효율적으로 그 자료를 이용하고자 한다. 이것이 바로 실용주의다.

반면 영국인들은 실제 사용 여부는 그리 중요하게 여기지 않는다. 독일인들은 더욱더 실지 활용 여부 자체에는 관심이 전혀 없다. 미국이 세계 패권국이 된 이유가 바로 이러한 실용주의적 사고를 바탕으로 하고 있기 때문이다.

미국인들은 돈이 되는 일이면 무엇이든지 한다. 이것은 직업에 귀천이 없다. 가령 가장 순수한 철학에도 돈과 관련성을 가지고 있다. 학문도 미국인들은 응용할 수 있는 응용학문에 가장 중점을 두고 있다. 반면 독일은 돈과 별로 관계가 없는 기초학문에 중점을 두고 있다.

이명박 정부가 추구하는 중도실용주의는 바로 실용성을 바탕으로 하되 너무 한쪽으로만 치우치지 않는 국정 운영을 기초로 하고 있다. 이것은 바로 이명박 대통령이 오랫동안 비즈니스맨으로서 대기업을 운영해 본 실무를 바탕으로 국가 경영을 비즈니스식 운영으로 하고자 한다는 것을 알 수 있다.

외교안보적 관점에서 이명박 정부의 실용주의적 국정 운영 철학은 노무현 정부나 김대중 정부와는 다른 접근방법을 사용했다. 가령 대북한 관계의 전략을 보면 노무현 정부와 김대중 정부는 북한에 대해서 우선적으로 포용정책을 추진하여 북한에게 경제적 혜택 등을 주고 난 후에 북한에 대해서 핵을 포기하도록 설득시킨다는 전략이다. 반면 이명박 정부는 우선적으로 핵을 포기하고 난 후에 경제적 혜택을 주는 협상을 한다는 것이다. 괜히 북한에게 끌려다니면서 퍼주고 눈치보고 달래고 설득하는 것은 실용주의가 아닌 그릇된 전략이라는 것이다. 대미국 전략에서도 미국과의 실용성을 고려하여 한미동맹에서 적극적인 순응정책을 추구해 나갔다. 또한 경제적인 차원에서 노무현 정부가 일방적인 친서민 정책을 추진한 것과는 대조적으로 친기업과 친서민 정책의 양쪽을 오가는 정책을 추구해 나갔다.

# 공정성 문제에
# 봉착한 인사 정책,
# 고소영

　　　　　　　　　　김영삼 대통령은 "인사가
만사다." 라고 말했다. 그러나 김영삼 정
부의 인사 정책은 그가 오랫동안 정치
를 하면서 가까이 두었던 인사들을 등용하여 김영삼의 인사 정책
을 망사라고 했다. 군부 정치 시대에는 대부분이 육사출신들의 군
인들이 기용되었다. 이것을 군화인사라고 부른다. 이처럼 인간은
누구나 다 자신의 측근들을 기용하는 경향이 매우 강하다. 그러나
가장 중요한 것은 공정한 인사 정책이다. 능력 있고 도덕성이 높은
인사를 등용하는 것이 국가운영에 가장 중요한 일이다. 인재를 찾
아서 인재를 적재적소에 배치하는 공정한 인사 정책이 국가의 흥망
을 결정한다. 과거 선조들이 과거제도를 통해서 관료를 등용한 것
은 바로 공정하게 인재를 등용하기 위함이다.

　이명박 대통령의 인사는 자신이 직접 대기업 건설사 사장 자리
에 있던 전적 때문에 국가경영을 기업경영과 같은 차원에서 생각
하고 인사를 단행했다. 우선 이명박 대통령은 기업인 출신의 정치
인으로 정국을 운영하는 데 정치적 시야가 좁았다. 따라서 그는 국
정 운영을 서울시장 시절에 맞추는 것이 고작이었다. 따라서 서울
시장 재임 시절의 인사들을 거의 대부분 청와대로 옮겨 놓았다. 또
한 행정부 관료들도 서울시 재임 시절에 인연을 맺은 인사들을 포
진시켰다.

　다음으로 자신은 실용주의자라는 사고를 가지고 있다. 실용주

의적 실무에만 경험을 가진 인사들의 특징은 이상주의적인 이론이 부족하다는 생각을 가지고 있다. 특히 이론을 바탕으로 하는 인사들을 발탁하여 이론과 실무가 조화를 이루어야만 한다는 사고를 가지고 있었다. 따라서 평생 대기업과 건설현장과 정치현장에서 실무중심으로 일을 했던 이명박 스스로에게 필요한 것은 실무경험이 적고 단순히 이론에만 치중하는 이론가들인 학자 출신들이라고 여겨 이들을 대거 기용하였다.

이명박 자신이 앞장서서 일을 직접 추진해 나가고 나머지 청와대 인사들은 참모로서 조언정도만 하면 된다는 생각을 하였다. 또한 정책 문제에 있어서 자신이 총대를 메고 나가기 때문에 옆에서 조언하는 참모는 학자 출신이 필요하다는 생각에 초기 청와대 참모진 9명중에서 7명을 모두 교수 출신들로 구성하였다.

청와대 비서실장에 서울대 지리학과 교수를 채용하기도 했다. 지리학과 교수를 한국 정치의 컨트롤 타워 역할을 하는 중요한 자리에 갖다 놓았다는 것은 자신이 모든 일을 하고 경험이 부족한 비서실장에게서 조언 정도 듣겠다는 생각에서였다. 그러나 사실상 청와대는 가장 중요한 자리다. 그럼에도 이명박이 초기 청와대를 비롯한 장관 등 고위공직자 인선에서 대부분 자신의 연고가 있는 인사들을 채용하였다.

다시 말하면 서울시에 함께 재직하거나 같이 학교를 다니거나 아니면 같은 지역인사를 선호하였다. 이것을 세간에서는 고소영과 S라인 인사라고 했다. 자신과 같은 출신 대학 인사를 다른 출신 대학 인사보다 선호하였다. 인간은 누구나 다 자신과 동질성을 갖고 있는 인물을 선호하고 친근감을 느낀다. 이것은 인간이 가지고 있는 본성인 것이다. 그러나 윗자리로 가면 갈수록 이러한 인사는 지양해야만 한다. 공정성을 요구하는 자리이기 때문이다.

공정한 인사라는 평을 듣기 위해서는 자신과 동질성을 가진 인사에게 한 점을 더 줄 것이 아니라 한 점을 깎아 내리는 인사가 필요하다. 그럼에도 객관적인 시각에서 보는 대중들은 올바른 인사인가 아닌가를 의심하게 된다. 미국인들은 공정한가 아닌가를 사회정의의 잣대라는 생각을 가지고 있다. 따라서 그들은 공정성을 위해서 자신과 가까운 사람에게는 일부러 한 점을 감점시키고서 시작한다. 그 이유는 남에게 의심을 받지 않기 위해서이다.

그런데 한국의 인사는 그렇지 못하다. 이명박 정부가 초기에 의심을 받는 이유는 바로 이렇게 자신이 알고 있는 사람만을 기용하였기 때문이다. 이것은 자신이 아는 사람을 기용하는 경우 그 사람의 능력을 자신이 알고 확실하다는 신뢰성을 가지고 있기 때문이다. 그러나 청와대를 비롯한 모든 공직 인사에는 공정성을 필요로 한다. 공정한 인사위원회를 거치는 공정한 인사시스템을 구축해 놓아야만 한다.

가령 이명박 대통령 재임 기간 5년 동안 가장 많이 기용된 인사는 이명박과 같은 대학 출신들이다. 왜 이들이 가장 많이 기용되었는가? 그 이유는 한 사람이 채용되면 똑같이 자신과 같은 학교 출신들을 추천하여 기용하면서 조직전체가 같은 학교 출신들로 구성되어져 버린다. 또한 이명박은 정치인과 기업인은 가능하면 배제시켰다. 아마 스스로 오랜 경험을 통해서 기업인과 정치인은 도덕성이 약하다는 생각을 가졌는지 모른다.

그러나 대통령은 종합적인 관리를 하는 자리다. 따라서 여기에는 모든 인재들이 모여들어 조화와 균형을 이루는 정치를 하여야만 한다. 고대 그리스 철인 플라톤은 말한다. 정치는 예술 중의 예술이다. 그렇기 때문에 정치가 가장 어렵고 그만큼 중요하다는 것이다. 그런데 이명박 인사는 정치에서 가장 중요한 정치인 배제를 선언하였다. 특히 초기에는 청와대 정무수석 자리를 없애 버렸다. 청와대를 정치와 분리된 행정기관으로 생각했던 것 같다.

또한 이명박 인사의 특징은 대부분 서울시와 관련된 인사가 대거 등용되었다는 것이다. 청와대 수석을 비롯한 대부분 인사들이 이명박 서울시장 재임 시에 같이 있었던 인사들이다. 도시일 뿐인 일개 서울시를 국가경영의 모델로 삼은 것이다. 이것부터가 잘못된 인사다. 초대 비서실장에 지리학자를 등용한 것도 서울시장 재임 시부터 염두에 두었던 4대강 사업에 초점을 맞추어서 지리학교수를 채용한 것이라고 추정할 수 있다. 또한 몇 달 가지 못해서 초대 청와대에 기용된 수석들 대부분이 교체되었다. 이것은 능력 면에서나 과거의 비리 등이 드러나면서 사퇴할 수밖에 없었기 때문이다.

다음에 채용된 대통령 비서실장은 서울대 행정대학원 교수를 지낸 행정학자 출신을 기용하였다. 자신과 같은 동향이며 이명박과 같은 6·3 사태 때의 동지라는 인연으로 발탁시켰다. 그런데 국민들의 교수 내각이라는 불평의 목소리를 냈음에도 불구하고 다시 교수출신을 기용한 것은 문제가 심각한 인사이다. 교수내각이라는 비판에 대해서 이명박은 최고 중의 최고라는 말을 사용하였다. 이것은 자신이 추구하는 실용주의 노선에 실무경험이 없는 인사들만 골라서 기용하는 이유가 무엇인지 의문을 제기하지 않을 수 없다.

동시에 중요한 것은 지역 안배 차원에서 자신의 동향은 멀리하는 인사를 택하여야만 한다. 그리고 자신과 다른 지역 인사들을 골고루 채용하여야만 한다. 그러나 이명박 정부는 자신과 동향인 특정 지역 인사들을 대거 기용하였다. 지역 안배 차원에서 다른 지역 출신들도 기용하기는 하였다. 그러나 이것은 단지 구색 맞추기 위한 인사라는 비평을 받았을 뿐이다.

다음으로 이명박 정부 인사의 특징은 자신과 같은 종교단체에다 자신이 다니는 교회의 인사들을 대거 기용한 것이다. 자신과 같은 종교를 믿는 인사를 채용하는 경우 다른 종교단체로부터 공격을 받게 된다. 그런데 이명박 정부는 여기에 더해서 자신이 다니던 교회의 인사들을 대거 발탁하면서 인사 문제가 여론의 비난을 받았다.

여기에 더해서 강남부자내각이라는 비난 역시 받았다. 대부분 발탁된 인사들은 공교롭게도 재산이 많은 인사들이 채용되었다. 그중에서 사회운동을 한다는 여성들을 장관으로 기용했는데 그들 대부분이 부동산 투기 경력이 많은 인사들이었다. 그들은 혼자만 잘 살겠다며 투기를 한 사람들이다. 특히 외환위기 이후 한국 국민들이 가지고 있는 사고는 대부분 강남 부자들은 땅 투기를 해서 부자가 된 사람들이라는 사고를 가지고 있다. 따라서 돈 많은 부자들에 대해서 국민들의 인식이 아주 나빠져 있던 시대였다.

자본주의 시대에 돈을 많이 가진 것은 좋은 현상이다. 이것도 능력으로 평가하여 인사 채용에서 점수를 더 주어야만 한다. 그러나 한편으로 공직자 채용에서 재산이 많은 사람들을 배제시키고 탈락시키는 이유는 바로 도덕성 때문이다. 불법과 편법을 사용하여 돈을 모으는 관행이 작용하기 때문이다. 사실상 대부분 돈을 모으는 사람들을 보면 그들은 부동산 투기나 공직자인 경우 뇌물을 받은 사람들이다. 그렇지 않고 그냥 평범하고 올바르게 사는 사람들은 자녀 교육시키는 교육비 등으로 인해서 겨우 살아가는 사람들이다.

따라서 인사 채용 시 재산에 대한 검증을 이명박 정부는 소홀히 하였다. 결과적으로 이명박 정부의 인사는 수준 이하의 인사 정책이라고 평가할 수 있다.

# 비핵·개방·3000

이명박 정부의 대북 정책은 지난 김대중 노무현 정부가 추진해 왔던 한민족공동체 의식을 바탕으로 하는 전략의 틀에서 완전히 벗어난 대북전략을 추구해 나갔다. 김대중의 6·15 정상회담과 노무현의 10·4 정상회담에 대해서 이명박은 처음부터 한반도 비핵화를 기본으로 한 남북관계를 추구하여 남한이 주도권을 잡겠다는 의지를 보였다.

이명박 정부의 대북 정책은 이미 자신의 대선 공약에서 보여주었던 비핵·개방·3000의 기본전략을 끝까지 유지하였다. 우선 무엇보다도 한반도에서 비핵이 가장 우선이다. 그러기 위해서는 북한은 우선 핵을 포기하여야만 한다. 이명박 정부는 북한이 핵을 포기하도록 당사자인 북한을 위시하여 미국을 비롯한 일본 및 중국, 러시아 등 주변 4강국들과의 협력을 유지해 나가겠다는 전략이다. 북한이 핵을 포기하는 경우에는 다음 단계로 북한을 세계 속으로 이끌어내어 개방시킨다는 전략이다. 마지막 단계로서 북한이 국민소득 3,000달러가 되도록 적극적으로 경제적인 지원을 하겠다는 전략이다.

이명박 정부는 우선적으로 노무현 정부와 김대중 정부가 추진한 유화정책에 반대하고 강한 대응전략을 추진하였다. 북한이 김대중 정부와 노무현 정부가 남북 정상회담에서 지원을 약속한 경제적 원조와 지원에 대해서 지원을 중단하였다. 그 이유는 선핵을 포기하는 조건에서였다.

그리고 다음 단계로 개방정책을 추진한 다음에는 노무현 정부가 지원을 약속한 경제 지원을 하겠다는 것이다. 여기에 대해서 북한의 김정일은 남북 평화협정의 무산과 남북 간의 대화를 중단하고 개성공단 철수 등을 요구하고 나섰다. 특히 금강산 관광 중단도 선언하였다. 북한의 강력한 반발에도 불구하고 이명박 정부는 시종일관 북한에 대한 강력한 비핵화 요구를 하였다. 북한은 개성공단 철수를 주장하며 개성공단에 거주하고 있는 회사의 직원들을 쫓아 내었다. 동시에 금강산을 구경하던 한국인 여성인 박왕자를 살해하였다.

이처럼 북한이 남한에 대해서 초강경 노선을 걸어가면서 남한을 압박하는 전략을 추구해 나갔다.

이명박 정부는 남한이 노무현 대통령과의 정상회담에서 약속한 10·4 남북 정상회담과 11·16 남북총리회담에서 북측과 약속한 경제협력이 가장 큰 문제가 되었다. 이 문제에 대해서 남한 측은 우선적으로 북한의 비핵화 과정을 보고서 결정한다. 다음 단계로서 그 결과에 따라서 경제적 타당성과 재정적 부담능력과 국민들의 합의 등에 따라서 이 문제는 해결하겠다는 약속을 하였다.

북한은 남한의 이러한 발표에 대해서 남한과의 전쟁을 불사하는 초강경 대응 전략을 추구하자 이명박 정부 역시 기다리겠다는 전략으로 태도의 불변성을 나타냈다.

북한은 이명박 정부의 북한에 대한 개방 요구는 북한의 체제 전복을 위한 전략이라고 하였다. 당시 김정일 정부가 경제적으로 개방을 하지 못하는 이유가 바로 정치적으로 체제위험이 있기 때문이었다. 북한이 경제적 개방을 하는 경우 정치적으로 북한은 자유주의체제로 전환을 하지 않을 수 없다. 북한은 스스로 세계에서 유일하게 김정일을 신격화 하는 체제로서 만일 경제적 개방이 이루어진다면 북한은 틀림없이 정치적으로 체제가 붕괴 된다는 것을 잘 알고 있었다.

사실상 김대중 정부의 남북한 평화조약은 북한에게 엄청난 경제적인 혜택을 주었다. 따라서 북한은 남한의 지원 하에 상당한 경제적 혜택을 받았음에도 불구하고 핵을 포기하지 않았다. 김대중 정부의 포용정책은 그 근본적인 의미는 매우 앞선 진보적인 남북한 관계를 도출하는 모델이 되었다. 그러나 문제는 받아들이는 북한 측이 남한을 경제적 도구로 이용하여 지원받은 자금을 어디에 사용하는지에 출처가 분명하지 못했다.

김대중 정부는 남북한 공동체와 한미공조관계를 조화와 균형을 이루면서 원만하게 남북한 평화유지 분위기를 잘 조성하였다. 그러나 노무현 정부에 들어서면서 반미주의와 친북 성향으로 한미공조보다는 한민족공동체에 무게를 두는 정책을 추진하였다. 그 결과 북한에 눈치 보고 북한에 끌려다니는 식으로 주도권이 완전히 북한에 빼앗기고 말았다. 이러한 상황에서 북한에 보낸 경제적 지원금의 출처가 분명하지 않으며 북한은 핵 포기 조건의 약속을 지키지 않았다. 국민들 역시 김대중 정부와 노무현 정부의 남북평화 체제에 대해서 의문을 가지기 시작했다. 이 시점에서 발생한 천안함 폭파 사건은 한국 국민들에게 큰 충격을 주었다.

북한은 핵을 포기할 의사가 전혀 없어 보였으며 이러한 상황에서 2차 핵실험까지 감행하였다. 이명박 정부가 초강경 대북 정책을 끝까지 고수한 것은 북한과의 싸움에서 승리한 대북 전략이라고 평가할 수 있다. 단지 한반도에서 천안함 사건과 같은 대형 충돌이 일어나 불안감을 조성하기는 하였다. 만일 북한의 이러한 초강경 대응전략에 우리가 말려 들어가는 경우 북한은 남한을 이용하여 경제적 이익을 얻음과 동시에 북한이 추진하는 핵개발에 속도를 가할 것임에 틀림없기 때문이다.

# 이명박 정부의
# 대미 정책

이명박 정부의 시급한 과제는 바로 한미관계의 복원이었다. 1953년 한미동맹 협정 이후 최악의 관계로 치닫던 노무현 정부의 대미 관계에서 벗어나는 일이 가장 시급하였다. 1953년 7월 한국동란 종식기에 맺어진 한미동맹은 그동안 한국의 미국에 대한 적극적 순응정책과 소극적 순응정책으로 오르막과 내리막길을 걸어왔다.

이승만 정권부터 미국에 대해서 약소국인 한국은 적극적으로 순응정책을 추구해 나왔다. 그러나 김대중 정부가 들어서면서 초기에는 북한 문제를 두고서 약간의 불협화음이 초래되기는 하였다. 하지만 얼마 후 미국과 김대중 정부는 서로 과거의 관계로 회복되었다. 일본의 경우는 1951년 샌프란시스코 미일 동맹을 시작으로 양국 관계는 적극적 순응정책을 추구해 나왔다. 특히 일본의 나카소네 정부와 레이건 정부는 론- 야스히로라는 혈맹관계를 유지하면서 조지 부시 정부와 고이즈미 정부도 밀월관계를 유지하였다.

반면 한국의 노무현 정부는 자주국방과 북한을 염두에 두고서 미국과 최악의 관계 악화를 초래하였다. 미국은 노무현 정부 대신에 동북아에서 일본과 더욱더 가깝게 되면서 한미관계의 복원이 사실상 힘들게 되었다. 그 원인은 바로 지도자의 리더십 때문이라고 할 수 있다.

이러한 상황에서 이명박은 그가 후보 시절부터 내세운 외교 정책에서 미국과의 관계 정상화를 강조하였다. 이명박의 외교 정책을 MB 독트린이라고 부른다. MB 독트린의 내용을 보면 다음과 같다.

① 비핵. 개방가 3000 구성

② 국익을 바탕으로 하는 실리외교

③ 전통적 우호 관계를 바탕으로 하는 한미외교

④ 아시아외교확대

⑤ 국제사회 기여 확대

⑥ 에너지 외교 극대화

⑦ 문화 코리아 등

특히 이명박 정부의 외교 특징은 바로 실용적 외교라는 점이다. 단순히 이상주의적 정책만을 추구하다가는 글로벌 시대에 남 좋은 일만 하고 우리에게 얻는 소득이 없다는 것이다. 바로 북한을 두고 하는 말이다. 북한에 대해서 좋은 소리만 하는 정책에서 탈피하여야만 한다는 것이다.

김대중 정부에서 시작된 햇볕정책에 대해서 이명박 정부는 비판적인 시각에서 출발하고 있다. 햇볕정책은 이솝우화에 나오는 겨울의 따뜻한 햇볕이 겨울 외투를 벗긴다는 의미에서 출발하고 있다. 이명박 정부의 실용주의적 외교는 김대중 정부나 노무현 정부처럼 우리가 미리 먼저 다가서 베푸는 정책이 아니다. 북한이 먼저 핵을 포기하여야만 한다. 그러한 행동을 북한이 하기 전까지는 열매는 없다는 강경노선을 택했다.

반면 미국에 대해서는 가장 가까운 친미정책을 추진해 나갔다. 이명박은 취임 후 두 달 만인 2008년 4월 미국을 방문했다. 이명박이 추구하는 한미동맹은 단순히 군사적 동맹이 아닌 정치, 경제, 사회, 문화적 차원에서 미국과 밀착된 밀월관계를 유지해 나가겠다는 대미관계 정책을 추구해 나갔다. 이미 일본의 고이즈미 정부와 부시와의 밀월관계만큼 한국 정부도 미국과의 관계 개선에 앞장서고 있었다. 이명박 정부가 들어서면서 광우병 파동으로 터진 쇠고기 수입 재개에 서둘러서 합의하였다. 이러한 이명박 정부에 대해서 시민 단체 등 반대파들은 촛불시위를 벌이는 등 정국은 혼란 속으로 빠져들었다. 그러나 이명박 정부는 쇠고기 재개 등을 취하하지 않았다. 이러한 덕분에 부시 대통령은 한국의 외환시장이 흔들리자 300억 달러 규모의 자금을 지원하였다. 동시에 G20 정상회담에 한국이 참여국이 되도록 하였다.

이러한 이명박 정부의 실용주의적, 친미주의적 노선은 미국의 대 북한 핵억제 정책과 호흡을 같이 하였다. 이명박 정부는 집권하면서 작은 정부를 구성한다는 명목으로 통일부를 없애려고 했다. 동시에 노무현 정부가 만들어 놓은 26개의 많은 위원회를 통폐합했다. 사실상 노무현 정부가 추진한 정책은 필요 없는 위원회들이 대부분이었다. 위원회는 단순히 참모기관에 불과하다. 그런데 위원회가 생기면서 그들도 월급을 받고 업무를 추진해야 하기 때문에 중앙정부가 하는 일에 제동을 걸고 발목을 잡는 일이 많았다. 위원회와 중앙부서 간의 갈등으로 마찰이 생기면서 업무 면에서 차질을 초래하였다. 중앙부서와 위원회가 주객이 전도된 것이다. 이명박 정부는 외교부와 통일부 간의 업무의 중복과 동시에 작은 정부의 구상이라는 명목으로 통일부를 없애려고 하였다.

사실상 통일부는 1970년대와 80년대는 중앙부서 중에서 가장 하위 부서에 불과하였다. 김대중 정부가 들어서면서 통일부를 부총리 급으로 격상시키면서 통일부의 역할이 오히려 외교부보다 서열이 위에 있었다. 이명박 정부는 통일부를 없애려고 했으나 야당의 반대로 인해서 현실화하지 못했다. 그러나 기존의 통일부가 하던 업무를 외교부에서 하는 방향으로 업무를 이관시켰다. 동시에 대북 정책에 주도적 역할을 한 국가안전보장회의 상임이사회와 사무국을 없애 버렸다. 그 대신 통일 문제를 외교부에서 다루고 외교안보수석비서관실을 확대하였다.

이명박 정부가 통일부 기구를 축소하고 외교부를 강화하는 것은 북한 문제를 단순히 남북한 관계 차원에서 해결하겠다는 것이 아니라 미국을 비롯한 일본과 중국 등 강대국들과의 화해와 협력을 통해서 문제를 해결하겠다는 의지를 표명한 것이다. 김대중 정부가 통일부 장관을 부총리로 격상하고 노무현 정부는 통일부 장관을 국가안보장회의 상임위원장으로서 회의에서 가장 큰 힘을 갖도록 하였다. 그 이유는 김대중과 노무현 정부는 남북통일이 안 되는 이유를 냉전 탓으로 보았기 때문이다. 북한과 미국이 냉전이 종식되면 자연적으로 남북한 통일이 이루어진다고 생각했다. 따라서 북한을 먼저 설득하여 미국과 화해를 하는 경우를 우선순위로 여기고 있다. 반면 이명박 정부는 미국이 추구하는 북핵 포기부터 완료하게 되면 미국은 북한을 국제사회에 동참시켜 자동적으로 남북은 평화적인 통일이 이루어질 것이라 보았다.

따라서 이명박 정부에게는 우선적으로 미국과의 동조가 가장 중요한 일이었다. 한미정상회담을 통해서 북한핵문제를 포함한 대량살상무기 확산방지 등에 대해서 합의했다. 동시에 글로벌 시대에 한국과 미국은 단순히 군사적인 차원에서의 한미공조가 아닌 사회문화적 차원에서까지 확대하여 양국은 동맹을 강화시켜 나갔다.

따라서 일단 이명박 정부는 초기에 부시 정부와의 관계 복원에 크게 성공했다.

2009년 1월에 취임한 오바마 정부와의 정상회담이 6월에 있었다. 이 회담에서 유엔안보리의 대북제재결의안을 강화시켰다. 또한 대북제재에 양국 간의 공조를 강화시켜 갔으며 강력한 한미동맹을 추진해 나갈 약속을 하였다. 또한 세계경제위기에 대응해 나갈 것을 합의하였다. 이후 한국 정부와 오바마 정부 간에는 강한 결속력을 바탕으로 혈맹관계 정도로 발전하였다. 오바마는 이명박을 형이라고 불렀다. 이처럼 오바마와 이명박의 강한 친분관계로 인해서 부시와 일본의 고이즈미만큼 강한 혈맹관계를 유지할 수 있었다.

무엇보다도 노무현 정부에서 약속한 전시 작전권 문제에 대한 미국의 대응이었다. 1953년 한미방위조약 당시 일반 작전권과 전시 작전권 모두를 미국이 가지고 있었다. 그러나 일반 작전권은 한국이 돌려받았다. 그러나 전시 작전권은 노무현이 한국의 자주국방을 위해서 돌려달라는 약속을 받아냈다. 그러나 이명박 정부는 미국에 적극적인 설득을 통해서 전시 작전권을 2015년까지 연장하는 승인을 얻었다. 사실상 전시 작전권은 북한의 군사적 행동에 대한 억제력을 가지고 있다. 한미동맹에서 전시 작전권을 미국이 가지고 있어야만 북한이 도발하는 경우 미국이 전쟁을 주도하는 효과가 있기 때문이다.

이명박 대통령과 오바마의 밀월시대가 열렸다. 이것은 한미동맹이 체결된 이후 한국이 미국에 대해서 가장 적극적인 순응정책을 추구해 나가는 시대를 맞은 것이다. 이명박의 실용주의는 2010년 G20 정상회담의 주체국으로 서울에서 회담을 개최되도록 만들었다. 여기에는 미국 오바마 대통령의 역할이 매우 컸다. 여기에 더해서 실무적인 차원에서 한미양국은 국방부 장관과 외교부 장관 회담을 비롯하여 잦은 회담을 통해서 양국관계를 더욱더 공고히 하였다.

이명박의 실용주의 외교 노선은 동북아에서 중국과 일본과의 외교관계를 강화하여 한국이 주도권을 잡겠다는 의도를 가지고 외교관계를 추구해 나갔다. 이명박은 취임 후 미국을 방문한 다음 일본을 방문하여 당시 일본 총리인 후쿠다와 정상회담을 통해서 새로운 동북아 시대에 한일 양국은 동반자로서 유지할 것을 확고히 하였다. 한일관계가 노무현 정부에서는 매우 악화된 상태에 있었다. 이러한 악화된 한일관계를 복원하는 계기를 마련하였다.

실용주의 외교 차원에서 동북아에서 주도권을 잡기 위한 이명박 정부는 2005년 5월 일본 방문 후 한 달 만에 중국을 방문하였다. 당시 미국의 도전국으로 등장하여 한미관계의 유착을 싫어하는 중국을 우리 편으로 끌어들이고자 하였다. 이명박 정부는 군사적으로는 동맹관계를 그리고 경제적으로는 중국과 밀월관계를 유지하겠다는 실용주의 노선을 택했다. 당시 중국은 이미 경제적으로 일본을 제치고 미국 다음으로 경제대국으로 성장하고 있었다. 우리와 지리적으로 가장 가깝고 문화적으로 유교문화를 바탕으로 하는 중국은 미국을 제치고 교역 1순위의 국가였다.

따라서 인구 면에서 중국은 전 세계 4분의 1에 해당되는 14억이기 때문에 경제적 차원에서 중국을 끌어안아야만 했다. 그러나 문제는 중국이 정치적으로 북한과 형제간의 혈맹관계를 지속해 나가고 있었다는 점이다. 따라서 이명박 정부는 경제적인 차원에서 중국과 우호관계를 얻어내는 데 성공하였다. 2008년 8월 당시 후진타오 주석의 답방을 얻어내면서 한중관계는 성공적인 외교관계를 정립하였다.

　동북아에서 한·일·중국의 협력관계를 구축하는 데 성공한 이명박 정부는 다음으로 아세아 시대를 여는 데 적극적으로 노력하였다. 뉴질랜드와 호주와 인도네시아 등 여러 나라를 순방하여 신아시아 협력외교의 기반을 구축하였다. 신아시아 지역을 만드는 데 이명박 정부는 총력을 기울였다. 2009년 10월 제주에서 아세아 10개국 정상회담을 개최하였다. 아세아 10개국은 인구 면에서는 5억 정도로 안보 면보다는 경제적인 협력으로 인해서 에너지를 비롯하여 다각적인 면에서 많은 이익이 되었다. 사실상 아세안 국가들은 일본과 깊은 유대관계를 가지고 있었다. 한국이 아세안 정상회담의 개최국으로 등장하면서 한국의 국제적 위상이 높아진 것이다.

　이명박 정부의 외교활동은 그가 오랫동안 기업인으로서 활동한 경험이 매우 크게 작용하였다. 이명박은 동북아에서 일본과 중국과의 외교 관계를 구축한 데 이어서 아세안 10개국과의 정상회담의 주최국으로 한국의 위상을 높이면서 다음의 공략 지역은 인도와 중앙아시아였다. 중앙아시아는 에너지가 풍부한 나라로서 공략하면 국가적 이익이 크다는 사고를 가지고 있었다. 따라서 중앙아시아를 포섭하기 전에 인도를 공략하는 전략을 추구하였다.

　인도는 인구가 11억으로 중국 다음으로 인구가 많은 지역이다. 중국과 인도를 포함하여 아시아 인구는 전세계 인구의 절반을 차지하고 있었다. 인도는 경제신흥국으로서 성장잠재력이 높은 나라다. 이명박은 2010년 초에 인도를 방문하여 당시 싱 총리와 정상회담을 가졌다. 경제를 포함하여 정치, 경제, 사회, 문화적인 차원에서 양국을 협력관계를 유지하는 동반자적 국가로 격상시키는 외교성과를

얻어냈다. 이명박 정부가 얻어낸 외교적 성공은 유럽연합 즉 EU와
의 자유무역협정을 체결하는 데 성공하는 것으로 나타났다. 유럽과
의 FTA 체결은 한국의 수출을 높이는 데 중요한 역할을 하기 때문
이다. 미국과 EU가 세계 서반구를 장악하고 있기 때문에 이명박 정
부는 서반구는 물론 동반부에서도 성공적인 외교 전략을 수립하였
다. 이것은 이명박 대통령이 오랫동안 한국을 대표하는 다국적 기
업인 현대그룹에서 활동한 경험이 외교와 직결시켜서 성공시켰다고
할 수 있다.

# MB 노믹스와
# 747 경제성장

이명박 정부의 경제 정책을 MB 노믹스라고 부른다. 그 이유는 바로 이명박의 영문 약자가 MB이기 때문이다. 이명박은 집권 초기부터 경제 분야에 대해서만은 자신을 가지고 있었다. 그 이유는 바로 그가 한국을 대표하는 기업인 현대건설을 사장 지냈기 때문이다. 또한 현대그룹의 창업주 정주영 회장의 경영철학을 그대로 물려 받아서 실천에 옮겼다. 정주영 회장과 비슷한 스타일로 무에서 유를 창조하는 열정으로 업무를 추진하였다. 특히 이명박은 현대그룹이 세계적인 기업으로 성장하는 데 기여한 인물이다. 이명박의 경제 정책은 친기업 경제 정책을 표방하고 나섰다. 노무현 정부가 경제 정책에서 친서민 위주의 정책으로 국정을 운영한 것과는 대조적이다.

기업 중심으로 국정을 운영하는 경우 성장의 속도가 빨라지고 그것을 바탕으로 서민들에게 분배하는 정책을 추진해 나갔다. 친기업 중심으로 경제 정책을 추진하는 경우 이명박은 이미 오랫동안 기업인으로 활동했던 경력을 더욱더 잘 발휘할 수 있기 때문이다. 따라서 그의 목표는 747 공약으로 향후 10년간 연평균 성장은 7퍼센트대로 유지하여 국민들의 1인당 소득은 4만 달러에 달하게 한다는 목표를 세웠다. 동시 세계 7위권에 들어서는 초일류국가로 만든다는 것이다.

과거 박정희 정부의 산업화 시절에 산업화의 주역은 바로 현대의 정주영이었다. 당시 박정희 정권은 대기업 중심으로 국정을 운영하여 조속한 시일에 산업화를 이루어 내면서 한강의 기적을 이루었다. 당시 한국 정부는 현대그룹과 같은 기업이 28개만 있으면 국민들이 일을 하지 않고 놀고먹을 수 있다는 친기업 중심 사고로 국가경제를 운영하였다. 당시 이명박은 바로 정주영의 경영철학을 그대로 실행하는 실무자였다.

따라서 이명박 역시 친기업 중심으로 기업들이 일을 하여 성과를 올릴 수 있도록 법인세를 비롯하여 소득세 및 종합부동산세 등에 대해서 세금을 대폭 감면시켰다. 동시에 기업들이 활동을 자유롭게 할 수 있도록 각종 규제도 풀어주었다. 또한 출자총액 제한을 비롯하여 지배구조 확립도 가능하도록 하였다. 기업들의 분위기 조성을 잘 만들어 주려고 노력하였다. 기업들이 노사분규에 시달리지 않도록 노사분쟁 시 기업 편에 손을 들어 주었다. 이러한 좋은 조건 속에서 기업들이 투자처를 외국으로 눈을 돌리지 않고 국내에 머물도록 유도하였다. 동시에 시민단체나 국민들이 법적형평성으로 논란을 일으키는 기업총수들의 형을 감면하거나 사면하여 적극적으로 기업운영을 하도록 도와주었다.

이명박이 추진하는 정책의 큰 틀은 바로 실용주의 노선의 경제정책으로 지난 김대중 정부와 노무현 정부에서 추진하던 잘못된 정책을 바로잡겠다는 의지다. 그 주요 골격은 공기업의 민영화 방안이다. 공기업이 자유 방만하게 운영하여 국고손실을 초래하는 바람에 국가경제가 성장하지 못한다는 것이다. 공기업 민영화로 인해서 기업 경쟁력이 강화된다는 전략이다. 이명박 정부의 가장 큰 경제 정책이 바로 공기업 민영화 방안이다. 총 305개 공기업 중에서 50~60개를 민영화하는 경우 청년 일자리가 창출되고 동시에 60조

원의 수입이 생기게 된다. 이 수입으로 중소기업과 공교육을 살리겠다는 방안이었다. 그러나 이러한 방안은 공기업 노조 등의 반대 등에 부딪쳐서 결국 6개 공기업만 민영화시키는 데 그치고 말았다.

이명박 정부의 경제 정책은 현재 3퍼센트에서 단기간에 7퍼센트대로 끌어 올리겠다는 전략이었다. 그러기 위해서는 수출과 내수를 활성화 시켜야만 했다. 그러한 조치의 일환으로서 원화 가치를 10퍼센트 정도 낮게 유지했다. 그런데 이명박 정부가 들어서면서 세계의 금융시장을 비롯하여 경제 환경이 위기로 치닫고 있었다. 이러한 국제경제 여건의 악화로 인해서 내수와 수출 및 제조업 부분 등 모든 분야에서 침체현상이 나타났다.

이러한 위기를 극복하기 위해서 구상한 것이 바로 대운하 건설사업이었다. 이명박 정부가 대운하 건설사업을 추진한 것은 분명히 이명박 본인이 평생동안 건설과 토목사업 분야에 몸을 담았기 때문이 아닌가 생각된다. 왜냐하면 이명박 스스로 서울시장 시절 불가능하다는 청계천 복원사업에 성공했다. 그 이유는 바로 자신이 평생 동안 경험한 건설사업을 청계천 복원과 연계하여 추진하였기 때문이다. 그 결과 이명박은 능력을 인정받아 대통령에 압도적인 지리로 당선된 것이다.

따라서 이명박의 대운하 사업은 국제경제 환경과 국내내수 시장의 불황을 극복하는 데 중요한 기폭제가 될 것이 라는 사고에서 시작했다. 사실상 당시 한국의 내수시장을 살릴 수 있는 방법은 건설경기를 살리는 길이었다. 건설경기가 규모가 크기 때문에 건설을 살려야만 다른 업종도 같이 살아나기 때문이었다. 예를 들면 1929년 세계경제가 불황 속의 먹구름이 드리우면서 뉴욕증시의 폭락으로 세계경제공황이 일어났다. 여기에 대한 타계책이 바로 건설공사

보수·창조적 실용주의 시대, 이명박 MB정권(2008~2012)

였다. 이처럼 건설을 살리기 위해서 미국은 테네시 벨리의 댐 공사를 시작하여 경기를 활성화시켰다. 이것이 바로 미국 루즈벨트 대통령이 추진한 뉴딜정책이었다.

이명박 정부는 뉴딜 정책의 일환으로서 2008년 8월 15일 건국 60주년을 기해서 녹색성장이라는 새로운 비전을 제시했다. 여기에 예산은 50조 원을 투자하기로 했다. 2009년 정부는 녹색뉴딜정책을 발표하였다. 이 정책은 4대강 개발을 위시하여 친환경 기업육성과 친환경 에너지개발 등에 역점을 두기로 했다. 또한 대통령 직속으로 녹색성장위원회를 설치하였다.

녹색성장정책 중에서 가장 중점을 둔 것은 4대강 살리기 사업이었다. 정부는 4대강 살리기 사업에 총 23조 원을 투자하였다. 여기에 더해서 문화관광부의 문화가 흐르는 4대강 사업과 농식품부의 금수강촌 만들기 사업을 비롯하여 국토부의 지방하천정비사업, 환경부의 폐수 및 하수처리장 건설 등을 포함하면 4대강 사업은 총 30조 정도의 예산을 투자하는 이명박 정부가 추진한 가장 큰 국책가업이었다.

이명박 정부는 초기부터 국제적 경제여건이 나빴다. 따라서 미국 등 선진국들의 금융협조가 필요한 위기로 국제금융 사정이 좋지 않았다. 이명박 정부는 국내의 광우병 파동이라는 나쁜 여론임에도 불구하고 미국과 미국산 쇠고기 수입을 허용하였다. 이명박 정부는 이것을 계기로 미국과 경제 활성화 촉진제가 된다는 기대를 가졌다.

그러나 미국발 경제위기가 터지면서 이명박 정부는 성장 속도를 높이기 위해서 친기업 중심의 정책에 더욱더 박차를 가했다. 그 결과 이명박 정부는 강남정부니 부자 정부라는 비난을 받기 시작하였다. 중소기업보다는 대기업을 통해서 단시간에 경제성장을 올리기 위해서 대기업 부자중심의 경제 정책을 추진해 나갔기 때문이다. 이명박 정부는 부자들이 돈이 없어서 국내에 투자를 하지 않은 것이 아니라 기업여건이 나빠서 투자를 하지 않는다고 생각했다. 그래서 정부는 기업들의 법인세 인하정책부터 추구해 나갔기 때문에 비난을 받았다.

특히 기업들이 성장할 수 있도록 노동자들과의 관계에서 강력하게 사주들의 손을 들어 주었다. 노사정 관계에서 정부는 사주 쪽편에서 무노동 무임금제를 철칙으로 삼도록 하였다. 이명박 정부에게 가장 큰 복병은 글로벌 경제위기에 대한 해결책이었다. 현대는 신자유주의 시대의 글로벌 경제시대이다. 따라서 경제가 전 세계에 연계되어 있다. 신자유주의란 노동사장의 자유화와 함께 금융시장의 자유화를 의미한다. 금융시장은 하루아침에 자본이 빠져 나가서 위기를 몰고 온다.

이명박 정부가 들어선 첫해는 전 세계가 금융위기에 빠져들고 있었다. 한국은 이미 김영삼 정부 시절 외환위기를 경험하였다. 리먼브라더스의 파산으로 시작된 미국발 외환위기때문에 투자자들이 한국시장에서 자본을 빼 가면서 한국시장은 위기에 처했다. 2008년 10월부터 시작된 외국자본의 이탈은 원 달러 환율을 1600대로 치솟게 했다. 수입 역시 20퍼센트 급감했다. 여기에 서민들의 생활도 어려움을 겪게 되었다. 가계부채도 노무현 정부에서부터 심각해지기 시작하면서 이명박 정부에서는 660조 원을 넘겼다. 동시에 미분양 아파트도 20만 채가 넘었다.

여기에 대해서 이명박 정부는 국외서 300억 달러의 통화스와프를 체결하여 외환시장을 안정시켰다. 국내적으로는 11조 규모의 공공 지출을 늘려서 중소기업과 자영업자에 대한 지원을 강화하였다. 동시에 부동산과 건설경기 회복에 전력을 기울였다. 정부는 막대한 재정자금을 투입하여 팽창적인 재정 정책과 감세 정책으로 경제 침체를 예방하는 데 전력을 기울였다. 이러한 제2의 외환위기 극복을 위해서 한국은행 금리 기준을 5.25퍼센트에서 2퍼센트로 낮추었다. 동시에 기업경제 성장에 절대적 저해요소인 노조의 불법 파업에 대해서 강경한 태도를 견지하였다. 만일 정부가 노조에게 밀리는 경우 제2의 외환위기를 맞을 수 있다는 각오로 정부는 노사정 합의를 통해서 노조 전임자에 대한 임금지급을 금지하는 타임오프제를 실시하였다.

또한 경제부서의 관료들의 인사를 단행하였다. 비상경제체제로 전환하여 경제 정책을 대통령이 진두지휘하였다. 이러한 이명박 대통령의 신속한 대응정책으로 외환위기는 극복하였다. 이명박 정부는 초기에는 친기업 정책을 추진하여 보수주의적 중도실용주의 노선의 경제 정책을 추진해 나갔다. 그러나 집권 2년 차부터는 진보와 보수를 아우르는 보수중도 노선을 추구해 나갔다. 이것을 뉴라이트 즉 극우적인 것도 아니고 극좌적인 것도 아닌 중도 노선을 택하면서 친서민 정책으로 돌아섰다.

이명박 자신은 원래 서민 출신이기 때문에 처음부터 친서민 정책을 추구해 나가려고 했으나 당시 국내외적 경제사정이 친기업 정책을 추구해 나가야만 하는 환경이었다고 하면서 이제부터는 친서민 정책을 추구해 나가겠다고 하였다. 이명박 정부는 친서민 정책을 추진해 나가기 위해서 정운찬 전 서울대 총장을 총리로 영입하였다. 동시에 사회통합위원회를 구성하여 위원장에는 고건 전 총리를 임명하였다. 또한 사회통합위원회를 대통령 직속으로 하였다.

또한 진보계 인사들을 대거 영입하였다.

친서민 정책을 추진해 나가는 모델로서 보금자리주택, 미소금융, 햇살론, 든든학자금 등의 제도를 만들어서 이명박 대통령이 직접 현장을 방문하고 매주 자신이 직접 현황을 파악하였다. 2010년 지방선거에서 한나라당이 패배하자 청와대 내각을 개편하면서 서민 중심의 국정을 운영하겠다고 표방하였다. 동시에 중산층까지 무상교육의 확대 하겠다며 복지예산을 대폭적으로 늘렸다.

초기 이명박 정부는 친기업 중심으로 경제 정책을 추구해 나갔다. 그러나 결과는 반대 현상이 나타났다. 대기업과 중소기업의 격차가 심화되었다. 근로자와 중소기업자 및 자영업자의 형편은 점차적으로 악화되었다. 동시에 서민층의 불만은 가중되었다. 이명박 정부가 추진한 친서민 정책은 정부가 재정만 투자하였지 큰 실효성을 거두지 못했다. 자영업자 수도 2005년에 597만 명에서 2010년에는 548만 명으로 줄어들었다. 이렇게 이명박 정부가 주도한 친서민 정책이 큰 성과를 거두지 못하자 이명박 정부는 공정한 사회를 표방하고 나섰다. 즉 공무원을 비롯한 사회적으로 강자와 권력을 가진 자들에 대한 강한 비판과 각성을 요구하였다.

이러한 공정사회를 위해서 이명박 정부는 대기업과 중소기업의 상생을 주장하고 나섰다. 이명박 정부는 친서민 정책의 목표를 달성하기 위해서 중소기업 살리기 정책을 추진해 나갔다. 이미 이명박 스스로 대기업에 근무한 경험이 있기 때문에 정부가 직접 나서서 중소기업의 불편사항을 고치려고 노력하였다. 또한 중소기업과 대기업의 공존과 상생을 위해서 동반성장위원회를 설립하였다. 위원장에는 정운찬 전 총리를 기용하였다.

이명박 정부가 추진한 경제 정책은 결국 친기업과 친서민 정책을 오가는 정책이었다. 또한 진보와 보수의 양쪽 모두를 오가는 정책을 추진하였다. 종합적으로 볼 때 이명박 정부의 경제 정책은 성공적인 경제 정책이라고 할 수 있다. 그 원인은 이명박 스스로가 경제인 출신이기 때문에 제2의 외환위기를 사전에 막을 수 있는 세일즈 경제외교를 하였기 때문이다. 동시에 이명박 스스로가 발 빠르게 위기 등 모든 경제 현안에 대처할 수 있는 경제적인 경험능력과 추진력이 있었기 때문이다.

# 친정부 위주의
# 언론 정책

이명박 대통령은 노무현과 다른 언론 전략을 추구하였다. 노무현은 언론에 대해서 적대적 관계를 유지해 나갔다. 특히 노무현은 보수 언론에 대해서는 피해의식을 가지고 있었다. 그는 초선의원 시절 조선일보로부터 피해를 당했다는 생각을 가지고 있었다. 그 후부터 보수언론은 의도적으로 피하는 식으로 언론과 거리를 두었다. 반면 이명박은 언론을 자신의 편으로 만들어서 활용해야 한다는 사고를 가지고 있다. 특히 언론에 대해서 친절히 대해야 한다고 생각했다. 따라서 이명박 정부가 추진한 대언론관은 노무현 정부와는 완전히 다른 접근방법을 사용했다.

이명박은 취임 직후 가장 먼저 노무현 정부에서 축소되고 통폐합 되었던 브리핑 룸을 복원했다. 이명박의 대언론관에 대해서 유화적인 태도는 그가 오랫동안 기업인으로서 경험한 사실을 바탕으로 하고 있다. 그의 언론에 대한 사고는 서로서로 공생하자는 사고이다. 언론과 가까이 해서 누이 좋고 매부 좋은 식의 관계를 유지하자는 것이다. 따라서 언론에 대해서 깊이 생각할 필요 없이 언론과는 당연히 가까운 친구가 되어야만 업무처리가 잘 된다는 생각에서 나온 행동이었다.

이명박은 이미 인수위 과정에서 노무현 정부에서 언론통제 기관이었던 국정홍보처를 폐지하였다. 동시에 언론도 하나의 경영을 하는 기업체적 관점에서 보았다. 따라서 그는 집권기간 동안 규제들을 많이 완화시켰다. 다만, 이명박은 지나치게 보수언론에 대해서 친화적이라는 지적을 받았다. 디지털 시대에는 인터넷과 방송등이 엄청난 폭발력을 과시한다. 방송은 아날로그 신문의 천배의효과가 있다. 그러나 이명박은 아날로그 신문들에게 더욱더 친화적이었다. 노무현 정부가 인터넷 등에 대해서 친화적인 것과는 매우대조적이다.

이명박 정부가 인터넷 매체에 대해서 우호적이지 못한 이유가바로 대선과 초기 취임 이후에 발생한 광우병 파동과 관련한 촛불시위 등이 인터넷 매체가 주도적인 역할을 하였다는 피해의식 때문이다.

이명박 대통령은 언론을 통해서 30대에 이미 한국의 대표기업인 현대 건설 사장을 지냈다는 샐러리맨 신화와 박정희 정권의 산업화 역군으로 서울시장 시절의 불도저 시장으로서의 리더십 등을부각시켜서 인정받으려고 언론을 활용하였다. 이러한 그의 과거의신화적인 업적은 노년층에게는 향수를 불러일으켜서 공감대를 형성하는 효과를 가져왔다. 그러나 2030세대들에게는 오히려 역효과를 초래하게 되었다.

이명박 대통령은 언론에 대해서는 마치 독일 히틀러의 입으로불리는 독일 나치 정부 당시 문화부 장관이었던 괴벨스가 사용한짧고 간단한 메시지를 반복해서 전달하는 방법을 사용하였다. 이방법은 국민들에게 이미지를 각인시키는 효과는 크기는 하다. 반면에 너무 언론에 얼굴을 자주 비쳐서 국민들을 피로하게 만드는 역효과도 발생시켰다. 이명박 정부는 노무현 정부에서 홍보가 업무의절반이라는 사고와는 달리 홍보보다는 실적을 중요시 여겼다. 묵

묵히 일을 해서 실적이 좋은 경우 자연히 홍보도 잘 된다는 사고이
다. 따라서 앞에서도 언급한 것처럼 정부 출범 후 바로 국정 홍보처
를 없애 버렸다.

그 결과 교육을 비롯하여 노사문제 등 국가에서 홍보해야 할 사
항을 국민들이 알 수 있도록 하는 시스템이 작동되지 못했다. 동시
에 청와대 홍보수석실도 폐지하였다. 얼마 후 광우병 파동과 촛불
시위 등의 곤욕을 치르고 나서야 청와대 조직을 개편하여 홍보기획
관실을 신설하였다. 그 산하에 4개의 비서관을 두었다. 또한 문화
체육관광부의 2차관실에 언론·홍보 기능을 강화시키는 조직을 두
었다.

이명박 정부는 출범 초 바로 노무현 정부가 시행했던 취재 선진
화 방안을 없앴다. 노무현이 추진했던 브리핑 룸 통폐합과 취재 사
전신고제 등의 조치를 풀었다. 그러나 개방형 브리핑 룸 운영방식과
청와대 비서실 출입금지 조치는 그대로 두었다. 이명박 정부는 노무
현 정부에서 시행한 신문 방송 겸영의 분리제를 신문과 방송의 겸
영을 허용하는 방향으로 신문법을 개정하였다. 이것은 보수신문에
활로를 터주는 것으로 비친다.

노무현 정부에서는 대기업, 일간신문, 뉴스통신사는 지상파 방
송사업과 종합편성 및 보도전문채널 지분에 참여할 수 없다고 규정
하고 있다. 그러나 이것은 헌법에 위헌 판결을 받은 만큼 법을 개정
하여야만 했다. 대신 대기업 등 언론의 독점현상을 막기 위해서 자
산총액을 3조 원 이상에서 10조 원 이상으로 올렸다. 동시에 이명
박 정부는 대선 당시부터 추진한 1공영 다 민영화 방안을 추진하려
했다. 그러나 이것은 언론노조 등의 반발로 인해서 무산되었다. 이
명박 정부의 언론에 대한 문제점은 바로 방송사 사장 등 임원들의

인사 개입에서 불거졌다. 이명박 정부는 취임 초기부터 KBS의 정연주 사장과 YTN의 구본홍 사장의 임명문제로 논란이 되었다.

정연주 사장은 원래 한겨레신문 출신이었다. 정부에서는 정연주 사장의 퇴임을 요구했다. 그러나 그는 공영방송수호라는 명분으로 거절하였다. 이 때문에 정부에서는 이 문제를 놓고서 상당한 고민을 하였다. 결국 감사원 감사를 통해서 이 문제를 해결하였다. 그러나 후임 사장 인선에서 후임으로 김인규 사장이 선출되면서 또 한 차례 노조와의 갈등을 빚었다. 김인규 사장은 바로 이명박 정부 대선캠프에서 특보를 지낸 인물이었다. 따라서 노조에서 이 사실을 문제 삼음으로써 정부의 방송사 인사 정책 개입으로 인한 문제의 심각성을 보여 주었다.

YTN의 구본홍 사장의 임명도 문제가 되었다. 구본홍 사장 역시 특보단 출신이라는 점이 문제가 되었다. 기자들이 구본홍 사장이 낙하산 인사라는 명목으로 구 사장의 출근을 저지하는 사태가 발생하였다. 이에 회사 측은 기자 33명을 해고 및 징계하는 심각한 사태로 번졌다. 이것은 아마 방송사 내의 노무현 인맥 줄이기라는 평도 있다. 이명박 정부는 신문과 방송도 국민에게 알 권리를 제공하는 중요한 역할을 함과 동시에 글로벌 시대에 방송도 하나의 경영적인 산업체라는 기업적인 사고를 가지고 있다. 따라서 이명박 정부는 출범하면서 바로 정부조직법을 개편하여 방송통신위원회를 발족시켰다.

이와 같이 언론을 산업체와 관련하여 방송통신 규제조치 완화를 하였다. 방송에 대한 공정성 보다는 산업적 육성을 통해서 그 과실을 나누겠다는 의도로 해석했다. 이것은 방송의 본래의 의무를 무시한 정책이라는 평을 받게 되었다. 이명박 정부는 신문과 방송에 대한 규제는 완화시키면서 유독 인터넷 매체에 대해서는 규제를 강화하였다. 문제는 인터넷이 사이버 공간을 이용하여 불량정보의 홍수에 빠트린다는 사고에서 출발하고 있다. 이명박은 인터넷 매체를 사이버 유해 사범으로 규정하였다. 동시에 인터넷을 사이버 정보 전염병으로 간주하였다. 인터넷상의 비방과 욕설을 막기 위해서 사이버 모욕죄를 신설하였다. 동시에 검찰과 경찰 및 방송통신위원회가 참여하는 사이버 테러 단속팀을 만들었다. 이것은 언론의 역할을 하는 인터넷에 대한 책임성을 강화하는 조치라고 할 수 있다.

# 이명박 정부의
# 부동산 정책

이명박 정부는 노무현 정부가 추진한 부동산 정책과는 다른 정책을 추구해 나갔다. 노무현 정부가 실패한 정책 중에서 가장 두드러진 정책은 바로 집값 상승으로 인한 부동산 정책의 실패라고 할 수 있다.

토목 건설 분야 경제인 출신인 이명박은 건설현장의 경험을 부동산 정책에 연계 시키려고 노력하였다. 이명박 정부 부동산 정책의 최대 성과는 지속적인 규제 완화라고 할 수 있다. 이명박 정부가 시행한 부동산 정책들을 보면 양도소득세 부과 주택을 9억 원 이상 고가주택으로 상향조정하였다. 또한 종합부동산세 제도개편, 다주택 양도세 중과 폐지를 비롯하여 재건축 조합원 지위양도 금지 조항 완화와 재건축 초과이익 환수제 폐지 등의 정책을 시행하여 지속적인 규제 완화 조치를 취했다. 동시에 분양가 상한제 폐지 등을 시행하여 부동산 시장의 투매를 금지시키고 가격하락을 막았다.

이러한 이명박 정부의 적극적인 부동산 정책에도 불구하고 주택가격은 물가상승률에 미치지 못했다. 반면 전월세 가격은 폭등했다. 이명박 정부 출범 이후 주택가 상승률은 6.97퍼센트 상승하는 데 그쳤다. 반면 전세가는 36.2퍼센트나 급상승했다. 이명박 정부가 추진한 보금자리주택제도는 대기 수요자를 양산시키면서 민간 주택 공급에 악영향을 미치면서 주택가격 하락의 요인으로 작용하였다.

이명박 정부가 다양한 방법을 동원하여 부동산 정책을 성공시키려고 노력하였다. 그러나 노력에 비해 큰 성과를 거두지 못했다. 그 당시 불어 닥친 글로벌 위기 등 외부의 악재 등과 맞물리면서 동시에 달라지는 부동산 시장의 트랜드에 잘 적응하지 못한 정책을 추진했다는 것이 이명박 정부의 부동산 정책의 허점이라고 할 수 있다.

이명박 정부의 부동산 정책은 이명박 정부가 최대관심을 두었던 대운하 건설 사업에 눌려서 부동산 정책에 대해서 소홀히 했다는 비판을 받았다. 사실상 토목 건설 사업인 4대강 사업과 부동산 정책은 언뜻 보기에는 관련성이 있어 보이지만 많은 차이점이 있다. 이명박 정부가 추진한 정책은 과거 정부와는 다르게 규제 강화에서 규제 완화 방향으로 정책을 추진하였다. 좀 더 진지한 부동산 정책을 추진하였더라면 하는 아쉬움이 있다.

다음으로 이명박 정부의 부동산 정책은 투명성이 명확하지 않은 정책을 추진하였다. 이명박 정부는 전 정부에서 강력하게 규제한 종합부동산세와 분양가 공개원칙을 비롯하여 부동산 금융정책 등에 대해서 투명하게 밝히지를 않았다. 이러한 투명성의 상실은 결국 부동산 투기꾼만 혜택을 누릴 수 있도록 만들었다. 또한 미분양 물량에 대해서 정부가 일괄적으로 매입하는 정책도 문제가 생기게 된다. 대부분 건설기업들은 상승세를 타던 시기에 수요가 적은 지역에 무리하게 사업을 벌여서 높은 분양가를 책정하였기 때문이다. 따라서 이러한 미분양 물량을 정부가 일괄적으로 사들이는 것은 문제가 있다고 할 수 있다.

이명박 정부는 15차례 이상 부동산 정책을 변경하여 부동산 시장을 활성화하려고 하였다. 그러나 큰 성과를 얻지 못했다. 특히 전월세 상승세 문제이다. 전월세 안정을 추구하는 일이 가장 큰 문제였다. 그러나 결국 전월세 안정문제에서 실패하였다. 이명박 정부 임기동안 전월세 상승폭이 40퍼센트 이상 육박하였다. 결과적으로 종합적으로 평가하면 이명박 정부에서 추진한 부동산 정책은 성공했다고 할 수 없다.

# 창조적 경험적
# 실용주의 정책의
# 종합적 허와 실

한국 현대 민주주의 역사는 김대중 이후에 나타난 노무현 정부부터 새로운 관점에서 정치발전을 시작하였다. 김대중 정부에서 끝난 한국 민주화 1세대는 노무현 정부부터 새로운 발전을 시작하였다. 노무현 전임 정부인 김대중 정부는 노무현 정부와 같은 진보에 뿌리를 둔 정부다. 그러나 다음에 나타난 이명박 정부는 보수에 뿌리를 둔 완전히 다른 정부다.

민주화 이후에 나타난 정부라는 점에서 이들은 공통점을 가지고 있다. 이제 한국은 경제적으로 세계 10대 대국에 들어가는 경제 브랜드를 가지고 있다. 이명박 정부의 목표는 국민소득 4만 불 시대를 열어가는 세계 7대 경제대국으로서 성장하는 데 국가 목표를 세웠다. 정치 지도자 한 사람의 정치 지도자의 리더십이 얼마나 중요한지를 이명박과 노무현의 리더십을 비교하면 알 수 있다. 두 지도자의 리더십이 국내외적으로 발전에 미치는 영향이 얼마나 큰지를 것을 알 수 있다. 이명박의 리더십으로 인해서 한미관계와 대북관계 및 국내외의 정치문화가 상당히 변화되었다.

노무현 정부에서 이혼 직전에 있던 한미관계를 복원시켜 한미양국이 밀월관계를 넘어서 오바마 대통령이 한국의 성공모델을 세계에 칭찬하는 격찬을 받을 정도로 이명박의 창조적 실리외교는 성공을 거두었다. 더구나 여기에 더해서 이명박을 형님이라고 부를 정도로 개인적으로 친밀한 관계를 유지하는 성과를 얻었다. 그리고 이런 관계는 바로 한국이 미국으로부터 여러 가지 실익을 얻어낼 수 있도록 만들었다.

바로 글로벌 경제위기 속에서 한국은 자칫하는 경우 지난번 김영삼 정부가 겪은 외환위기를 맞을 뻔했다. 다행히 이명박 정부의 성공적인 외교가 바탕이 되어서 미국은 한국에 대해서 300억 달러의 통화스와프를 하였다. 또한 세계정상회담인 G20와 G7참가국이 되는 세계로부터 인정을 받아냈다. 여기에 더해서 세계정상회담을 한국에서 개최하였다. 이것은 한국의 위상이 세계강대국으로 진입하였다는 것을 잘 보여주고 있다. 이로 인해 한국의 정치, 문화, 경제 브랜드 가치가 크게 상승하면서 수출을 비롯하여 관광 등 모든 경제적 부분에서 큰 실익을 얻는 가치를 창출하였다. 이것은 한국을 뒤에서 밀어주는 미국의 숨은 힘 덕이라고 할 수 있다. 또한 오랜 기업현장에서 경험한 이명박의 세일즈 외교 리더십의 결과라고 할 수 있다.

북한과의 관계에서 비핵과 개방과 3000이라는 목표는 이명박의 실용주의 노선에 부합하는 리더십이라고 할 수 있다. 전임 정부 김대중과 노무현의 북한에 대한 리더십은 결국 약한 북한을 형제로서 죽을 먹든 밥을 먹든 같이 먹자는 사고에서 출발하였다. 그리고 이솝우화에 나오는 것처럼 겨울철 외투를 벗기는 최선의 방법은 햇볕밖에 없다는 생각에서 포용정책을 썼다.

그러나 지난 김대중 노무현 10년간 북한에 대한 적극적인 도움을 준 대북 정책은 결과적으로 보면 아무런 실익을 얻지 못했다는 것이 바로 실용주의를 바탕으로 하는 이명박의 사고이다. 사실상 김대중 정부와 노무현 정부는 6·15와 10·4 남북 정상회담을 통해서 남북한 평화적 통일을 추진해 나갔다. 그러나 10년 후에 나타난 현상은 무엇인가?

결국 북한에게 경제적 도움을 주고 북한은 남한으로부터 받은 자금을 가지고 전 세계가 모두 위협을 느끼는 핵무기를 비롯하여 대량살상 무기를 만드는 데 사용하였다는 의혹만 제기 되었다. 자신의 최종목표인 남한을 무력통일화 시키는 데 가장 필요한 핵무기를 만드는 비용을 마련하기 위해서 남한에 대해서 유화적인 제스처를 사용했다는 것이 실용주의적 사고를 가진 이명박의 판단이다.

그러한 관점에서 보면 이명박의 실용주의적 사고는 정확하다. 그들에게 계속 끌려다니는 경우 결국 한반도의 비핵화가 아니라 북한이 핵을 만들어서 남한을 무력통일화 할 것이 틀림없는 사실이다. 여기에 우선적으로 비핵조건을 내세운 이명박 정부의 대북문제는 매우 현명한 대처이며 실리적 창조주의를 바탕으로 하는 훌륭한 리더십임에 틀림없다.

경제문제에 있어서도 발로 뛰는 세일즈 외교 전략으로 전 세계를 누빈 결과 상당한 수주를 얻어냈다. 경제문제도 결국은 큰 문제 없이 무난한 정책을 수행하였다고 할 수 있다.

반면 이명박 정부의 허점은 친기업 위주의 정책을 추진한 결과 노사문제에 있어서 지나치게 사주 편에 서서 정책을 추진했다는 비난을 받고 있다. 사실상 성장을 위해서는 기업들이 돈을 풀고 생산목표를 달성하기 위해서는 사주 편에 서서 도와주어야만 한다. 그러다 보니 노동자들의 인권이 약간은 침해된 것 같다. 그러나 노사정 협약에서 무노동 무임금의 원칙을 내세우는 등 지나친 강경노선을 고수하는 데 대해서는 비난이 일고 있다.

다음으로 이명박 정부가 추진한 대운하 건설 사업도 문제가 있다. 대사업인 대운하 건설사업의 일환으로 4대강 살리기 사업 등에 든 비용을 다 합치면 약 30조 원에 육박했다. 물론 이명박 정부는 이 사업을 뉴딜정책으로 생각하고 경제 살리기 목적으로 이 사업에 집중하였다. 큰 성과를 얻지 못하였으며 사업과정에서 나타난 부작용 등으로 비난의 대상이 되고 있다.

또 이명박 정부 시절에 다른 정권에 비해서 공무원들의 비리가 많이 발생했다는 비난을 받고 있다. 동시에 국민들이 저지른 비리도 다른 정부에 비해서 늘어났다는 통계수치가 있다. 이것은 결국 청와대를 비롯하여 국정에 참여하고 있는 공무원들의 정신이 맑지 못하며 이명박 정부의 지도자들의 리더십에 있어서 청렴성에 문제가 있다는 것을 보여주는 대목이다. 결국 윗물이 맑아야 아랫물도 맑은 것이다.

그러나 종합적으로 볼 때 이명박 정부의 리더십을 비롯한 국정운영에 대한 평가는 전반적으로 성공적인 무난한 정부였다고 할 수 있다.

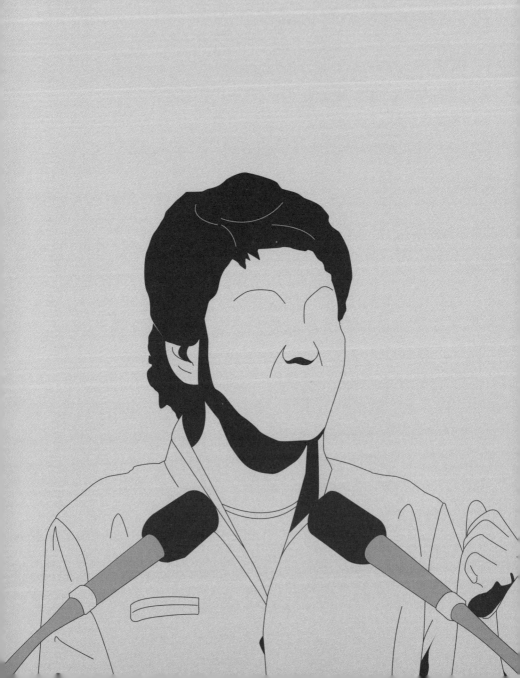

육,

복지제일주의 국민행복론,

박근혜 정권

(2013~2017)

# 박근혜 정부
# 국정 운영의
# 기본방향

제18대 대통령 선거는 2012년 12월 19일 치러졌다. 대통령 선거는 새누리당의 박근혜 후보와 민주통합당의 문재인 후보의 2파전으로 압축되었다. 투표율은 총 유권자의 75.8퍼센트였다. 대선 결과는 박근혜 후보가 51.6퍼센트, 문재인 후보가 48퍼센트를 얻어서 박근혜 후보가 당선되었다. 박근혜 후보의 당선에는 몇 가지 의미를 부여할 수 있다.

우선 박근혜 정부는 이명박 정부와 코드가 같은 보수주의 정부라는 데 의미가 있다. 노무현, 김대중 정부의 진보적 정책과는 대조적으로 이명박 정부와 같은 보수적 사고를 바탕으로 하는 점진적 개혁을 중심으로 하는 국정 운영을 하였다. 대미와 대북 정책 등 외교안보 정책 면에서 보수 온건 노선을 걸었다.

대북 정책면에서는 이명박 정부가 추진한 대북 강경 노선보다는 보수 중도적 남북한 평화공존을 위한 정책을 추진하였다. 박근혜 정부 역시 남북관계에서 과거 김대중 정부나 노무현 정부가 추진했던 선포용정책 후비핵화정책이 아닌 선비핵화 정책을 가장 우선시하였다. 대미 정책 역시 거시적인 차원에서 이명박 정부와 같은 코드에서 대미 정책을 추구해 나갔다. 미국과 한미동맹에서 강한 결속력을 바탕으로 하는 적극적 순응정책을 추진해 나갔다.

경제 정책 역시 친기업과 친노동자의 중립적인 입장에서 정책을 추진해 나갔다. 특히 박근혜 정부는 후보 공약 시부터 국민행복을 바탕으로 하는 복지 정책에 가장 비중을 두는 것을 목표로 정국을 운영하였다. 그렇다면 18대 대통령 선거에서 유권자는 박근혜 정부에 대해서 무엇을 요구하는가?

박근혜 후보는 여성 후보자라는 다소 불리한 조건임에도 당선되었다. 그 원인은 우선적으로 유권자들이 보수주의 노선을 그대로 유지하면서 점진적인 국정개혁을 요구하고 있었기 때문이다. 이것은 투표자들의 투표 행태를 보면 알 수 있다. 우선 보수를 대변하는 50~60대의 투표자들의 투표율이 역대 평균 투표율보다 높았다.

이것은 보수를 대변하는 세대가 바로 50~60대들이기 때문에 대부분 자신들과 코드가 맞는 박근혜 후보를 지지했다고 할 수 있다. 따라서 50~60대들은 가장으로서 국가가 안정적으로 개혁을 추진해 나가기를 희망한다는 것을 의미한다. 모험과 급진적인 개혁을 피하고 국가 안정과 가족들의 행복을 원하는 것이다. 따라서 노무현식의 진보적이고 급진적인 개혁을 피하고자 하였다.

다음으로 박근혜 후보가 당선된 데는 같은 여당인 전임 이명박 대통령의 무난한 국정 운영이 당선에 어느 정도 도움을 받았다. 이명박 대통령은 특별하게 실패한 것도 그렇다고 특히 두드러지게 성공도 아닌 무난한 실패 없는 정책을 수행하였다. 그 정도면 국정 운영을 무난히 수준급으로 운영하였다고 볼 수 있다. 만일 이명박 정부의 과거 5년간 국정 운영이 실패하였더라면 정권은 교체되었을 것이다.

다음으로 박근혜 대통령이 동양유교 문화사회에서 여성이라는 불리한 점을 극복할 수 있었던 데는 아버지 박정희 대통령에 대한 향수가 상당한 영향을 미쳤다. 박정희 대통령에 대해서 평가가 엇갈리고 있기는 하다. 그러나 박정희 대통령이 1960~1970년대 한국의 조국근대화 업적에 대해서 누구나 다 높이 평가하고 있다. 특히 한국의 대부분 국민들이 보릿고개를 없애는 경제적 기적을 이루었다는 점에서 박정희 대통령에 대한 향수가 박근혜 후보가 당선되는 데 중요한 요인으로 작용했다.

선거 결과는 호남과 서울을 제외한 전 지역에서 박근혜 후보가 고르게 득표를 얻어 승리하였다.

그러면 18대 대통령 선거에 당선된 박근혜 후보와 차점자인 문재인 후보는 누구인가?

문재인 후보는 1953년 경남 거제 출신으로 경남고와 경희대를 나와 사법시험을 거쳐서 변호사로 활동했다. 문재인은 부산에서 발생한 부림 사건을 계기로 김영삼 정부 시절 청와대 비서실장을 지낸 김광일 변호사, 노무현 전 대통령과 함께 사건을 맡으면서 인연을 맺게 되었다.

특히 부산 지역에서 노무현과 함께 인권변호사로서 활동하면서 후에 정치적 동지가 된다. 노무현이 대통령에 당선되자 노무현의 핵심 멤버로서 청와대 민정수석과 비서실장을 거쳐서 18대 대선에서 당시 대중적 인기를 얻고 있던 안철수 후보와 경선을 벌인다. 결국 안철수 후보가 경선 포기를 선언하고 문재인을 밀면서 야당의 대선 후보로 확정되었다. 박근혜 당선자에게 패배하기는 했지만 48퍼센트라는 엄청난 지지율을 얻었다는 것이 그의 정치적 강점으로 작용하고 있다.

문재인 후보는 노무현 정부 시절 청와대에서 왕수석이라고 불릴 정도로 국정 운영에 핵심적인 역할을 했다. 만일 문재인 후보가 당선 되었더라면 노무현 정치 모델을 상당히 수용하여 노무현식 진보 정치를 추구해 나갔을 것으로 예상된다.

박근혜 대통령 당선자는 1952년생으로 대구에서 출생하였다. 그의 부친은 한국 산업화의 주역인 박정희 전 대통령이다. 서울의 성심여고와 서강대학교 전자공학과를 졸업했다. 1974년 어머니 육영수 여사가 문세광 사건으로 서거하면서 대통령인 아버지를 보좌하는 역할을 하였다.

1979년 아버지마저 서거하면서 한동안 정계를 떠났다. 그 후 당시 야당 총재였던 이회창 총재의 추천으로 정계에 복귀한 후 야당 대표 등을 거쳤다. 17대 대통령 선거 후보 경선에서 이명박 전 대통령에게 패하였다. 그리고 제18대 대선에서 승리하여 대통령에 당선되었다.

따라서 박근혜 대통령의 정치 모델은 과거 박정희 대통령이 추진한 정치 모델을 바탕으로 한 글로벌 시대의 모형이라고 할 수 있다.

박정희 대통령은 그의 집권 동안 경제성장에 주력하여 한국이 후진국 경제에서 중진국으로 진입하는 데 성공시키는 정책을 추진하였다.

박근혜 정부가 가장 역점을 두는 정책이 바로 국민행복론이다. 이것은 박정희 대통령이 선성장 정책으로 우선 국민들에게 가장 필요한 정책이었던 먹고 사는 경제 문제에 초점을 맞춘 것과 같은 맥락에서 이해할 수 있다. 따라서 박근혜 정부의 목표는 최대 다수의 최대 행복론의 정책이라고 할 수 있다.

# 외교안보 정책

박근혜 정부의 외교안보 정책은 민주화 이후에 나타난 노무현 정부와 이명박 정부의 중간을 택하는 노선의 외교 정책이라고 할 수 있다. 이명박 정부는 북한에 대해서 대북강경 노선을 택하였다. 반면 노무현 정권은 북한에 대해서 지나친 친북한의 유화정책을 추진하였다. 이러한 노무현 정권과 이명박 정부를 합친 정책이 박근혜 정부의 외교안보 노선이라고 할 수 있다. 박근혜는 정부는 튼튼외교, 한반도 신뢰프로세스, 신뢰외교를 바탕으로 외교관계를 추구해 나갔다.

튼튼외교란 우선 한국이 관계국과의 관계에서 강한 국가라는 것을 보여줄 정도로 힘이 강하도록 만들어야 한다는 것이다. 타국과의 관계에서 경제를 비롯한 모든 면에서 약하지 않은 튼튼한 국가라는 것을 보여주어야만 한다는 것이다. 과거에는 중국과 러시아 및 일본 등과의 관계에서 약소국 외교 정책을 추구해왔다. 미국과의 관계에서도 노무현 이전까지 한국은 약소국으로 종속적인 외교관계를 수립해 나왔다. 그 이유가 바로 한국 스스로가 경제적으로나 군사적으로 힘이 부족하였기 때문이다. 그러나 이제 우리는 국제사회에서 모든 면을 갖추고서 경제대국으로 발돋움을 하고 있다. 이러한 시점에서 한국은 세계 각국에 대해 강대국 외교관계를 수립하기 위한 조치로서 튼튼외교를 바탕으로 한다는 것이다.

다음으로 신뢰프로세스를 구축하는 일이다. 특히 북한과의 관계에서는 기존 정부가 추진해온 남북관계에서 벗어나서 신뢰를 바탕으로 하는 관계 개선을 도모한다는 것이다. 박근혜 정부에서는 과거의 한국 정부들이 북한의 핵개발을 포기시키지 못한 원인을 단순히 경제 정책에만 치중했기 때문으로 생각했다.

북한의 핵개발 포기 문제는 김영삼 정부에서부터 불거졌다. 김영삼 정부는 냉탕과 온탕을 오가면서 결국 정책의 혼선을 가져오고 말았다. 김대중 정부는 우선적으로 경제적으로 도움을 주고 난 다음 북한을 껴안고 다음으로 북한의 마음을 돌리겠다고 했다. 간단하게 말하면 김대중 정부의 대북 정책은 북한에게 접근하여 물질적으로 혜택을 주고 북한과 친해진 후에는 북한이 스스로 핵을 포기할 것이라는 전략이다.

노무현 정부 역시 북한에 대해서 퍼주기식 경제 전략을 추구해 나갔다. 김대중 정부는 북한에 대해서 경제적 도움을 주기는 했지만 미국 역시 우리와 같은 우방이기 때문에 미국과 북한을 오가는 곡예외교 전략을 추구해 나갔다. 따라서 김대중 정부는 북한에 대해서 경제적 도움을 준 것 외에는 거리를 두고 있었다. 그러나 노무현 정부는 경제적인 도움은 물론 미국을 무시하고 친북한 쪽으로 정책을 추진하였다.

결국 노무현도 경제적인 면을 바탕으로 한 대북 정책을 추구해 나왔다는 것이다. 그러나 박근혜 정부의 대북 접근 방법은 기존 정부가 추진해 나온 접근 방법에서 탈피한, 신뢰를 바탕으로 하는 대북 정책을 추진하겠다는 것이다. 한국이 북한의 핵무기 포기를 종식시키지 못한 원인은 북한이 가지고 있는 핵무기 의지를 꺾지 못한 것을 주원인으로 보고 있다. 북한에게 단순히 경제적 도움을 주거나 경제적 압박을 가하면 해결되리라는 안일한 사고가 북한이 핵

복지제일주의 국민행복론, 박근혜 정권(2013~2017)

무기 개발에 성공하도록 만든 원인이라는 것이다.

북한과는 양국 간의 신뢰를 바탕으로 한 신뢰프로세스를 구축하여 핵개발을 포기하도록 한다는 것이다. 따라서 이명박 정부에서 조치한 5·24 조치의 강경 대북노선에서 한발 물러나서 점진적인 남북관계 개선의 방향으로 남북관계를 추진하는 것으로 방향이 조금 바뀌었다. 박근혜 정부가 처음으로 사용한 신뢰라는 단어의 외교적 의미는 신뢰를 하부구조로 하는 하위정치에 해당된다. 신뢰를 하부구조로 하여 상부구조를 정치, 경제로 한다는 것이다. 남북관계에서 신뢰가 구축되면, 다음 단계로 경제적인 지원을 충분히 하고 다음 단계로 남북한이 원하는 평화적 통일이 이루어진다는 것이다.

북한이 핵을 포기하고 국제사회에 나와서 공조하겠다는 의지를 보이는 것이 바로 남북관계의 신뢰프로세스의 조건이라는 것이다. 다시 말하면 북한이 우선적으로 핵을 포기하여만 다음단계로 신뢰프로세스가 원만하게 진행된다는 말이다. 북한은 경제난으로 매우 어려운 상황에서도 강력한 통제체제와 적절한 시장경제 수준을 통합하여 경제적 위기를 극복하였다.

따라서 남한이 북한에 대해서 접근하는 방향도 단순한 경제적인 접근법으로는 불가능하다는 전제하에서 이명박 정부에서 대북 강경 정책인 5·24 조치의 3단계 해제 조치를 취하였다. 5·24 해제 조치로서 선별적 방북허용과 남북교역을 재개한다. 동시에 북한 선박의 우리 수역 항해를 허용하는 조치다. 북한에 대해서는 인도적 차원에서 수해지원을 포함해서 대북지원을 확대시켜 나간다는 것이다. 동시에 금강산 관광재개와 기존 개성공단 확장과 기본합의서 재확인 등이다.

동시에 국제사회에 북한을 끌어들여 IMF나 World Bank 등을 통해서 대북지원 체계를 구축해 나간다는 전략이다. 여기에 대해서 북한이 해야 할 일들은 북한이 천안함과 연평도 사건에 대해서 공식적으로 사과한다. 동시에 이산가족 상봉을 정례화시킨다. 납북자와 국군포로 송환대책을 수립한다. 장거리 미사일 개발 및 발사를 연기시킨다. 핵개발 및 실험을 연기시킨다. 국제인권단체의 활동을 허용하는 내용을 수용하도록 북한에게 요구하였다.

대북 문제와 관련하여 신뢰구축을 정치, 경제, 사회, 문화적인 차원에서 분류해 보면 우선 경제적으로는 제2 개성공단을 조성하고 금강산 관광을 재개한다. 농업기술 협력과 새마을 운동을 지원하고 북한 경제인력 연수를 지원한다는 것이다. 정치적으로는 남북 정상회담을 비롯하여 남북대화를 제도화시킴과 동시에 남북 대표부를 설치한다는 것이다.

사회문화적 관점에서는 이산가족 상봉을 제도화시킨다. 동시에 북한주민 복지 향상을 추진해 나간다. 또한 교육과 예술문화 교류와 스포츠 교류에 역점을 둔다는 것이다. 국제 관계적 차원에서는 국제기구에서 남북이 협력을 도모해 나간다는 전략이다. 동시에 대북지원 NGO에 대해서 협력을 강화시킨다는 전략이다. 국제사회에서 남북관계 개선에 대한 지지를 확보하고 다자 간 안보협력 체제를 구축한다는 전략이다.

결과적으로 상호보완적 경제협력방안을 마련하고 북한경제발전에 지원을 계속한다는 것이다. 한반도 평화정착을 위해서 남북 정상회담과 실무회담을 제도화시킨다는 전략이다. 동시에 군비통제 및 평화체제 수립을 추구해 나간다는 전략 방안이다.

이상의 것들을 지키기 위해서 가장 중요한 것은 약속을 지키는 일이다. 역대 정부가 합의한 사항을 실천하는 것이 가장 중요한 일

복지제일주의 국민행복론, 박근혜 정권(2013~2017)

이다. 세부사항은 현실에 맞추어서 조정할 수 있다. 북핵문제 해결이 남북한이 해결해야 할 가장 중요한 사항이다.

한반도의 평화를 추구해 나가기 위해서 가장 중요한 사항은 튼튼한 안보 태세를 확립하는 일이다. 안보 태세를 확립하고 그다음 단계로서 북한의 핵 및 재래식 위협에 강력하게 대응한다는 방침이다. 박근혜 정부가 북한에 대해 신뢰구축 방안을 세우는 궁극적인 목적은 바로 북한의 비핵화이다. 북한의 핵은 결코 용납할 수 없다.

북한 정부에서는 국제사회에서 북한이 이미 핵개발에 성공하여 세계 9번째 핵보유국임을 선포를 하였기 때문에 핵문제를 가지고 6자회담이니 양자회담이니 하는 것은 문제가 되지 않는다는 억지를 부리고 있다. 이에 대해 박근혜 정부는 북한이 핵 포기가 지연되면 될수록 북한은 고통 속에 살게 된다고 본다. 빨리 핵을 포기하고 국제사회에 나오는 경우 국제사회에는 북한을 적극적으로 도와줄 것이라는 것을 알려주고 있다.

동시에 비무장지대를 세계평화공원으로 조성하자는 전략 방안이다. 비무장지대는 1953년 한국전 당시 정전협정에 의해서 설치되었다. 비무장지대 평화조성을 위한 작업으로 지뢰의 제거 등이 문제시 되고 있다. 이와 동시에 박근혜 정부는 남북한 평화통일과 협력관계를 유지하고 궁극적으로 북한이 비핵화를 하는 방향으로 유도하기 위해서 다양한 관점에서 교류를 전개 나가고 있다.

# 통일의 결과는
# 쪽박이 아니다,
# 통일대박론

박근혜 정부가 튼튼안보와 신뢰프로세스를 바탕으로 하는 대북정책은 여기에 더해서 통일대박론을 주요 정책대안으로 몰고 나갔다. 박근혜 정부는 통일이 되는 것을 쪽박이 아니라 대박을 찬다며 국민들이 통일에 대해서 관심을 가지도록 유도하여 통일을 자연스럽게 이룬다는 전략이다.

독일의 경우에도 동독과 서독이 서로 간에 경계선을 가질 필요가 없다는 국민들의 사고 확산에서 결국은 통일이 이루어진 바 있다. 남한에서도 남북의 통일이 이루어지는 경우 남북 모두가 상당한 덕을 보게 된다는 사고를 가지도록 국민들을 유도한다는 전략이다. 대부분 남한의 젊은이들은 북한과 통일이 되는 경우 경제적으로 남한이 많은 피해를 본다는 사고에 젖어서 통일을 꺼리는 경향이 있다.

또한 남북이 통일이 되는 경우 그동안 남북한의 문화적인 차이로 인해서 서로 간 불편하게 된다는 편협된 사고를 가지고 있다. 이러한 사고에서 벗어나서 통일되는 경우 대박을 차게 된다는 것을 국민들에게 알리기 위한 전략이다. 북한의 경우에도 북한 주민들에게도 남한을 비롯한 자유주의 세계에 대해서 문화를 직접 체험하고 소개할 때 남북한 친근감을 가짐으로써 남북의 통일은 앞당겨진다는 것이다.

북한은 현재 김정일 체제에서 단행된 7·1 조치 등의 핵심내용인

시장화, 분권화와 대외개방 형태로 추진하고 있다. 김정은 체제는 개혁 개방을 추진하고 있으나 위로부터의 개혁 개방을 추진해 나가고 있다. 그러나 김정은 체제가 개혁과 개방을 하는 경우 가장 불안해 하는 것은 바로 체제붕괴의 위험성 때문이다. 체제 붕괴 위험성에도 불구하고 김정은이 개혁 개방을 추진해 나가는 이유는 바로 북한의 경제위기 때문이다. 북한이 개방을 하는 경우 북한 주민들은 더 강한 체제변화를 요구하면서 민주화를 요구할 것이다. 동시에 남한과 경제적인 면에서 비교가 될 것이다. 이러한 경우 김정은 체제는 개방화로 인해서 남북한이 통일방안을 모색하게 될 것이다.

미국을 비롯한 주변 국가들은 북한의 체제붕괴보다는 북한이 핵을 포기하여 국제사회에서 위협적인 존재가 되지 않기를 희망하고 있다. 혈맹관계인 중국과 러시아 역시 한반도에서 북한이 핵을 포기하기를 원하고 있다. 북한은 이제 호랑이 등에 올라타기식으로 개혁과 개방정책을 추진해 나가지 않을 수 없는 위기에 몰리고 있다. 따라서 북한도 주민들에게 통일대박론을 주지시켜서 통일이 되는 경우 남북한 모두가 잘 살수 있다는 인식을 심어주어야만 한다.

박근혜 정부가 추진하는 대북 정책은 어느 정부보다도 대북 정책에 있어서는 어느 정도 성공적인 대북 정책을 추진해 나가고 있다고 할 수 있다. 노무현 정부에서처럼 북한에 눈치보기식의 저자세 대북전략과 이명박 정부의 대북한 강경 노선으로 대북 정책이 완전히 단절된 정책이 아닌 대 수위를 조절하면서 북한을 압도하여 우리 편에서 주도권을 쥐고서 북한이 핵을 포기하도록 유도하는 성공적인 전략을 추구하였다.

# 박근혜 정부의
# 대미 및 4강 외교
# 전략

노무현 정부에서는 친북
한 위주의 외교 전략을 바탕으로 추진
하였다. 그 결과 동북아에서 친중국 정
책을 추진하였다. 반면 이명박 정부는 북한에 대해서 강경노선을
걸으면서 중국과의 관계가 악화되었다. 동시에 이명박 정부 때는 일
본과의 관계가 개선되어 친일본주의의 외교노선을 걸었다. 박근혜
정부는 동북아에서 이명박 이후 악화된 중국과의 관계 개선에 노
력하였다. 박근혜는 국빈 자격으로 중국을 방문하였다. 그 결과 외
교적 효과는 상당한 성과를 거두었다.

이명박 정권이 등장한 이후 관계가 악화된 중국과의 관계 개선
으로 인해서 미국을 비롯한 동북아에서 미묘한 외교관계가 수립되
었다. 중국이 한국을 끌어들이면서 한미관계가 약간 거리감이 생
기게 된 듯하였다. 이에 대해서 박근혜 정부는 미국과의 관계는 변
함이 없음을 강조했다. 또한 중국과 한국의 관계 개선으로 인해서
동북아에서 한국과 일본과의 관계가 소원해지기 시작하였다.

박근혜 정부가 들어서면서 한국은 위안부 문제 등 과거의 일제
침략사 등을 이유로 한일관계는 감정의 대립이 극치에 달했다. 이
과정에서 한국과 일본 간의 외교관계는 매우 악화되었다. 특히 이
명박 정부 당시 동북아에서 한중일 관계의 중심에서 한국이 주도
적인 역할을 한 것에 비하면 한일관계 악화는 한미관계와 미일관계
및 미중관계 등에 상당한 영향을 미치게 되었다.

한일관계의 악화는 동북아에서 미일관계와 한미관계를 동시에 동맹체계를 구축한 미국으로서는 관계 개선에 적극적인 노력이 필요하였다. 우선 한국과 중국과의 관계 개선은 외교적으로 큰 성과이기는 하다. 그러나 실질적으로 어느 정도 내실 있는 외교 성과를 거두었는지가 문제다. 한국에게는 미국을 넘어서서 중국이 무역규모가 가장 큰 상대국이다. 특히 한국이나 중국이 내수시장보다는 무역에 의존도가 크기 때문에 양국의 정치적 외교관계 개선은 경제 및 문화 등 모든 면에서 생기는 파급효과가 엄청나다고 할 수 있다. 따라서 중국 역시 한국이 무역 파트너로서 경제적인 관점에서 외교관계를 수립하였다고 할 수 있다.

그러나 중국의 정치적 파트너는 혈맹관계에다 같은 공산주의를 체제를 유지하는 북한과 더 가까운 사이인 것이 틀림없다. 중국 외교의 특성은 이중외교라고 할 수 있다. 다시 말하면 겉으로 발표하는 것과 실지로 행동하는 것은 차이가 있는 것이다. 따라서 박근혜 정부가 어느 정도 성과를 올렸다고 보는 대중국 외교에서 실질적인 차원에서도 효과를 보았는지는 미지수이기는 하다. 그러나 중국과의 관계 개선 덕분에 앞으로 북한의 핵개발을 막고 폐기시키는 데 중국이 상당히 동조해 줄 것은 확실하다.

다음으로 박근혜 정부의 대일본 외교이다. 일본과는 위안부 문제와 한일 역사 교과서 왜곡 문제 등 과거 한일관계사 문제를 두고서 감정싸움을 하였다. 특히 일본대사관 앞에 설치된 위안부 소녀상 철거 문제 등으로 갈등이 심화되었다. 여기에 더해서 일본 전범들의 영혼이 안치된 야스쿠니 신사참배 문제 등 때문에 박근혜 정부에 한일관계를 최악의 상태가 되었다.

여기에 중국 역시 이차대전 당시 중국이 받은 피해문제에 대해서 한국과 동조하면서 동북아에서 한중일 관계는 악화되었다. 그러나 일본 수상 아베의 위안부 문제에 대한 유감 표명 등으로 한일 관계가 정치적으로는 어느 정도 정상으로 돌아왔다. 또한 북한이 핵실험과 핵개발을 중단하지 않자 한국은 일본과의 공조가 필요해지면 악화되었던 한일관계는 개선되었다.

미국과 박근혜 정부와의 관계는 이미 이명박 정부에서 강한 한미동맹관계를 형성하였기 때문에 큰 문제없이 한미공조가 순조롭게 진행되었다. 여기에 더해서 박근혜 정부는 이명박 정부보다 실익적인 한미외교에서 많은 이익을 얻어냈다. 특히 이명박 정부에서 2015년까지만 연기되었던 한미비상작전권 통제권이양을 재차 연기시키는 실익을 얻어내었다. 비상작전권 연기가 한국의 자주국방에 어느 정도 효과가 있는지는 장기적인 안목에서는 두고 봐야 한다. 그러나 당장 북한의 도발 및 핵개발 폐기문제에 대해서 미국과 공조한다는 것 자체가 큰 실익이 있다고 할 수 있다.

다음으로 박근혜 정부가 추진하는 중견국가들과의 협력외교를 들 수 있다. 박근혜 정부는 중견국가들과의 외교수립을 위해서 노력했다. 국제관계가 점차적으로 강대국 위주에서 점차적으로 전 세계가 서로 상호 의존하는 시대가 되었다. 강대국 혼자서 세계를 지배하는 시대가 아닌 전 세계가 협력과 화해를 도모하고 공존과 공생하는 시대가 도래했다. 박근혜 정부는 이러한 전 세계의 공존화 현상에 발맞추어서 중견국들을 예방하여 외교관계를 유지하여 한국을 전 세계와 네트워크를 연결시키는 전략을 추구해 나갔다. 이러한 전략은 북한이 핵개발을 포기하지 않을 수 없도록 하는 데 매우 중요한 역할을 할 것이다.

또한 박근혜 정부가 추진한 국방개혁 2014도 눈여겨 볼 필요가 있다. 기존의 군사전략은 적이 먼저 공격을 가하는 경우에 한해서 군사적인 공격을 하겠다는 전략이었다. 그러나 2014 국방개혁은 비록 북한군이 먼저 침략을 하지 않는 경우라 할지라도 공격할 기미가 보이면 먼저 선제공격을 하겠다는 군사적 전략의 전환을 의미한다. 만일 북한이 평양에서 남한을 공격할 준비를 할 때 우리가 북한의 공격에 대한 기미를 포착하였다면 우리가 먼저 선제공격을 가해서 적을 제압한다는 전략이다. 이러한 박근혜 정부의 군사적 전환은 미국이 부시 정부 시절 대테러전략의 방안으로 선택한 선제공격 방안을 따른 전략이다. 이러한 국방개혁 2014는 북한의 남한 도발 억제 효과를 나타냈다.

# 박근혜 정부의
# 복지 정책

박근혜 정부는 다른 정부와는 달리 국민행복에 초점을 맞추는 정치를 시작하였다. '글로벌시대에 가장 필요한 것은 바로 국민행복이다'라는 사고로 국정을 운영하였다. 정치선진화의 조건으로 가장 중요한 것은 사회복지 제도이다. 한국 민주주의 역사는 서구 민주주의 역사 모델을 답습하고 있다. 노무현 정부에서 시작된 한국 민주주의 2기에 해당하는 민주주의 역사는 고전적 민주주의 기본 요소인 국민의 생명권 및 재산권과 인권 등의 기본적 권리에 기반을 둔 민주주의의 역사였다.

이것은 건국 이후 이승만 정권에서 김대중 정부까지 계속되었다. 민주화 투사였던 김영삼, 김대중 양 정부까지는 국민의 기본권 보장을 정부에서 가장 중요시 여겼다. 동시에 인권이 민주주의 정부의 잣대가 되었다. 그러나 노무현 정부가 들어서면서 한국은 새로운 민주주의 시대를 열게 된다.

서양 민주주의 역사와 비교하면 서양 근대민주주의에서 현대 민주주의로 넘어오면서 국민이 요구하는 민주주의의 기본요소도 변하게 된다. 바로 고전적 민주주의 요소인 인권에서 현대 민주주의 요소인 복지 중심의 요소로 변하게 된다. 현대 한국 민주주의 모델을 이해하기 위해서 한국 복지 제도 역사를 간략하게 설명하면 장래 한국 정부가 점차적으로 인권 문제에서 복지우선 위주의 정책으로 변하지 않을 수 없다는 것을 알 수 있다.

한국의 복지 제도는 박정희 정부가 들어서면서 시작되었다. 당시에는 공무원과 일반 사기업체 간의 임금 격차가 워낙 커서 우수한 인재들이 대부분 사기업으로 몰렸다. 당시 공무원 임금은 사기업 임금의 49퍼센트에 불과하였다. 이러한 사기업 임금과 공무원들의 임금격차 해소를 위해서 도입한 제도가 공무원 연금제도와 같이 각종 연금제도다.

그 후 전두환 정권이 들어서면서 사회보장 제도에 관심을 가지기는 했다. 그러나 별 소득이 없었다. 국민과 국가가 동시에 연금 등 사회보장 제도에 관심을 갖기 시작한 것은 1997년 IMF 위기 이후이다. IMF 이전에는 정년이 보장되었다. 그러나 IMF 이후부터는 누구나 다 정년이 보장되지 못하면서 노후대책에 대한 준비가 시작되었다. 김대중 정부와 노무현 정부도 사회보장 제도에 관심을 가지기는 했다. 이명박 정부에서는 4대강 사업 등 토목건설에 치중하면서 복지 정책은 약간 후순위로 밀리는 듯했다.

박근혜 정부가 들어서면서 복지 정책을 전면에 내세웠다. 북한과의 안보위협이 가중되기 때문에 안보 정책에 약간 밀리기는 듯하지만 복지 정책은 여전히 박근혜 정부에서 가장 중요한 정책이었다. 박근혜 정부의 복지 정책은 '국민 100퍼센트 행복사회로'였다. 이것은 최대 다수의 최대 행복론이라고 할 수 있다. 서양사회에서 현대국가로 넘어오면서 시작된 고전적 복지론자들의 정책이다.

그중에서도 존 스튜어트 밀의 최대 다수의 최대 행복론과 같은 맥락에서 이해되는 복지론이다. 밀과 함께 서양 복지론의 아버지에 해당되는 토마스 힐 그리인은 가장 많은 국민들이 그리고 최고의 질적인 행복을 주는 사회보장제를 도입한다는 것이다. 박근혜 정부는 이러한 목표를 달성하기 위해서 보다 두터운 중산층의 형성, 안락하고 건강한 삶, 모두가 함께 가는 사회 통합 등을 제시했다. 여기에 더해서 박근혜 정부는 아동과 청장년, 노인 등 생애주기별 복지 대상에다 취약계층과 보건 의료분야 등 맞춤형 복지 정책을 내놓았다. 이것은 영국의 고전적 복지 정책인 요람에서 무덤까지라는 복지 정책과 유사한 복지 정책이라고 할 수 있다.

박근혜 정부의 복지 정책을 요약하면 다음과 같다. 먼저 아동 복지 정책으로서 걱정 없이 아이를 낳고 키우는 사회 환경을 조성한다는 전략이다. 이러한 목표를 달성하기 위해서 국가가 전적으로 책임지는 보육지원 정책을 추진한다. 또한 임신 출산 지원 및 취약 아동 보호 체제 개편 등을 추진하는 전략방안이다. 청장년 복지제도로서 일자리 창출을 통한 창조경제를 선도하는 복지 전략 방안이다. 이를 위한 국가정책은 고부가가치사회 서비스 활성화 방안이다. 동시에 복지 일자리 확충 및 처우개선에 역점을 둔다. 또한 창조경제 성장 동력인 보건산업을 육성 강화하는 전략이다.

노인행복을 위한 전력 방안으로서 행복한 노후를 위한 국가적 지원체계 구축 방안이다. 이를 위해서 든든한 노후 소득보장 체계 구축안이다. 동시에 건강하고 활기찬 노후생활 지원 방안을 구축한다는 전략이다. 취약계층을 위한 복지 전략으로서 대상별 맞춤형 복지를 통한 사각지대를 해소하는 전략 방안을 구축한다는 것이다. 이를 위해서는 국가는 맞춤형 개별급여체계의 도입 및 사각지대 해소를 위해 전력을 투구한다는 것이다. 동시에 근로 유인 강화로 일하는 복지를 도모한다는 전략이다. 전달체계 개편을 통한 체 감도를 제고한다. 또한 장애인에 대한 행복한 삶을 지원하는 전략 방안이다.

보건의료 부분에서는 건강한 삶을 보장하는 보건의료 체계의 개혁을 실행하려 한다. 이를 위해서 의료보장성을 강화시켜 국민부담을 경감시키는 전략이다. 동시에 예방적 건강 관리체계를 구축하고 수요자 중심의 보건의료 체계를 개편하는 전략 방안이다. 동시에 지속 가능성과 형평성을 제고한다는 것이다.

박근혜 정부가 추진한 복지 정책은 '국민 100퍼센트'라는 문구와 같이 기업과 정부와 가족 등을 비롯하여 모든 주체 간의 연계와 협력을 통해서 국민대통합을 지향하는 전략이다. 동시에 저소득층과 취약계층에게만 국한된 것이 아니라 국민 모두가 누리는 복지를 추구해 나간다는 전략이다. 또한 국민의 삶과 질의 향상과 행복을 국정 운영의 최고의 과제로 삼았다. 이러한 박근혜 정부가 추진한 국민 전체를 향한 보편주의적 국정 운영은 과거 정부들의 복지 정책과 비교해서 매우 발전된 복지 정책임에 틀림없다.

사실상 박근혜 정부 이전의 복지 정책은 후진국형 복지 정책에 불과하였다. 이러한 복지 정책은 한국이 민주화 이후에 나타나는 진정한 민주주의 사회로 진입하고 있다는 것을 의미한다.

다만 박근혜 정부가 복지 정책을 추진해 나가기 위해서 가장 중요한 것이 늘어난 재정을 어떻게 조달하느냐 하는 것이 가장 큰 문제다. 사실상 증세 없는 복지재원은 어려운 일이다. 증세 없는 복지재원 확립방안을 위해서 박근혜 정부는 무단한 노력을 했다. 하지만 탈세를 막고 예산낭비를 줄이더라도 증세 없는 복지재원은 불가능하다.

한국의 조세 부담률은 선진국에 비해서 낮은 편이다. OECD 회원국들의 평균이나 북유럽 및 프랑스 등에 비해서 크게 낮다. 복지 선진국들은 고부담과 고복지의 복지 형태를 취하고 있다. 반면 한국은 고복지 저부담의 정책을 추진해 나가고 있기 때문에 국가가 운영상의 어려움을 겪고 있다. 아무리 탈세나 예산 낭비를 줄인다고 하더라도 힘이 들기 때문에 국민의 복지수여에 맞는 합리적인 재정 안정성을 위한 재정 확보가 시급한 과제다.

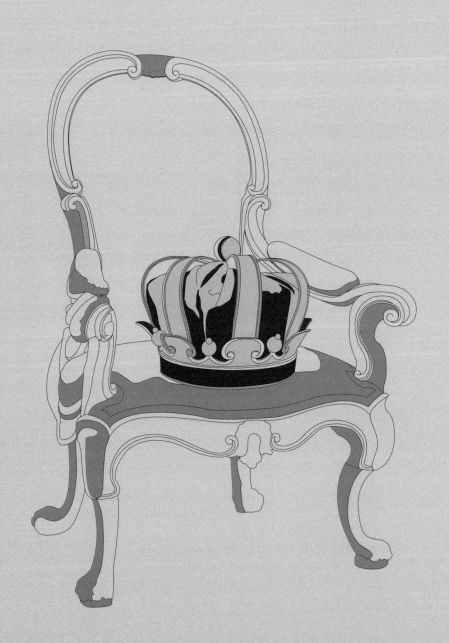

칠,

우리에게 희망은 있는가,

미래의 한국 정치

# 누가 지역주의의
# 목을 칠 것인가

## 사라져야 할 지역주의

한국은 이명박 정부에서 목표로 한 747 목표인 세계 7대 강대국으로서 국민소득 4만 달러 시대를 바라보고 있다. 한국은 머지않아 세계 7대 강대국을 넘어서 세계 패권국으로까지 성장할 잠재력을 가지고 있다. 독일의 철학자인 피히테는 그의 명저인 《독일 국민에게 고함》에서 독일이 프랑스 나폴레옹 군대에게 패하자 독일의 민족성이 프랑스보다 더 우수한 민족임을 강조하였다.

동양에서도 한국, 일본, 중국 동양 3국이 지리적으로 가장 인접해 있다. 문화 역시 공맹사상을 바탕으로 하는 유교문화를 공유하고 있다. 이제 유교문화를 바탕으로 하는 동양 삼국은 서구 수도사 문화를 바탕으로 하는 서양국가들과 대결할 충분한 역량을 갖추었다. 일본은 이미 오래전에 서양 열강국들과 어깨를 겨루며 세계 패권국에 도전장을 냈다. 중국은 서세동점 시대에 서양 강대국들에게 희생되었다. 그러나 중국은 1979년 등소평의 개방정책으로 인해서 이제 미국 다음의 세계 강대국으로 등장하였다. 중국은 이제 미국에 패권 도전장을 던질 정도로 명실상부하게 세계 2위의 강대국으로 자리를 굳혔다.

그러면 한국은 어떤가?

한국은 서세동점 시대에 불행하게도 중국과 같이 이웃 나라 일본에게 나라를 뺏기는 식민지 국가의 불행을 겪었다. 해방 이후에는 남북 분단의 고통을 겪었다. 아직도 한반도는 남북한 대치국면이라는 민족적 고통 속에 있다. 이러한 불리한 여건 속에 남한은 세계 10위라는 경제 대국으로 급성장하였다. 만일 한국이 이차대전 이후 남북이 통일된 국가로서 성장을 거듭했더라면 지금쯤 한국은 세계 패권국에 근접하는 초강대국이 되었을 것이다.

민족성으로 볼 때 한국 민족은 일본 민족보다 우수하다. 세계 IQ 조사위원회에 의하면 한국은 유대인 다음으로 IQ가 높은 민족이다. 한국인들의 평균 IQ는 106 정도로 일본의 평균 IQ105보다 약간 높다. 유대인이 110정도로 우리보다 약간 높거나 비슷하다. 미국과 유럽인들의 IQ는 100정도로 한국보다 낮다. 이처럼 높은 IQ를 가진 한국이 그동안 일본보다 국제사회에서 두각을 드러내지 못한 원인은 무엇인가?

바로 정치의 후진성 때문이다. 일본은 2차세계대전 이전에 이미 국제사회에서 세계 5대 강대국으로 비약적인 도약을 했다. 이차대전으로 패망의 길을 걸었지만 불과 20년 만에 미국 다음의 세계 경제대국으로 성장했다. 그 원인은 일본은 민주주의가 선진국 수준으로 발달되었기 때문이다.

일본은 도쿠가와 이에야스 막부정치가 약 260년간 지속되었다. 일본은 조선과 비슷한 시기에 유교를 국교로 받아들였다. 조선이 불교 대신 유교를 국가안정을 위해서 국교로 받아들인 것과 같은 맥락에서 사회 안정을 위해서 유교를 받아 들였다. 조선시대의 유교는 문무양반과 관료주의 체제의 사회 기강확립을 위해서 활용하였다. 동시에 사회의 질서 확립을 위해서 엄격한 계급사회를 형성하는 데 이용되었다. 조선조의 유교는 양반과 상민을 구별하며 사농공상이라는 민주주의의 기본원칙인 인간평등론에 반하는 역할을 하였다.

일본사회 역시 사농공상의 계급사회를 형성하였다. 단지 일본의 '사'는 조선의 '선비사'가 아닌 사무라이 즉 검을 사용하는 사이다. 조선의 지배계급이 선비며 일본은 사무라이가 지배계급이다. 그런데 일본은 1868년 메이지 유신을 통해서 서양의 민주주의 혁명에 해당되는 유신에 성공하였다. 그리고 모든 국가제도를 서양화 시키는 작업에 성공하면서 결국 세계 7대 강대국으로 자리를 잡았다.

조선은 서세동점 시대에 서구 문명을 개방하는 데 실패했다. 민주주의가 일본보다 발달되지 못했기 때문이다. 일본은 사농공상에서 지배계급인 사무라이가 피지배계급인 서민들과 거의 모든 것이 평등했다. 단지 사무라이는 국가에 대한 충성심이 강할 뿐이었다. 일본은 지배자와 피지배자가 엄격하게 구별되지 않은 평등한 사회이다. 그 결과 서민들은 지배자인 사무라이를 존경하였다.

반면 한국은 엄격한 계급사회를 형성하여 민주주의가 발달되지 못한 정치제도를 바탕으로 하는 국가였다. 조선의 서민들은 지배계급인 양반들과 갈등이 심했다. 결국 조선은 서구 문명을 받아들이는 데 실패했다. 다수를 차지하는 서민들의 동의를 얻지 못했기 때문이다. 조선은 1894년 갑오경장을 통해서 개혁을 한다. 이때부터 양반과 상민이 없는 민주주의 사회가 된다. 그러나 조선의 개혁은 스스로의 개혁이 아니라 조선을 식민지화하기 위한 일본의 전략으로 개혁된 것이다. 결국 한국은 일본의 식민지 국가 신세로 전락하게 된다.

이제 한국은 일본을 제치고 세계 초일류 선진화를 위한 뉴 패러다임을 구상하고 있다. 초일류국가로 가기 위한 징검다리를 만들기 위해서는 가장 필요한 요소들이 무엇인지를 찾아내야만 한다. 그

중에서 가장 중요한 요소가 바로 지역주의 타파 문제이다. 지역주의는 한국정치 발전의 발목을 잡고 있다. 결국 지역주의가 한국정치의 후진성과 민주주의의 선진국화에 가장 큰 걸림돌로 작용하고 있는 셈이다.

한국 지역주의 역사를 찾자면 조선조 시대까지 거슬러 올라가야 한다. 그러나 지금과 같이 지역 갈등이 심하게 나타난 것은 제3공화국 이후였다. 그러면 조선시대부터 지역갈등이 심화된 제3공화국 이전까지의 지역주의의 역사에 대해서 간단하게 설명할 필요가 있다.

조선조의 건국자인 태조 이성계는 선조들이 전라도 전주 사람들이었으나 고려 말에 함경도로 이주하였다. 하지만 이성계는 조선을 건국한 이래 함경도나 평안도 사람들을 기용하지 않았다. 함경도와 평안도 사람들의 성격이 괄괄하고 혁명가적 기질이 있기 때문에 틀림없이 왕권에 대한 반기를 들고 혁명을 일으키리라는 생각에서였다.

그 결과 함경도와 평안도 사람들은 '함치니 평치니' 하고 지역적으로 차별을 받았다. 이 대표적인 사건은 바로 '홍경래 난'이다. 홍경래는 조정에서 서북 사람들을 기용하지 않는다는 지역감정을 바탕으로 스스로 평서대원수라는 이름으로 반란을 일으켰다. 홍경래의 반란은 서북인들의 불만을 대신한 것이다. 이것은 조선 후기 1811년(순조 11년)에 일어난 민란이었다. 홍경래의 난은 지역감정으로 일어난 조선을 대표하는 역사적인 사건이었다. 홍경래 난으로 국정은 혼란되고 난을 진압하는 과정에서 엄청난 국력을 소모한 결과 조선의 패망을 재촉하는 결과를 초래하였다.

다음으로 조선을 대표하는 지역주의 사건은 정여립 사건이었다.

정여립은 조선 선조 때 거물급 정치인이었다. 그런데 정여립은 철새 정치인으로 선조의 미움을 받고 쫓겨났다. 선조는 이후 전라도 출신을 관직에 등용시키지 않았다. 지역주의와 왕권 독재에 불만을 품은 정여립은 자신의 고향이자 후백제를 창건한 견훤을 본받아서 전주에 근거지를 두었다. 정여립은 전주에 대동계라는 사조직을 만들어서 군사훈련을 하였다. 한때 그의 군사력은 국가의 군대보다 강했다. 그는 정씨가 왕이 된다는 책을 발간하여 황해도 구월산에 뿌렸다. 정여립은 결국 국가전복죄로 잡혀서 죽었다. 이후 조선조에서는 전라도 사람들을 등용하지 않았다. 그래서 그 이후 대부분 전라도 사람들은 창이나 그림 등 예술 분야에 전념하였다.

사림파로 조선 역사에 당쟁을 만들었다고 할 수 있는 김종직은 영남 지역을 기반으로 한 영남파다. 다음으로 숙종조에 날리던 거물급 정치인 우암 송시열은 충청파라고 할 수 있다. 화담 서경덕과 율곡 이이 등은 경기도 출신들로서 기호학파라고 한다.

이처럼 조선시대에도 지역을 바탕으로 하는 지역주의가 어느 정도는 있었다. 성씨 역시 파평 윤씨와 안동 김씨, 풍양 조씨 등도 지역을 바탕으로 한 정치를 하였다. 그 후 일제강점기에 지역주의는 사라졌다. 지역주의가 본격적으로 시작된 것은 바로 제3공화국의 박정희 정권부터다.

지역주의는 동서 지역갈등 현상이 대표적이다. 동서란 경상남북도와 강원도가 한편이고 동시에 전라남북도와 충청도가 한편이 되는 동쪽 지역과 서쪽 지역의 대결현상을 말한다. 동쪽 지역을 대표하는 것은 인구가 많은 영남 지역을 말하며 서쪽 지역 역시 인구가 많은 호남 지역을 의미한다. 강원도와 충청도는 인구가 적기 때문에 지역갈등 구조에서 큰 영향을 행사하지 못한다. 따라서 궁극적으로 인구가 많은 영남과 호남의 대결 구도라고 할 수 있다.

정확한 인구통계는 아니지만 일반적으로 볼 때 경상남북도의 인구가 약 38퍼센트에서 40퍼센트 정도로 예상된다. 반면 전라남북도 인구는 약 28퍼센트에서 30퍼센트 정도로 예상된다. 결국 영·호남 대결에서 영남이 약 10퍼센트 많은 인구를 가지는 셈이다. 그리고 충청도는 약 17퍼센트, 강원도는 5퍼센트 미만의 인구를 가진다. 따라서 서울과 경기도를 제외한 동서의 간의 인구분포도를 보면 동부와 서부가 약 45퍼센트로 비슷하다. 나머지 10퍼센트는 경기도를 비롯한 타 지역이다.

이러한 상황에서 한국에서 큰 정치를 하려면 영남 출신이나 호남 출신이 아니면 아예 꿈도 꾸지 말라는 말이 나올 정도로 한국은 지역주의가 갈수록 심화되어졌다.

그러면 이렇게 지역주의가 심화된 원인은 무엇인가?

해방 후 건국 정부인 이승만 정권에서도 지역주의가 있기는 했지만 심하지는 않았다. 이승만 대통령은 이북 황해도 출신이다. 따라서 지역적 연고가 거의 없다. 물론 약간이나마 이북 출신들을 선호하는 경향이 있기는 했다. 특히 군에서는 군사영어학교 출신들이 주류를 이루면서 요직에 있었다. 그들은 대부분 이북 출신들이었다. 그러나 이승만 정권과는 무관한 것으로 간주된다.

당시 이승만 정권 시절에 지역주의가 없었다는 예로 전남 영광 출신의 조재천 의원이 대구에서만 국회의원을 여러 차례 지낸 사실을 들 수 있겠다. 게다가 그는 경상북도 도지사까지 지냈다. 지금 한국 현실정치에서 나타나는 지역주의하에서는 도저히 상상하기 힘든 일이다. 또한 김대중 전 대통령은 전남 목포 출신이다. 하지만 당시 김대중 전 대통령의 정계 입문은 전라도가 아닌 강원도 인제에서 이루어졌다. 이 역시 지역주의가 팽배한 현 상황에서는 상상하기 힘든 일이다. 따라서 이승만 정부인 제1공화국에서는 지역주의가 없었다고 할 수 있다.

그 후 제2공화국인 장면 내각제 정부는 9개월 만에 단명하였다. 5·16 군사정변 이후 1963년 실시된 대통령 선거에서는 영남 출신의 박정희 후보와 충청 출신의 윤보선 전 대통령 간의 대결이었다. 여기서 나타난 현상은 영남 출신의 박정희 후보가 호남 지역의 절대적인 지지를 받았다는 점이다. 투표 결과는 영남과 호남이 한편이고 다른 지역이 한편인 대결 구도로 나타났다. 결국 박정희 후보는 호남의 도움으로 겨우 15만 표 차이의 역대 대통령 선거사상 가장 근소한 표 차이로 승리하였다.

만일 그 당시 호남이 영남 출신인 박정희를 밀어주지 않았더라면 박정희 제3공화국은 탄생되지 못했을 것이다. 결과로 봤을 때 제5대 대통령 선거는 현재의 동서대결이 아닌 남북대결이라고 할 수 있지만 지역감정은 없었다고 할 수 있다.

그러면 건국 이후 오랫동안 나타나지 않았던 지역감정은 언제부터 나타나기 시작하였는가?

제6대 대통령 선거가 치러진 1967년은 영남 출신의 박정희 후보와 충청 출신의 윤보선 후보 간의 재대결 선거였다. 그러나 이번에는 박정희 후보가 상당한 표 차이로 압승했다. 이 선거에서도 지역구도는 형성되지 않았다.

본격적으로 지역감정이 나타나기 시작한 것은 1971년에 치러진 제7대 대통령 선거였다. 1971년 대통령 선거는 여당 후보인 박정희 후보와 야당 후보는 40대 기수론으로 후보 경선에서 김영삼 후보를 제치고 당선된 김대중 후보와의 대결이었다. 문제는 박정희의 출신지가 영남이고 김대중의 출신지는 호남이라는 점이다. 이 선거에서 처음으로 영·호남 간의 지역대결 구도가 나타나기 시작하였다. 결국 박정희 후보가 약 1백만 표 차이로 승리하기는 했다.

1972년의 유신헌법을 거치면서 대통령 직선제는 폐지되었다. 이후 1988년 대통령 선거까지 약 16년간 대통령 직선제는 없어졌다. 1987년 6·29 선언 이후 1988년에 치러진 대통령 직선제에서는 지역주의가 확실하게 자리매김하였다. 당시 후보는 여당인 민정당의 노태우 후보와 야당 후보인 김영삼, 김대중, 김종필의 삼김이었다. 노태우 후보는 출신지가 경북이며 김영삼 후보는 경남, 김대중 후보는 전남 그리고 김종필 후보는 충남이었다.

투표결과 한국은 4개 지역으로 완전히 갈라지는 현상을 나타냈다. 이후 한국 정치는 김영삼, 김대중, 김종필이 중심이 되는 천하3분지계의 세상으로 변하게 되었다. 한국 천하는 삼김이 주도하는 삼국시대가 열리면서 국회의원 선거인 총선과 지방의원 선거인 지방선거에서까지 지역주의 현상이 나타나면서 심각한 지역갈등 현상이 나타났다.

여기에 더해 전두환 군부에서 발생한 5·18 광주민주화항쟁 이후부터는 호남 지역은 완전히 호남만이 뭉치는 투표현상이 나타났다. 또한 호남은 완전히 다른 지역과는 맥을 같이 하기를 거부하였다. 호남 소외 현상이 지역갈등을 일으킨 주요 요인이라고 할 수 있다.

## 지역주의의 피해자는 모든 한국 국민

한국은 미국 국토의 46분의 1에 불과하다. 그중 남한은 미국 전 영토의 97분의 1에 불과한 좁은 영토의 국가다. 이처럼 좁은 땅에서 나타나는 지역감정은 정치 면에서 뿐만 아니라 경제, 사회, 문화 모든 면에서 지역 간의 갈등을 불러일으킨다. 동서고금을 막론하여 지역주의는 존재한다. 그러나 한국과 같은 유형의 지역주의는 없다.

정치적인 관점에서 보면 주류는 지역이 가장 넓고 인구가 가장 많은 영남과 그다음에 해당되는 호남이다. 영남과 호남이 각각 주류로서 비주류에 해당되는 충청권과 그 외의 지역을 포섭하여 선거 등 각종 정치 문제에서 승리하고자 한다. 따라서 영남과 호남을 빼고서는 아무런 정치활동을 할 수가 없다.

이러한 분위기 속에서 3번째 해당되는 지역인 충청권은 영남과 호남 사이에서 정치적으로 충남과 충북이 갈라지는 수가 많았다. 따라서 각 지역에서 충청도는 멍청도라는 충청도 비하 발언까지 유행했다. 동시에 지역주의는 일상생활에서까지 자신의 지역 사람들을 선호하고 다른 지역 사람들에 대해서는 무관심한 경향도 낳았다. 그 결과 인간관계에서까지 많은 부작용이 생겼다. 따라서 지역 갈등 현상은 한국 국민 모두가 피해자이다.

그중 가장 많은 피해를 본 것이 호남인들이다. 1962년부터 시작된 제1차 경제개발 5개년 계획은 한국을 농업국에서 공업국으로 탈바꿈하는 작업이었다. 이 과정에서 제3공화국은 집권당의 실세들의 지역을 중심으로 한 공업화를 추진하였다.

당시 실세들을 보면 청와대 비서실장인 이후락과 경호실장 박종규였다. 이후락은 경남 울산 출신이며 박종규는 경남 창원 출신이었다. 그래서 조국근대화 작업인 공업단지 지구로서 창원과 울산이 선정되었다. 또한 박정희 고향인 구미도 선정되었다. 물론 공업단지 조성은 여러 가지 주변 환경을 고려하여야만 한다. 그런데 집권당인 여당의 실세들의 고향을 공업단지로 선정하는 경우 자칫하는 경우 비난의 대상이 된다.

공업단지 조성을 위해서는 인프라 작업이 필요하다. 경부고속도로 건설과 포항제철을 세운 것이 바로 인프라 작업이다. 포항제철과 경부고속도로 역시 영남권 중심으로 개발되었다. 그러다 보니 자연히 지역 균형발전이 깨지게 되었다. 그중에서 가장 낙후된 지역은 호남이라고 할 수 있다.

지역경제 발전은 지역주민들의 경제와 직결되어 있다. 그러니 낙후된 지역인 호남인들의 생활이 가장 힘들었다. 이들은 결국 고향을 떠나서 서울 등 수도권으로 이주하게 된다. 많은 호남인들이 타지역으로 이사를 가는 경우 원래 지역 주민들의 텃세에 밀려 설움을 받는다. 비교적 텃세가 적은 곳은 서울을 비롯한 수도권 지역이다. 그래서 1960년대 서울의 달동네나 수도권 지역의 달동네는 지방에서 상경한 호남인들이 가장 많았다.

이들은 대부분 청소원이나 일용직 등으로 생계를 유지했다. 이때부터 사회 계층 간의 변화가 시작된 것이다. 집권층 영남인들 역시 고향을 떠나서 서울로 올라와 연줄을 통해서 좋은 직업을 갖는다. 그리고는 그 연줄 덕택에 승진도 빨랐다. 결국은 사회계층 구조에서 집권당인 영남인들이 가장 부유한 층으로 올라가고 호남이 가장 밑으로 가는 사회계층구조를 형성하게 된다.

당시 한국은 경제개발시대에 접어들면서 대기업을 비롯한 신흥 귀족층이 형성된다. 대부분 대기업들은 집권당과 결탁되어 있었다. 정경유착을 바탕으로 하는 기업경영이었다. 따라서 대부분 기업의 소유자들은 집권당과 같은 영남인들이었다. 따라서 그들은 회사의 사원들 임용에 영남인들을 선호하는 경향이 강했다. 그리고 승진도 영남인들이 빨랐다.

공무원 등의 자리에는 지역적인 차별이 심하지 않았다. 따라서 대부분 호남인들이 사회에서 행세할 수 있는 길은 공무원 시험을 보는 일이었다. 당시 사법시험을 비롯하여 행정고시 등 국가공무원 시험에 호남인들이 가장 많이 합격하였다.

이와 같이 집권당인 영남이 1961년 5·16 군사정변부터 시작해서 1997년 김대중 정권이 들어설 때까지 정확하게 36년을 집권하였다. 일제강점기가 36년이었다. 한 세대도 30년이다. 즉 이 기간은 엄청난 기간인 것이다. 강산이 3번 반이나 변하는 시간이었다. 이 기간 동안 서울의 부자 동네에는 대부분 영남 사람들이 거주하였다. 반면에 서울과 수도권의 달동네나 저소득층 지역에는 호남인들이 거주하는 지역 양분화 현상이 정착되고 말았다.

여기에 더해서 설상가상으로 호남 민심이 돌아서고 지역감정을 돌이킬 수 없는 경지로 만든 사건은 바로 광주민주화항쟁이었다. 광주민주화항쟁은 전두환 군부가 군대를 동원해 폭력으로 시위대를 진압하려 했다. 이 과정에서 엄청난 광주 시민들이 희생되었다. 그런데 시위대에 발포하라 명령한 자는 아직도 밝혀지지 않고 있다. 5공 청문회 등을 통해서 발포명령자와 무력 진압자들을 찾아내려고 했지만 밝혀내지 못했다. 특히 광주 사태 등의 책임을 물어서 김영삼 정부가 역사 바로 세우기 등으로 전두환, 노태우 전직 대통령과 함께 관련자들을 법정에 세웠지만 그들이 기반으로 삼는 영남 지역의 표를 의식해서 김대중 전 대통령과 이회창, 이인제 등 당시 대통령 후보들이 구속된 광주항쟁 관련자들에 대한 조속한 석방을 요구하는 바람에 금방 풀려나고 말았다.

따라서 사실상 사태를 일으킨 책임자에 대한 상응한 처벌을 하지 못한 상태이다. 김영삼 정부 시절부터 광주민주화항쟁 지역을 성역화하고 피해자들에 대해 보상하기는 하였지만 그것으로 피해자들의 마음을 치유할 수는 없었다. 결국 무고한 시민을 살해한 살인자는 밝혀지지 않고 죽은 사람만 억울하게 된 것이다. 항쟁 이후 정치인들이 보인 행동은 표를 의식한 형식적인 위로에 불과했다. 이 문제가 바로 호남 지역의 지역감정을 돌이킬 수 없는 길로 가도록 만들고 만 것이다.

책임자들에 대해 새로 조사를 시작하여 무력 진압 사태에 대한 정확한 책임이 규명되지 않는 한 호남인들이 가지고 있는 피해의식은 식지 않을 것이다. 무엇보다도 호남인들이 가지고 있는 지역감정은 그때의 인사들이 영남 사람들이라는 점에서 더욱더 분노를 일으키고 있는 것이다.

## 지역주의의 극복 방안

한국은 지역주의를 극복하지 않으면 경제는 선진국이면서 정치는 지구상에서 가장 후진국인 형태를 면할 수 없다. 아무리 능력이 있는 인물이라도 연고가 없는 다른 지역에서 출마하면 낙선해 버리고 아무리 능력이 없는 인물도 그 지역 출신이라면 무조건 당선되는 일은 지구상 어느 국가에도 있을 수 없는 일이다. 지역 주민들은 자신과 같은 지역 출신만을 좋아하고 다른 지역 사람들은 능력여하에 관계없이 거들떠보지도 않는다.

그 결과 득표수에서도 엄청난 차이가 난다. 가령 예를 들어 김대중 전 대통령과 김영삼 전 대통령의 대결을 보면 목포에서는 김대중이 몰표를 얻고 부산에서는 김영삼이 몰표를 얻는다. 부산 지역 주민들은 능력에 상관없이 김영삼은 부산 사람이라서 좋고 김대중은 목포 사람이 싫다는 사고를 가지고 있다. 반면 목포에서는 김대중은 목포 출신이라서 무조건 좋고 김영삼은 부산 출신이라 무조건 나쁘다는 생각에 사로잡혀 있다.

삼김시대에는 삼김이 정치무대에서 사라지면 지역주의가 사라지거나 아니면 지역주의가 약화되리라는 기대감을 가졌다. 그러나 김영삼, 김대중, 김종필의 삼김이 정치를 떠난 후에도 지역감정은 사라지지 않고 그대로 존재하고 있다.

그럼 한국 정치발전의 암적인 존재로 자리 잡고 있는 지역주의를 목을 칠 수 있는 방법은 무엇인가?

첫째, 5·18 광주항쟁에 대해 정확하게 진상을 규명해야 한다.

36년간 계속된 영남 정권으로 인해서 가장 피해를 많이 본 사람들은 호남인들이다. 경제적으로도 피해를 봤지만 광주항쟁으로 인해서 많은 광주 시민들이 목숨을 잃었다. 4·19 학생혁명보다 훨씬 많은 젊은이들의 귀한 목숨을 앗아갔다.

경제적인 피해는 점차적인 계획과 지역균형발전을 통해서 해결할 수 있다. 경제적으로 호남에 대한 집중적인 경제개발 계획을 수립하고 시행하면 된다. 그러나 한번 잃어버린 목숨은 찾을 수 없다. 따라서 가장 필요한 것은 광주항쟁에 대한 정확한 진상규명이다. 과거 수차례 5공 청문회 진상규명위원회를 열어서 조사를 하였지만 아직까지 정확한 진실이 밝혀지지 않고 있다. 이러한 진상이 명확하게 밝혀지지 않는 한 지역감정은 그대로 남아 있을 것이다.

둘째, 대통령제에서 내각제로의 전환이 필요하다.

과거 우리나라의 제2공화국 시절의 장면 의원내각제 형태로 인해 국가의 혼란을 초래한 경우가 있기는 하다. 하지만 대통령제는 바로 한번 당선되면 임기 동안은 특별한 경우 이외는 5년간은 그대로 집권하기 때문에 문제가 생기는 것이다. 승자가 모든 것을 다 독식해 버린다는 사고에서 지역주의가 발생하는 것이다.

한국의 대통령제는 미국의 대통령제를 모방하면서 시작되었다. 해방 이후 바로 미국의 지배하로 들어갔기 때문이다. 그러나 사실상 내각제가 정통적인 민주주의 체제를 대변하는 것은 사실이다. 그러면 미국은 왜 내각제가 더 좋은 제도인 줄 알면서도 대통령제를 채택하였는가?

미국은 영국의 식민지에서 벗어나기 위해서 초기 미국 헌법을 만든 헌법의 아버지들이 대통령제를 고집하였다. 한국 역시 미국의 제도만 믿고서 대통령제를 채택하였다. 더구나 한국을 비롯한 신생 후진국들의 당시 대통령제는 '신 대통령제'였다. 왕에 해당하는 엄청난 권력을 손에 쥐었다. 단순히 국민의 손으로 선출된 행정만을 관리하는 수장이 아닌 입법과 사법도 손에 쥐는 강한 권한의 후진국형 대통령제로 변신한 것이다. 한국 역시 이승만 이후 강한 대통령제로 변해버렸다.

한국의 지역주의를 타파하기 위해서는 정치제도를 바꾸어야 한다. 한국의 대통령제는 유럽의 의회민주주의나 프랑스식 대통령제와는 다르다. 프랑스식 대통령제에서는 의회의 불신임에 의해 내각을 해산하고 다시 내각을 구성할 수 있다. 반면 미국식 대통령제를 택하고 있는 한국은 임기 동안에는 의회의 간섭을 받지 않는다. 대통령의 특징으로서 삼권분립에 의한 상호견제와 균형, 대통령의 책임 있는 정국운영 등을 들 수 있다. 대통령제의 장점은 유권자의 보통선거에 의한 행정수반의 직접선거, 대통령의 임기보장에 의한 집행부의 안정, 권력분립에 의한 제한된 정부 등으로 요약될 수 있다.

반면 대통령제의 단점은 행정부와 입법부의 교착상태, 일시적 경직성, 승자만의 권력 독식 등이다. 선진국에서의 가장 큰 문제점은 행정부와 입법부의 교착상태를 들 수 있다. 그러나 한국과 같이 아직 선진화되지 않은 국가에서는 대통령의 권한이 상대적으로 입법부나 사법부보다 강한 데 있다. 대통령은 행정부의 책임자 역할 뿐만 아니라 국가원수로서의 역할도 담당한다. 미국의 대통령은 초기에는 힘이 약했다. 남북전쟁과 세계 제1차와 2차대전을 거치면서 점차적으로 힘이 강화되었다. 한국은 비상권까지 포함하고 있어 미국 대통령의 권한보다 크다. 따라서 한국의 대통령의 권한은 대권이라고 부를 정도로 강력하다. 한국의 대통령제는 경직성과 더불어 승자만이 모든 것을 갖는다는 대통령제의 모든 단점을 포함하고 있다.

지난 50년 동안 한국의 대통령제가 남긴 가장 큰 후유증은 지역주의 문제이다. 한국의 지역주의는 미국의 인종문제에 해당하며 결국 지역할 거주의를 만들어서 한국 정치발전의 암적 존재가 되었다. 한국의 경우 제2공화국인 장면 정권 때 내각제를 채택했다. 그러나 국민들의 정치의식 미숙과 내각의 비효율적 운영으로 단명하고 말았다.

내각제 역시 대통령제와 마찬가지로 문제점이 있다. 내각제의 가장 큰 문제는 수상의 임기가 제한되어 있지 않다는 것이다. 내각제 역시 1인 장기집권의 위험을 배제할 수 없다. 내각제의 또 다른 단점은 삼권분립이 되어있지 않다는 것이다. 내각제는 입법부와 행정부의 합병이다. 따라서 경우에 따라서는 입법부와 행정부가 합쳐 권력을 남용할 수 있다. 수상은 당에서 선출되므로 국민의 직접선거에 의하지 않고 최고 책임자가 된다. 따라서 국민이 원하지 않는 경우에도 소속당의 다수의석 확보에 의해서 수상이 될 수 있다.

내각제가 실현될 경우 국민에게 직접 책임지는 책임정치를 구현할 수 있다. 그래서 내각제는 여야의 정권교체가 쉽게 일어날 수 있다. 따라서 대통령제의 폐단인 임기 동안의 승자독식을 막을 수 있다. 내각제를 실시하는 경우 다당제가 가능하다. 또한 진보신진 세력들이 쉽게 국회에 진출할 수 있다. 동시에 신진인물들이 국회에 쉽게 진출할 수 있으며, 국회와 국민이 가까워지는 장점이 있다.

한편 이원집정제에 대해서 생각할 수 있다. 이원집정제는 수상과 대통령이 권력을 분담하는 제도다. 대통령은 국가를 대표하고 전통적인 국왕의 권한인 외교 및 국방을 담당한다. 반면 수상은 실질적인 행정업무를 담당한다. 프랑스식 이원집정제는 대통령은 국가원수로서 상징성을 가진다. 반면 수상은 행정부를 총괄한다. 따라서 수상의 힘이 대통령을 능가한다. 대통령의 권한은 국방과 외교에 국한된다.

한국은 지역주의 타파를 위해서 내각제가 필요하기는 하다. 그러나 현재 한국의 정치가 선진화되지 못한 상황에서 많은 문제점을 야기시킬 수 있다. 특히 냉전이 종식되지 못한 상황에서는 집행부의 안정을 필요로 하고 있다. 내각제의 경우 의회가 불신임을 의결하거나 다수지지를 상실한 결과 내각을 자주 해체하는 권한을 행사하는 경우 집행부의 불안정을 야기 시킬 수 있기 때문이다. 그러면 내각제 하에서 내각 불안정의 문제는 실제로 얼마나 심각한가?

프랑스의 경우 제4공화국에서 내각의 평균 존속기간은 불과 7~10개월에 불과했다. 이 경우는 극단적인 국정 운영의 불안정을 초래한다. 비록 내각이 다당 연합으로 이루어지는 경우라도 프랑스

제4공화국보다 안정적이었다. 내각이 고작 2~3년간 유지되는 경우에는 4~5년간 유지되는 대통령제와는 차이가 무의미해진다. 내각제 하에서 집행부의 불안정은 상황의 변화와 집행부의 중대한 실패로 인한 경우이다. 이 경우 정부를 신속하게 교체시킬 수 있다. 반면 대통령제하에서는 집행부의 안정성은 위험한 경직성을 초래할 수 있다.

다음으로 대통령제의 장점은 행정부의 수반을 유권자에 의한 보통투표에 의해 선출하기 때문에 선출방식이 내각제하에서 이루어지는 집행부의 간접선거보다는 민주적이라는 점에 있다. 민주주의 체제하에서 모든 공직자를 국민의 직접선거를 통해서 선출해야한다는 것은 아니다. 그러나 가장 중요한 행정부의 수반은 국민의 직접 선거에 의해서 선출한다는 것은 상당한 타당성을 가지고 있다.

반면 내각제 정부형태들도 수상을 국민의 직접선거에 의해서 선출하는 기능상의 대통령제와 같은 방식을 갖고 있다. 이것은 유권자의 여당 선택이 수상이 될 그 정당의 지도자를 선택함을 의미한다. 이러한 경우 양당제에서 나타나는 현상이다. 반면 수상이 정당들 사이에서 복잡한 협상을 통해서 뽑히는 다당제의 경우는 문제가 생긴다. 이러한 경우 정치적 계산이 깔려있기 때문에 대통령제와 동등한 선출방식을 채택할 가능성이 줄어든다. 이처럼 다당제하에서는 여권을 구성하는 정당 간 연합 변수와 수상의 교체는 유권자의 의사와는 전혀 상관없이 차기 선거가 치러지기 전에 일어날 수 있다.

문제는 대통령제는 집행권한이 한사람의 손에 집중되는 것은 본질적으로 비민주적이다. 대통령제의 이러한 권한의 특징은 초기 민주주의 단계에서는 필요하나 완전한 민주주의 체제로 전환된 경우에는 없어져야만 한다. 대통령제의 가장 큰 문제점은 바로 행정부와 의회 간의 교착상태에 빠진 경우이다. 교착상태에 빠진 경우는 의회와 정부가 서로 간의 힘겨루기를 한다. 동시에 두 개의 힘이 존재한다. 결국 이 문제는 해결이 불가능한 극단적인 상태로까지 번진다.

대통령제의 또 다른 단점은 일시적 경직성이다. 대통령제는 모든 것이 경직되어서 유동적인 요소가 부족하다. 정부가 필요로 하는 혁신적인 요소는 부족하다. 그 이유는 대통령의 임기가 한정되어져 있기 때문이다. 임기동안 처음 계획했던 업무를 종결해야 하기 때문이다. 심지어 대통령이 죽거나 능력이 없는 경우 자동적으로 부통령이 승계하기 때문에 문제는 더욱더 악화된다.

다음으로 대통령제의 단점은 승자만이 모든 것을 가진다는 기반위에 운영된다는 점이다. 비교정치학자 후안 린쯔에 의하면 그러한 게임이 바로 갈등을 일으키는 잠재력을 가지고 있다. 또한 제로섬 게임의 민주주의 정치를 만든다는 것이다. 대통령 선거에서는 단지 한 후보와 한 당만이 이길 수 있다. 다른 당과 다른 후보는 비록 근소한 표 차이로 낙선한 경우일지라도 낙선자로 자신이 득표한 표가 반영되지 못한다. 더군다나 대통령 한사람에게 모든 권한이 집중되어져 있기 때문에 연합형태를 취할 아무런 자극을 받지 않는다. 권력의 역할 분담에 대해서도 아무런 관심이 없다.

또한 세분화된 문제들을 처리하기 위한 야당과의 협상에 참여하는 문제에 대해서 아무런 자극을 받지 않는다. 특히 이미 양극화된 국가에서는 승자가 모든 것을 갖는다는 것은 더욱더 분할과 양극화를 초래한다. 따라서 정치는 총괄적이 아니라 배타적이 되어버린다. 양극화는 잠재적인 위험을 남기고 있다. 특히 대등하게 분할된 사회에서는 양극화에 대한 잠재적 요소가 남아있다.

　그러면 내각제와 대통령제의 장단점을 고려하여 반대통령제는 어떠한가? 반대통령제를 주장하는 사람들은 이 제도는 순수한 내각제의 장점들만 혼합했다고 주장한다. 특히 반대통령제는 대통령의 가장 심각한 문제인 행정부와 입법부의 교착상태를 해결할 수 있다고 주장한다. 대통령이 의회의 다수를 확보하고 있을 때는 문제가 없이 행정부와 의회는 조화를 이루면서 잘 운영된다. 이 경우 의회는 독립하게 되고 대통령을 무조건 지원할 필요성이 없다.

　교착상태의 문제점은 대통령이 의회의 지지를 받지 못하는 경우다. 이 경우 의회주의로 전환하게 된다. 반대통령제는 대통령제의 직접민주주의 선거와 그와 관련된 안정된 임기의 장점과 의회주의 내각제와 수상제를 합병한 장점을 가지고 있다고 주장한다. 더욱이 대통령과 수상과 내각은 동시에 권력분립의 연합을 수립하기 위해서 순수 대통령제보다는 더 많은 기회를 제공하고 있다. 이 경우 대통령은 수상에게 논쟁거리가 되는 업무를 위임하여 정당의 중재자로서 활동할 수 있다는 점이다. 교착상태의 회피와 대통령의 잠재적인 중재역할은 강한 논쟁거리다.

　반대통령제의 장점은 내각제에서 없는 정부수반을 직접 선거에 의해서 선출한다는 것이 장점이다. 이것은 대통령제에 대해서 불만을 품고 있는 국가에서는 큰 매력을 가지고 있다. 특히 반대통령제는 아르헨티나, 브라질, 콜롬비아 등 남미국가에서 상당한 지지를 받고 있다. 한국의 실정은 좀 다르다. 한국 역시 지역주의 타파를 위해서는 대통령제에서 내각제로 전환해야만 한다. 내각제는 정권교체가 쉽다. 대통령의 권한을 축소시킬 수 있다. 대통령 한 사람이 자신의 지역주민을 더 많이 챙기겠다는 발상에서 나온 것이다. 당연히 지역주의를 없애기 위해서는 내각제로 전환하는 정치제도 개혁이 필요하다.

그러나 더욱더 큰 문제는 국민들의 정치의식과 정치 환경을 들 수 있다. 지금 한국의 주변 환경은 세계에서 유일하게 냉전이 계속되고 있다. 이것은 비상시라는 것을 의미한다. 비상시에는 지도자에게 힘을 몰아주는 것이 바로 민주주의 철칙이다. 미국도 비상시에는 대통령에게 힘을 몰아서 대통령을 중심으로 국민들이 뭉친다. 한국 역시 현재는 비상사태이기 때문에 내각제보다는 대통령제가 국정을 안정적으로 운영할 수 있다. 남북이 통일되고 주변 환경이 안정적인 상태에 도달했을 때 내각제로의 전환이 필요하다. 현재 상황에서 내각제로의 전환은 정국의 불안만 초래하게 된다.

셋째, 투표와 덕을 본다는 것은 별개라는 사고의 인식이 필요하다.

지역감정이 발생하는 이유가 선거에 지면 모든 것을 잃어버린다는 피해의식 때문이다. 다시 말하면 승자가 독식한다는 사고 때문이다. 만약 대선에서 자신의 동향의 후보가 당선되지 못하는 경우 모든 것을 잃어버린다는 피해의식 때문에 지역감정이 발생하게 된다.

김대중 전 대통령은 과거에 대한민국을 위해서 일했던 민주주의 투사이다. 그런데 민주주의 투사인 김대중에 대해서 호남 사람이 아닌 사람이 비난하는 경우 호남 지역 사람들이 화를 낸다. 또한 박정희와 동향인 사람이 박정희에 대해서 비난을 하는 경우 그 동향 사람들과 극단적인 주먹다짐과 몸싸움으로까지 번지는 경우가 허다했다. 그들은 우리 가족이나 우리 아버지는 욕을 해도 박정희나 김대중은 욕을 해서는 안 된다는 것이다. 그 이유는 무엇인가?

바로 박정희와 김대중을 자신과 같은 피해자로 또는 자신에게 덕을 준 인격적인 면에서 자신의 분신이라는 사고를 가지고 있기 때문이다. 자신과 동향인 후보가 당선 혹은 낙선함에 따라 자신이 간접적으로도 덕을 보거나 피해를 볼 수 있다는 의식 때문이다. 선거는 선거이고 덕을 보는 것과는 별개로 생각을 해야만 한다. 서구 선진국의 경우는 완전히 다른 사고를 가지고 있다. 일본의 경우도 마찬가지이다. 누가 당선되는 것과 덕을 본다는 것과는 다르다는 생각을 가지고 있다.

현재 한국 사회는 과거 가족주의 사고에서 개인주의 사고로 탈바꿈하는 사회로 변화되는 과도기에 있다. 한국의 가족주의 사고가 지역주의 사고를 만든 원인이다. 과거부터 우리는 수양산 그늘이 강동 80리라는 사고 속에 젖어 있다. 자신과 같은 동향 사람이 잘 되는 경우 그 사람의 덕으로 인해서 같이 잘 된다는 사고를 가지고 있다. 조선시대부터 사림파니 기호파니 하면서 당쟁을 겪었다. 대부분 지역을 기반으로 하여 자신의 동지들을 모았다. 그들이 서울로 올라와서 정치를 하다가 은퇴 후에는 자신의 제자들로 반드시 동향인을 받아들였다.

아이가 태어나면 학교는 보통 태어난 지역에서 다닌다. 따라서 학연과 혈연은 자연적으로 지연 속에 흡수되어져 버린다. 가령 영남 지역의 박정희 후보의 고향이 선산 구미라면 구미 출신들은 그 지역주민들과 결혼을 한다. 학교도 그 지역 주변에서 다닌다. 따라서 혈연과 학연이 지연으로 인해서 연결된다. 결국은 가족주의로 변하게 되는 것이다. 좁은 한국 사회에서 같은 동향인들은 사돈의 8촌까지 얽히지 않은 사람이 없다. 이러한 상황에서 누군가 권력의 지배층으로 올라가는 경우 동향인들이 줄줄이 따라간다. 이러한 집단주의적 사고는 한국만이 가지고 있는 특성이다.

물론 이런 가족주의제도는 서서히 붕괴되고 있기는 하다. 미국식 개인주의가 등장하는 속도도 빨라지고 있다. 학연의 경우도 과거처럼 입시를 거쳐 학교에 들어가던 시대는 지나고 평준화 시대로 접어들면서 학교에 대한 의식이 많이 사라지고 있다. 더구나 세계화로 인해서 국가 간의 국경이 붕괴되는 시대에 우리에게 고향에 대한 향수는 점차적으로 사리지고 있기는 하다. 따라서 '수양산 그늘'에 대한 의식 역시 없어지고 있기 때문에 자연적으로 이로 인한 지역주의는 사라질 전망이다.

현재 지역주의는 자신이 밀어주는 사람이 당선될 때 경제적인 이익을 비롯하여 5년 동안 편안하게 사회 활동을 할 수 있는 빽을 얻겠다는 사고에서 발생한 것이다. 서양 선진국 특히 우리와 같이 대통령제를 택하고 있는 미국에서는 자신이 미는 후보자를 위해서 엄청난 노력을 한다. 대부분 자신의 개인저금 통장을 깨서 선거비용으로 사용한다. 그러나 자신이 미는 후보자의 당선과 자신이 덕을 본다는 생각은 별개라는 사고가 몸에 베어있다. 한국도 국민전부가 이러한 선진화된 사고를 가질 때 한국의 지역주의는 사라지게 된다.

넷째, 전자식 직접 민주주의 제도의 도입이 필요하다.

현대는 갈수록 더욱더 전자식 민주주의 방식이 도입되고 있다. 디지털 시대에 잘못하는 경우 전체주의 정부가 되는 경우를 우려할 수 있다. 이것은 바로 인터넷의 힘이 바이러스보다도 확산의 속도가 빠르기 때문이다. 정보화 시대로 인해서 지역 간의 편견을 없앨 수 있는 기회가 확대되었다. 1970년 고속도로가 생기면서 일일 생활권 시대에 접어들면서 국민들이 정보를 빨리 접할 수 있었다. 21세기가 들어서면서는 디지털 혁명으로 국민들이 정보의 홍수 속에 있다.

누구나 다 스마트폰 속에 인터넷을 휴대하고 다닌다. 65세 이상의 고령자들도 대부분 스마트폰의 인터넷을 이용한다. 이러한 경우한국인들이 가지고 있던 기존의 지역적인 편견은 사라지게 된다. 지역적인 격차로 생긴 문화적인 사고를 비롯하여 모든 것이 서로 비슷한 유형으로 변하게 된다. 정치에도 점차 투명성과 생동감이 생겨나게 된다. 대통령 선거를 비롯하여 중요한 선거는 디지털 혁명으로 인해서 더욱더 국민들이 관심을 가지기 시작하였다. 정보화가지역이기의 편견을 없애는 역할을 하고 있다. 따라서 지역이기주의를 없애기 위해서 인터넷 등 디지털을 정치에 활용하면 지역할거주의를 없애는 데 중요한 역할을 할 수 있다고 기대된다.

다섯째, 물리적 개념을 붕괴하는 공간도시를 형성해야 한다.

디지털 정보혁명을 이용하여 기존에 존재하던 산업사회에서 형성된 물리적 지역개념을 붕괴시켜야 한다. 한국의 지역이기주의는물리적 지역이기주의를 바탕으로 형성되어왔다. 산업사회의 물리적 지역도시를 정보화를 이용하여 전자그물망식 전자공간도시를형성하는 일이다. 다시 말하면 현대인들은 두 개의 도시 속에 살고있다. 하나는 눈에 보이는 산업도시이며 다른 하나는 그물망으로형성된 전자 공간도시를 말한다.

지역이기주의는 자기 지역을 다른 지역보다 더 발전시켜 타지역보다 자기 지역이 경제적으로나 문화적으로 더 발전시켜 나가겠다는 사고에서 발생한다. 전자식 디지털 혁명을 통해서 지역 간 전자그물망을 통해 지역의 개념을 넘어서는 공간도시를 만들게 되면 지역주의를 해소하는 데 크게 도움이 된다. 정보화로 인해서 우리는실제 도시와 함께 가상의 도시에 살고 있다. 거대한 네트워크를 만들어 눈에 보이지 않는 도시 속에 살고 있다. 이러한 거대한 통신망 연결로 인해서 홈쇼핑과 홈뱅킹 등이 가능하게 되었다. 직접 은행에 가지 않고도 은행 일을 볼 수 있다. 동시에 시장에 가지 않고도 집에서 쇼핑을 할 수 있게 되었다.

새로운 전자도시를 형성하는 일이 가능하게 되었다. 지역주의를 타파하기 위해서 영호남간의 전자그물망의 도시를 형성할 수 있게 되었다. 단순히 산업사회에서는 광주와 대구를 연결하는 가상의 도시를 만드는 일이 불가능하였다. 그러나 현대는 대구와 광주를 연결하여 하나의 도시로 만들 수 있는 가상의 도시를 형성하는 일이 가능해졌다. 호남의 광주와 영남의 대구가 하나의 공간도시로 만들어서 도시가 가지고 있는 문화를 흡수하여 하나로 만들 수 있다. 동시에 경제 격차도 줄일 수 있다. 이러한 경우 각 지역 간에서 발생하는 지역이기주의는 사라지게 되는 것이다.

여섯째, 2030세대가 적극적으로 정치에 참여해야 한다.

앞으로 한국의 주역들은 2030세대들이다. 이들이 지역주의 타파를 위해서 정치에 적극적으로 참여하여야만 한다. 사실상 이들은 지역주의를 경험하지 않았기 때문에 지역감정을 가지고 있지 않다. 단지 이들은 부모나 선배들로부터 지역감정에 대한 이야기를 들었을 뿐이다. 그러하니 이 세대가 직접 나서서 정치에 참여하고 정치를 주도해 나가야만 한다. 물론 그들도 지역감정을 경험한 부모 세대들로부터 영향은 받을 수 있다. 그러나 그들은 지역주의를 직접 경험해 본 것이 아니고 동시에 서구식 개인주의적 사고가 매우 강한 세대들이다. 따라서 이들이 이제 정치 무대에 직접 깊숙이 관여하도록 권장하여 지역주의 타파를 위한 정치혁명을 이끌어 내도록 도와주어야만 한다.

이 경우 한국의 정치혁명이 일어나서 지역주의는 사라지게 된다.

일곱째, 정실주의를 탈피한 인사행정 제도의 확립이 필요하다.

지역감정이 사라지지 않는 원인 중에 하나가 정실주의 인사 때문이다. 정치는 행정과 분리되어져야만 한다. 그런데 한국의 실정은 정행유착의 관행이 근절되지 않고 있다. 그 이유는 아직까지 공직사회가 완전한 직업공무원제가 정착되지 못하고 있는 후진성을 면치 못하고 있기 때문이다.

미국의 경우는 행정부서의 과장이 장관의 말을 듣지 않는다. 그 이유는 과장에게 장관이 함부로 인사를 단행할 수 없기 때문이다. 한국은 국회의원의 보좌관까지 나서서 행정부에 대해 자료를 요청하고 골탕 먹이려 한다. 정권이 교체되면 정무직 공무원은 당연히 교체되어야만 한다. 한 부서의 정무직 공무원인 장관과 차관은 당연히 바뀌어야한다. 그러나 차관보부터 하위직들에게는 정치적 영향이 없어야만 한다. 그런데 한국의 실정은 그렇지 않다. 선거철이 되면 벌써 2~3급의 고위직 인사인 국·실장급부터 술렁거린다. 1급인 차관보급인 실장은 사표를 써서 들고 다녀야만 한다. 그리고 국장급까지 위험하다. 이러한 상황에서 하위직 공무원들이 마음도 편할 리 없다. 결국 선거가 끝나면 관가의 인사는 단행된다. 정무직인 장관부터 시작해서 최하위인 서기보까지 자리가 바뀐다. 대부분 지역이기주의에 편승한 인사가 이루어진다. 대부분 인사권자는 자신과 같은 학교나 혈연 및 동향을 선호하는 인사를 단행하는 것이다.

앞에서도 언급한 것처럼 한국은 지역주의가 학연이나 혈연을 대부분 포함하고 있다. 그 이유는 바로 대부분 사람들이 지역을 기반으로 학교를 다니고 결혼을 하기 때문이다. 이처럼 한국은 아직도 정행유착이 밀접하다. 따라서 이러한 정행유착을 뿌리 뽑기 위해서 가장 필요한 것은 정행유착을 뿌리 뽑고 직업공무원들을 정치로부터 막아주는 제도적 장치가 필요하다. 이러한 확고한 직업공무원제는 지역주의를 타파하는 데 기여할 수 있다.

# 진보와 보수의
# 제로섬게임 타파

한국의 정치발전을 위해서 없애야 할 요소는 바로 보수와 진보의 대결 구도이다. 정치사회적인 관점에서 진보와 보수의 대결 구도에서 진보는 보수를 이기지 못하고 있다. 정치적인 차원에서 선거를 통해 나타난 대결 구도를 비롯하여 경제적으로 사회 계층 간에 나타나는 대결 구도 등을 토대로 하여 1948년 한국 정부가 수립된 이래로 나타난 현상을 분석해 보면 진보가 보수를 이긴 적이 드물었다.

이것은 정치적으로 신생국들이 가지고 있는 공통점이기는 하지만 보수집단인 기득권층의 횡포와 정치적 권력을 가진 보수집단의 강력한 영향력 등으로 인해서 진보는 보수를 이기지 못하였다. 해방 이후의 한국 사회는 정치가 차지하는 비중이 가장 컸다고 할 수 있다. 정치가 가장 위에서 군림하면서 그 밑에 경제가 형성되면서 사회계층이 형성되었다. 정치적으로 보수가 정권을 잡느냐 진보가 정권을 잡느냐에 따라서 경제를 비롯하여 사회계급의 구조 역시 달라진다.

이승만 정권 이래로 한국의 정치사는 심한 소용돌이 역사의 연속이었다. 이러한 소용돌이의 역사 속에서 진보적 정당이 정권을 잡은 기간은 김대중 정부와 노무현 정부의 10년간은 진보주의의 승리라고 할 수 있다. 그러나 김대중 정부는 김대중 대통령 개인적인 민주화 투쟁경력을 바탕으로 하여 보수사회에 대해서 대항 할 수 있었으나 노무현 대통령의 진보정치는 강한 보수 기득권층의 저항으로 인해서 대통령에 대해서 탄핵을 비롯하여 강한 저항으로 인해서 진정한 진보주의적 정치를 할 수가 없었다.

따라서 한국 사회는 보수와 진보의 대결에서 보수가 주도권을 잡고서 과거의 역사를 움직여 왔으며 앞으로도 진보와 보수의 대결에서 보수가 승리할 가능성이 크다고 할 수 있다. 그러면 미국과 같은 대통령제 정치형태를 취하고 있는 한국 사회에서 왜 진보는 보수를 이기지 못하는가. 이 문제를 해결하기 위해서는 현재 한국이 가지고 있는 내외적인 환경적인 요소를 분석해 볼 필요성이 있다.

## 지역주의를 바탕으로 하는 문화

지역을 가지고 그 지역이 진보주의냐 또는 보수주의냐를 논한다는 것은 어려운 일이기는 하지만 그 지역이 가지고 있는 정치 성향 등을 바탕으로 하여 볼 때 한국은 영남 지역과 호남 지역의 양대 지역이 보수 지역과 진보 지역으로 명확하게 구분된다. 영남 지역은 보수주의를 대변하며 호남 지역은 진보주의를 대변하고 있으며 이것은 선거 때만 되면 강하게 나타나는 현상이다. 이러한 보수와 진보가 나타나는 강한 현상은 제3공화국부터 나타난 현상이다.

그러나 한국의 역사를 분석해 보면 삼국시대로 거슬러 올라가면 지금의 호남에 해당되는 백제가 지금의 영남에 해당되는 신라보다는 더욱더 진보적인 사고를 가진 국가이었다. 그 예로서 일본과의 활발한 교류를 통해서 백제는 일본에 백제문화를 전수하였다. 물론 이것은 정치적인 차원에서 백제가 고구려 등의 남하정책으로 인해서 위기에 몰리면서 시작된 일본과의 외교적인 전략이 있기는 하지만 그것 보다는 백제인들의 진보적 사고를 보여주는 면이 강하게 나타나고 있다.

삼국 중에서 가장 보수주의적 사고를 가진 나라가 신라라고 할 수 있다. 신라가 당나라와의 나당 연합군을 통해서 삼국을 통일하는 과정에서부터 사대사상이 강하게 작용을 하고 있다고 할 수 있다. 지금의 북한에 해당하는 고구려 역시 진보적인 사고를 가진 국가임에 틀림없다. 근 현대사를 이르는 조선시대의 역사를 보면 조선 초기부터 시작해서 이북 지역인 평안도와 함경도 인물은 등용하지 않았다. 그 원인은 평안도와 함경도 사람들의 진보적인 기질 때문에 정부에 대해서 도전할 혁명적 사고가 강하기 때문에 평안도와 함경도 지역의 인물들은 배제시키고 등용을 하지 않았다. 사실상 이괄의 난과 이징옥의 난을 비롯하여 홍경래 난 등 많은 군사적으로 정부를 전복하려는 진보적 사고를 바탕으로 하는 역사적 사건이 조선의 역사를 통해서 나타났다.

조선시대 중기에 들어서면서 호남인들에 대한 차별대우가 시작되었다. 그 원인은 앞에서도 언급한 것처럼 정감록의 저자인 정여립 사건이 일어난 이후이다. 또한 전라도 고부군수 조병갑의 폭정에 반기를 들고 동학란을 일으킨 전봉준 역시 호남 인물이었다. 조선조 이후에 일제강점기 역시 전북 순창, 고창 등을 중심으로 하는 한국의 독립 운동가들이 많이 나타났으며 호남 출신의 독립운동가가 다른 지역보다도 더 많았다. 일제 치하에서 일어난 학생운동도 광주학생운동을 비롯한 운동이 대부분이 광주를 비롯한 호남 지역에서 일어났다.

정치적인 차원에서 이승만 정권 이래로 진보가 정권을 잡은 기간은 얼마나 될까? 장면 내각의 9개월과 김영삼 정권의 보수와 진보의 합작품의 정권은 진보라고 할 수가 없다. 따라서 진보라고 이름을 붙일 만한 정권은 김대중 국민의 정부와 노무현 참여정부 기간 10년을 들 수 있다.

그러나 김대중 국민의 정부가 탄생한 원인은 지역주의의 구도가 가장 크게 작용하였으며 노무현 참여정부가 탄생한 원인은 당시에는 5060세대에게는 생소한 인터넷이 2030의 독점물인 인터넷과 지역주의를 활용한 덕분이라고 할 수 있다.

당시 여당이었던 민주당의 노무현 대통령 후보는 야당의 대권 주자인 이회창 후보에게 여론조사에서 많이 뒤지고 있었다. 특히 그는 경력과 학력 면에서 정통 법조인 출신인 야당의 이 후보에게 게임이 되질 못했다. 그런데 노무현 후보가 승리하여 김대중 진보정권을 그대로 유지한 원인은 바로 여당 후보 노무현의 출신지가 영남 지역 출신이라는 이점을 가지고 있었다.

제3공화국 이래로 한국에서 큰 정치인이 되기 위해서는 영남과 호남 인사가 아니면 될 수가 없다. 특히 대통령 선거에서는 아무리 큰 인물이라도 자신의 출신 지역이 약하면 대통령이 된다는 것은 거의 불가능 하다고 할 수 있다. 비근한 예를 들면 삼김시대를 연 김영삼, 김대중, 김종필 3인의 예에서 알 수 있다. 김영삼, 김대중 대통령은 지역을 잘 타고 났다고 할 수 있다. 한국 정치의 양대 산맥인 영남과 호남의 지역을 가지고 있었기 때문이다. 반면 김종필 후보는 지역이 충청도라는 약한 지역을 가지고 있었다.

진보정당 노무현 후보가 당시 보수정당의 강력한 후보인 이회창 후보를 이긴 결정적인 원인은 이회창 후보의 개인적인 아들의 병역 문제가 있기는 했지만 그 보다도 이회창 후보의 출신지가 영남이나 호남이 아닌 충청이라는 점이 가장 큰 약점이라고 할 수 있다. 만일 이회창 후보가 영남 출신이었더라면 진보정당의 후보인 노무현 후보가 승리를 거둘 수 있었을까?

이회창 후보의 개인적인 문제인 아들의 병역문제는, 만일 이회창 후보가 영남 출신의 후보이었더라면 보수를 대변하는 영남 지역의 표가 대결 구도인 호남의 진보정당과의 대결에서 표가 분산되지는 않았을 것이다. 물론 선거 하루 전에 정몽준 후보의 지지 파기는 진보세력의 결집력을 강화시키기는 하였지만 당시의 진보세력의 대부분이 2030세대의 인터넷 세대라는 점이 결집력 강화에 결정적인 역할을 한 것도 선거 승리에 중요한 역할을 했다. 당시만해도 인터넷의 보급에 5060세대는 익숙하지 못하였기 때문이다.

여기에다 한국은 월드컵 4강의 신화를 이루면서 붉은 악마 등이 월드컵 신화에 결정적인 역할을 하였다. 붉은 악마들 역시 자신들의 노력으로 인해서 월드컵 신화를 이루었다는 확신을 가지게 되었다.

붉은 악마를 중심으로 한 2030세대들의 세력이 정치 쪽으로 넘어 가면서 당시 젊은 후보이면서 진보적 성향의 노무현 후보가 보수성향이면서 나이가 많은 이회창 후보보다 인기가 더 있었다.

선거란 후보자의 능력보다는 선거 당시의 주변 환경과 후보자 지지도와 상당한 상관관계를 가지고 있다. 특히 이회창 후보는 아들의 병역 비리 문제가 제대로 해명되지 못하면서 젊은 층들의 표심이 노무현 후보에게로 돌아가게 되었다. 그 당시까지만 해도 2030세대들은 대부분 투표와 선거에 관심이 없었으나 약자이면서 진보적 성향의 노무현을 돕자는 노사모를 중심으로 한 선거운동에서 가장 큰 역할을 한 것은 바로 이들이 인터넷을 잘 활용하여 서로 간의 정보 교류가 가능하였기 때문이다.

인터넷을 통해서 노무현 후보를 돕자는 젊은 층인 넥타이 부대와 하이힐 부대는 보수주의이면서 노년층의 투표율을 능가하면서 노사모의 인터넷을 통한 활동은 바이러스처럼 확산 되었다. 결국은 근소한 차이로 노무현 후보가 이회창 후보를 이기고 선거에서 당선이 되었다. 앞에서도 이미 언급한 것처럼 이회창 후보의 출신지가 만일에 영남이나 호남 출신이었다면 틀림없이 선거의 결과는 다르게 나타났을 것이다.

## 남북한 냉전의 존속

앞에서도 이미 언급한 것처럼 한국은 정치, 경제, 사회, 문화적인 차원에서 보수와 진보의 대립이 심각한 상황에 처해 있다. 특히 안보적 차원에서 이미 전 세계적으로 냉전의 시대가 사라진지 이미 20년이 넘었지만 동북아에서는 유일하게 냉전이 아직까지 종식되지 못하고 있다. 설상가상으로 한반도에서 북한이 전 세계의 만류와 억압 속에서 핵무기 계발을 지속시켜서 이제 세계에서 9번째의 핵 보유국이 되었다고 주장하면서 남한을 비롯하여 한미동맹을 맺고 있으면서 세계 패권국인 미국까지 위협하고 있다.

이렇게 북한이 핵보유국이라고 남한을 위협하면서 핵을 만드는 과정에서, 남한으로부터 받은 경제적 지원금을 거의 전부를 핵무기를 만드는 데 사용하였다며 소위 보수주의적 성향의 인사들이 좌파라고 불리 우는 인사들을 공격하고 있다. 반면 진보적 성향의 인사라는 인물들은 북한이 천안함의 공격을 감행한 사건은 남한의 이명박 정부가 북한에 대해서 보수 강경 노선을 추진해 나갔기 때문이라는 비난을 퍼부으면서 보수와 진보는 안보문제를 놓고 설전을 벌이고 있다.

보수진영에서는 미군으로부터 받아오는 비상시 군사작전권을 미국으로부터 당분간 유예하자는 의견이 분분한 가운데 노무현 정권에서 추진한 한미동맹에 대한 전략을 비난하기 시작하였다. 사실 한국은 천안함 사건 이후 북한에 대해서 군사적 도발이 절대적으로 일어나지 않는다는 사고를 가진 2030세대의 젊은 층 사이에서도 북한의 전쟁 도발에 대한 두려움이 다시 살아나기 시작 하였다.

동북아에서 북한이 핵개발 실험에 성공함으로 인해서 북한은 남북한이 힘의 균형 상태를 가져 왔으며 남한에 대해서 공격을 하겠다는 의도를 보이는 이유는 여러 가지로 해석할 수 있다.

첫째 북한은 무엇보다도 경제적인 차원에서 국내적으로 위기를 맞고 있다. 남한과 북한의 경제력의 우위 비교는 남한이 약 33배 정도의 격차를 가지고 있다. 또한 북한은 중국과는 사상적으로 같은 공산주의를 바탕으로 하며 경제적으로는 중국에 전적으로 의존하기 때문에 중국이 북한에 대해서 가장 큰 영향력을 행사할 수 있다. 그러나 무엇보다도 동북아에서 중국은 미국의 세력과 일본의 세력이 동북아에서 주도권을 잡는 행위에 대해서는 용납하려고 하지 않는다.

중국은 한반도에서 남한과 북한이 평화적으로 공존하기를 기대하면서 북한이 핵무기를 만들어서 동북아를 위협하는 행위에 대해서 탐탁하게 생각하지 않고 있다. 그러나 중국과 북한은 혈맹관계를 바탕으로 하고 있기 때문에 북한이 유엔으로부터 강력한 제재를 받는 행위에 대해서는 좋아하지 않고 있으며 반대의 입장을 보이고 있다. 동북아에서 전쟁이 발생하는 경우 중국 역시 북한에 대해서 투자한 경제적인 면에서 엄청난 손실을 보기 때문에 중국은 북한이 한반도에서 전쟁도발 행위에 대해서 적극적으로 막고 있기는 하다.

　다시 보수와 진보의 대결 구도를 본다면 미국 조지 부시 2세의 북한에 대한 강한 핵개발 억압 정책이 지속되었더라면 북한은 아직까지 핵 보유 국가가 될 수 가 없었을 것이다. 그러나 부시 2세의 퇴임 후에 새로운 정부인 오바마 정부는 북한의 핵개발 통제에 대해서 어느 정도 순화적인 정책을 추진해 나갔다고 할 수 있다. 특히 부시의 정책과는 달리 북한의 강력한 핵개발에 대한 억제력을 보였더라면 현재와 같이 동북아에서 위기감은 발생하지 않았을 것이다.

　한국에서 진보가 보수를 이기지 못하는 원인은 남북한 냉전 상태가 그대로 남아있기 때문이다. 1988년 러시아의 몰락을 계기로 이차대전 이래로 나타난 냉전은 80년대 후반과 90년대 초의 공산권의 붕괴로 인해서 냉전시대는 끝이 났다. 그러나 유일하게 동북아에서의 남한과 북한이 분단된 상황에서 북한의 군사적 동맹관계를 유지하던 러시아의 몰락은 북한에게 힘의 균형이 깨어졌다는 생각을 가지게 되었다.

　그 결과 북한은 핵을 보유하기 위해서 핵개발에 몰입하기 시작하였다. 북한의 핵개발 추진은 동북아에서 신 냉전을 유발하기 시작하였으며 북한과 화해와 평화를 유지하기 위해서 북한에게 경제적 지원을 한 진보주의 정당인 김대중 정부와 노무현 정부에 대해서 보수주의자들은 핵개발 성공을 두 진보정당에게 돌리면서 비난의 대상이 되었다.

　북한의 핵개발을 가장 두려워하는 나라는 당사국인 남한이기는 하지만 이보다도 9·11 테러를 직접 경험한 미국이 더욱더 두려움을 가지고 있다. 북한은 스스로 핵개발에 성공한 국가라고 하면서 전 세계에서 9번째의 핵보유국이라고 자처하고 있다. 그러나 문제는 북한이 핵실험의 성공으로 인해서 북한의 핵개발 기술을 중동을 비롯한 테러리스트인 알 카에이다에게로 전수되는 경우 미국의 안보는 위기를 맞게 된다. 특히 현대의 핵 기술은 점차적으로 핵을 작게 농축하여 운반하기 쉽게 만들 수 있게 되는 과정에 있다. 따라서 핵을 플라스틱 통에다 넣어서 미국의 핵 원자력 발전소를 비롯하여 몇 군데 동시 다발로 떨어뜨리는 경우에는 미국은 완전히 사라지게 되는 것이다.

이러한 북한의 핵개발에 대해서 미국은 강력하게 억제정책을 추진해 나가면서 특히 북한에 대한 경제고립조치를 병행하고 있다. 그 결과 북한의 경제는 갈수록 힘이 들게 되며 마지막으로 북한은 미국에 대해서 핵을 사용하면서 미국과 군사적 동맹을 맺고 있는 남한에 대해서도 핵무기를 사용할 가능성이 크다고 할 수 있다. 이처럼 북한과 미국과의 전쟁이 발생하는 경우 로마 이래로 지구상에서 가장 강한 강대국인 미국은 북한을 순식간에 없앨 수는 있다. 그러나 한반도에서 전쟁이 발생하는 경우에 남한이 입는 피해는 엄청난 것이다. 아마 북한은 지구상에서 없어지기는 하겠지만 남한에서는 엄청난 수의 사상자가 발생할 것으로 예상된다.

따라서 진보주의자들이 주장하는 북한에 대한 포용정책으로 북한을 국제사회에 끌어내어서 평화롭게 살자는 주장에 대해서 보수주의자들은 만일 북한에게 경제적인 지원을 다시 한다면 북한은 그 지원금을 가지고 핵개발과 무기를 만들어서 남한을 침략하여 남한이 북한에 의해서 흡수통일이 된다는 것이다. 그러기 때문에 남한은 미국과 강력한 동맹을 바탕으로 북한에 대해서 강력한 대치국면을 유지해나가야만 한다는 것이다.

동북아에서 서유럽의 독일과 같은 통일이 이루어지라고는 기대하기 어려우며 주변의 강대국이며 북한과 혈맹관계를 맺고 있는 중국 역시 한반도의 통일을 원하고 있지를 않으면서 단지 분단된 상황에서 평화를 유지해 나가기를 희망하고 있다. 이러한 상황에서 한반도 주변의 강대국인 러시아와 일본 역시 단순히 한반도의 평화만을 원하고 있는 실정이다. 따라서 북한은 선거 때만 되면 항상 전쟁에 대한 위협적인 발언이나 도발행위를 할 준비를 하고 있으며 도발은 전면전은 아니지만 국지전적인 차원에서 실제 일으키거나 일으킨다는 위협적인 발언을 항상 서슴지 않았다.

이러한 선거용 북한의 도발행위는 국민들의 여론과 인기를 바탕으로 하는 대통령 선거나 국회의원 선거에서 보수당이 진보정당보다 훨씬 유리하도록 여론이 몰리게 된다.

한반도를 중심으로 세계 4강의 국가들이 견제와 균형을 이루어 나가는 상황에서 미국이 북한을 공격하여 남한에 의한 무력통일이 이루어지는 것을 중국과 러시아는 희망하고 있지를 않기 때문에 견제와 균형상태는 그대로 유지될 전망이다. 이러한 남북한이 냉전상태를 그대로 유지하는 경우 남한 내에서의 보수와 진보의 대결구도에서 진보는 보수를 이길 가능성이 점차적으로 줄어들고 있다.

앞에서도 이미 언급한 것처럼 한국에서 6·25 한국동란을 경험한 세대들의 노인들은 점점 더 북한에 대한 배격사상을 강조하고 결집력을 가속화시켜 나가고 있으며 또한 이들의 사회적 활동 역시 더욱더 늘어나고 있는 실정이다.

그러면 신냉전의 시대는 언제 끝이 날 전망인가.

국제정치학적 시각에서 보면, 북한의 핵개발로 인해서 북한이 남한에 대해서 전면적인 전쟁을 선포하여 전쟁을 일으키기 전까지는 남북이 분단된 상황에서 상당히 오랫동안 남북이 평화적인 듯이 보이지만 사실은 긴장의 연속이 계속될 전망이다. 천안함 사태와 같이 남북이 국지적인 전쟁상태인 경우에는 남북의 통일은 불가능한 상태이다. 만일 북한이 먼저 국제사회에서 현재 압박을 받고 있는 경제적인 고립상태에서 벗어나기 위해서 먼저 전쟁을 일으키는 경우에는 남한과 미국의 한미동맹에서 세계 최강국 미국의 힘을 빌려서 통일될 가능성이 크다.

그러나 현재로 보아서는 북한과 군사적 동맹을 맺고 있는 중국을 비롯하여 세계 강대국들이 남북한 통일을 원하고 있지 않기 때문에 남북이 통일이 될 가능성은 매우 희박하다. 특히 북한 역시 국제사회의 압박을 참아가면서 핵개발을 포기하지 않을 것이 분명하며 북한의 김정은은 젊은 혈기로 절대로 핵을 포기하지 않을 것이 분명하다. 이러한 관점에서 보면 북한과 친북한 관계인 한민족공동체 의식을 중요시 여기는 사고를 바탕으로 하는 진보주의는 한미동맹을 바탕으로 하는 보수주의를 이길 가능성이 희박하다. 특히 김정은 체제가 북한 내부의 분열로 인해서 붕괴되지 않는 한 김정은 시대는 오래 계속될 전망이다. 이러한 경우 남한에서의 김정은의 돌발적이고 전쟁에 대한 위협을 가중시킬 것이 틀림없으며 이러한 상태 하에서는 남북한의 대치국면이 장기화 되면서 보수 세력이 기득권을 유지할 전망이다.

## 고령화로 인한 보수주의 사회화 현상

얼마 전 한국의 언론보도에 따르면 한국의 지방선거의 유권자들의 40퍼센트 이상이 50대 이상이라고 보도를 하였다. 이처럼 한국 사회도 점차적으로 고령화 사회로 접어들고 있다는 것을 의미한다. 현재 전 세계의 글로벌화 현상 중의 하나가 저출산 고령화 사회의 시대이다. 고령화 사회란 국민들의 평균수명이 연장되고 과거의 나이보다 훨씬 더 건강한 삶을 살아간다는 것을 의미하며 노인층의 인구가 늘어나고 젊은 층의 인구 비율이 점차적으로 줄어드는 기존의 피라미드형에서 정방형의 모양에서 더욱더 역 피라미드형의 인구분포도로 변화되어지고 있다.

앞으로 이런 추세로 나가면 정년의 연장 및 건강상태의 양호로 인해서 과거에는 뒷방에서 늙은이 대접을 받던 고령의 노인들이 이제는 과거 시대의 청년들과 같이 젊고 활동적인 삶을 살아갈 전망이다.

현재의 나이는 과거의 나이에 곱하기 0.8 정도로 보면 타당한 것이 인구 학자나 의학자들의 견해이다. 또한 심지어는 자신의 실제 나이에 20를 빼는 나이가 활동할 나이로 보고 있다. 고령화 사회에서 나타나는 가장 큰 특징은 사회와 사람들의 보수화 현상이라고 할 수 있다. 앞에서도 이미 언급한 것처럼 사회와 인간 모두에게 고령화란 바로 보수화를 의미한다. 청교도 정신을 바탕으로 하는 미국 사회에서 초창기는 미국은 유럽과 비교하여 매우 진보적인 사고를 가지고 출발을 하였다.

미국의 양대 정당인 보수당과 민주당 중에서 진보정당인 민주당 뿐만 아니라 보수정당인 공화당까지도 진보적 색체가 매우 강하였다. 그러나 현재의 미국은 보수당인 공화당뿐만 아니라 진보정당인 민주당까지도 보수적인 색체가 매우 강한 사회로 변하고 있다. 미국인들 역시 과거의 유럽인들과 비교하여 미국이 자랑하는 프런티어는 바로 진보적인 색깔을 의미하였다.

이러한 프런티어는 바로 도전적이며 개척적인 진보적 정신을 의미하였다. 그러나 현재 미국인들은 세계 패권국의 자리를 유지하고 싶으며 초기의 도전적이고 모험적인 정신은 사라져 버렸고 아주 보수화 되어져 버렸다. 이처럼 인간과 사회가 나이를 먹으면 먹을 수록 보수화 되어져 버린다. 보수화 되어져 버린다는 것은 도전적이고 모험적인 삶 보다는 안정적인 삶을 원한다는 것이다.

한국을 비롯한 전 세계의 저출산 고령화 사회에서 나타나는 보수화현상은 경제 선진국일수록 더욱더 보수화 되어지는 경향이 강하다. 경제 선진국인 일본을 포함하여 한국과 유럽의 나라들과 남미와 아프리카의 신생국이며 경제 후진국가들과 국민들의 성향을 분석하면 경제선진국들의 정치적인 차원을 비롯하여 사회문화적인 관점에서 강한 보수화 성향을 나타내고 있다. 이러한 관점에서 보면 한국 사회 역시 선진국형 사회 모델을 적용하면 앞으로 한국인들의 의식구조는 점점 더 보수화되는 경향이 강하게 나타날 전망이다.

그러면 노무현 대통령과 이회창 후보 간의 대통령 선거에서 나타난 현상과 박근혜 후보와 문재인 후보 간의 경쟁에서 나타난 현상을 분석해 보면 이회창 후보와 노무현 후보 간의 차이나 박근혜 후보와 문재인 후보 간의 투표 차이는 아주 근소한 차이에 불과하였다.

특히 양자 대결에서 나타나는 투표의 차이는 나누기 2로 하여야만 한다. 그 이유는 가령 100표의 차이가 났다면 그것은 50표의 차이라고 보면 된다. 왜냐하면 만일 한쪽에서 50표가 다른 후보를 찍었다면 전체적인 표차는 2분의 1로 줄어들기 때문이다.

문제는 당시 노무현 후보를 당선되도록 만든 연령층이 누구냐가 중요하다.

노무현을 대통령으로 만든 사람들은 노사모를 비롯한 진보주의색체가 강한 사람들이라고 규정지을 수 있다. 그러면 노사모들은 자신들이 가지고 있는 돼지저금통을 깨서 선거비용으로 사용하고 자원봉사를 하고 그야말로 헌신적인 마음에서 우러나는 노력을 통해서 대통령으로 만들었다. 노사모를 비롯하여 강한 결집력과 결속력을 보인 이들은 진보적 사고를 가진 2030세대들이었다.

그들의 나이는 10년 후에 치러진 박근혜 후보와 문재인 후보와의 대결에서 그들의 연령은 3040세대로 올라갔다.

그런데 지난번 선거에서 박근혜 후보를 지지한 후보들은 5060세대들이라고 할 수 있다.

여기에서 어떠한 사실을 예견할 수 있는가?

가장 두드러진 사실은 10년 전의 5060세대와 현재의 5060세대의 차이점을 발견할 수 있다. 10년 전의 5060세대들은 이미 은퇴한 후에 정치에 대해서 관심을 가지고 있기는 하지만 실제로 투표에 대해서는 소극적인 반응을 보였다. 그러나 현재의 5060세대들은 정치가 바로 자신들의 실리와 관련되며 정치로 인해서 국가보다는 자신과 자신의 가족과 직접적인 연관성을 가지고 있다는 사고를 가지고 있다. 이것은 5060세대들의 정치의식의 선진화와 정치의식이 상당히 높아지고 있다는 것을 의미하며 이것은 정치발전과 상당한 연관성을 가지고 있다.

정치발전이란 무엇인가.

정치발전에 대해서 아직까지 대한 명확한 정의는 혼미한 상황에 있기는 하다. 그러나 일반적으로 정치발전이란 하나의 단독적인 행위가 아닌 복합적인 요소를 가지고 있다. 새뮤얼 헌팅턴은 정치발전을 제도화로 보기는 하지만 정치 발전을 단순히 제도화라기보다는 정치, 경제, 사회, 문화, 역사적인 차원에서의 복합화된 현상이라고 할 수 있다. 따라서 5060세대들의 적극적인 관심은 한국의 국민의 식의 향상과 함께 정치발전의 가속화되는 현상이라고 할 수 있다.

　다음으로 중요한 사실은 한국이 고령화 사회이자 보수화 사회로 접어들고 있다는 것을 의미한다. 한국의 정치선진화와 고령화와 함께 보수화 사회에 접어들었다는 것을 의미한다. 앞에서도 언급한 것처럼 한 나라의 경제가 안정되면 될수록 보수화 현상이 나타나게 된다. 한국 역시 보수화 사회의 길로 접어들었다는 것을 의미한다. 보수화 사회에서는 국민들은 급진적인 변화를 싫어하는 성향이 매우 강하다. 따라서 기존의 틀에서 벗어나서 이상적이고 급진적이며 위험한 변화에 대해서는 거부를 하는 경향이 강하게 나타난다.

　지난번 대선에서 정권의 교체 가능성이 매우 컸다. 그 이유는 바로 국민들이 기존의 정치인들을 싫어하고 정치에 별로 관여하지 않은 참신한 정치인을 원하고 있었다. 따라서 진보적 성향의 인물을 원하였다. 이러한 정치 상황에서 지금까지 정치와 무관하지만 정치성이 강한 안철수 후보를 국민들은 원하고 있었다. 그러나 문제는 국민들의 보수화 성향으로 인해서 안철수 후보가 정치적 경험이 없기 때문에 혹시 정치적 실패를 가져 올지 모른다는 의심을 품기 시작하면서 안철수 후보의 지지율이 마지막에 가서는 떨어지기 시작하였다.

　물론 그전 서울시장 선거에서는 시민운동가가 당선이 되기는 하였지만 진보적 성향이 강한 서울이라는 한정된 지역과 전국적인 대통령 선거와는 완전히 다르다고 할 수 있다. 지난번 16대와 18대 대통령 선거를 진보와 보수의 대결 구도에 초점을 맞추어 보면 노무현 후보와 이회창 후보의 대결은 보수와 진보의 대결에서 진보가 결정적인 역할을 하여 진보가 승리를 한 선거이며 18대 선거에서는 보수가 선거의 승리에 결정적인 역할을 하여 보수의 승리라고 할 수 있다.

그러면 앞으로 한국의 정치는 어떠한 형태로 변화를 추구해 나갈 것인가.

이 문제에 대해서 다양한 변수들이 작용을 하고 있기는 하지만 선거란 국민들의 당시 순간의 인기에 의해서 결정되기 때문에 정확한 답변은 할 수가 없기는 하다. 하지만 한국의 경제적인 요소와 남북한 관계의 변수와 저출산 고령화 현상 등으로 인해서 진보정당이 설 자리가 점차적으로 좁혀 들어갈 것으로 예상된다. 또한 경제적으로 선진국의 문턱에 들어선 한국은 경제대국으로 앞으로 자리를 잡으면 잡을수록 빈부의 격차는 클는지 모르지만 국민들의 기본적인 생활수준의 차원에서는 빈부의 차이가 좁혀지기 때문에 대다수의 국민들이 모험을 싫어하고 안정된 생활을 원하게 될 것이다. 따라서 한국의 대통령 중심제 정치 제도 하에서 양당정치 제도가 자리를 잡게 될 것은 틀림없다. 그리고 제3당은 존재할 가능성이 희박하다.

대통령 중심제하에서 여당 하나 야당 하나의 양당제도가 확립됨과 동시에 보수당인 여당과 진보당인 야당은 모두가 다 보수적인 정당으로 변하게 될 것이다. 이것은 현재 대통령의 모델인 미국식 정치형태로 변하게 될 것이다. 앞에서 이미 언급한 것처럼 미국 역시 진보정당인 민주당과 보수정당인 공화당 모두가 다 보수적 성향이 강한 정당으로 변하였다.

미국과 한국을 비교해 보면 미국의 대통령제 모델을 한국이 점차적으로 수용할 가능성이 있기는 하지만 한국은 남북분단이라는 냉전시대의 존속과 지역감정이 그대로 존재하는 외적인 환경요소로 인해서 미국과는 약간 다른 형의 대통령제로 변하게 될 것이다.

이러한 상황을 종합해 보면 한국의 정치제도는 진보가 보수를 이기기가 매우 힘든 정치 환경이 조성될 것으로 예상된다. 그러나 이러한 보수화 된 국민의식을 가진 한국의 내적인 환경요소와 외적으로는 남북한 대치국면의 냉전이 종식되는 상황에서는 국민들의 의식은 북한과의 전쟁을 피해가는 것을 희망하는 동시에 북한에 대해서 한민족공동체 의식 역시 원하고 있다.

미국과의 관계에서 현재까지 1953년 이래로 노무현 정부를 제외하고는 대부분 적극적 순응정책을 추진해 나오면서 강대국 미국에 대해서 종속적인 관계의 약소국 안보 및 외교 정책을 추구해 나오고 있다. 그러나 이것은 한국이 경제적으로 후진국 시절에 추구해 나온 안보동맹 정책이기 때문에 현재는 한국 국민들은 미국에 대해서 존경이나 멸시를 하지 않고 아무런 의식이 없이 단지 대등한 한미동맹 관계를 원하고 있기 때문에 누구나 미국에 대해서 너무 의존하는 기존의 정책에서 어느 정도는 탈피하는 외교가 필요하다.

진보정당의 경우는 어느 정도 보수화 성격의 정당으로 변신을 추구해 나가야만 하며 과거의 노무현 정부처럼 아젠다형 순응정책에서 벗어나서 미국과는 동조관계를 유지하는 전략으로 바꾸어야 국민들이 진보정당을 믿고서 따르게 될 것이다. 남북한 관계에서도 무조건 북한의 눈치를 보면서 남북한 평화를 유지해 나가는 정책에서 벗어나서 북한에 대해서는 어느 정도는 강성을 가지고 대응해 나가는 전략이 국민들의 호응을 얻을 것이라고 기대된다.

## 보수집단과 진보집단의 강한 이분화 현상

한국 사회에서 나타나는 현상은 보수와 진보의 강한

이분화 현상이다. 미국을 비롯한 선진국에서는 진보와 보수의 구별이 한국처럼 뚜렷하게 나타나지 않고 있다. 그들은 필요에 의해서 진보와 보수가 연합을 하기도 하고 서로 상반된 견해를 가지기도 한다. 그러나 한국의 경우는 진보적 사고를 가진 사람이나 진보적 집단에 속한 사람들은 보수주의자들이나 보수집단의 사람들에 대해서 적으로 생각하고 상대하기를 꺼린다.

보수집단에 대해서는 보수 꼴통 또는 수구 집단이라고 몰아붙이면서 구제 불능의 인간이기 때문에 대화가 불가능하다는 생각을 가지고 있다. 또한 작가나 사회단체에 종사하는 사람들이 자신의 글을 발표하고자 하는 경우에는 반드시 출판사나 단체가 진보적 성향이나 보수 성향이냐부터 알아보고서 자신의 성향에 맞는 출판사를 찾는다. 또한 출판사 역시 자신의 글을 발표하는 사람이 자신과 같은 진보냐 보수냐부터 알아보고서 글을 출판시킨다. 만일 그 작가가 자신과 다른 성향을 가진 작가라면 그 글이 아무리 좋은 글이라고 할지라도 출판을 해 주지 않는다.

한국에서 진보와 보수의 대결은 정치적인 차원에서 보면 과거의 당파싸움에 해당할 정도로 심각하다. 과거의 조선조가 망한 원인은 지배계급간의 파벌싸움이 가장 큰 원인 중의 하나이다. 예를 들면 임진왜란의 경우에도 당파싸움 때문에 서로 상반된 의견을 보였기 때문에 일본의 침략에 대해서 정보가 엇갈려서 결국은 전쟁에 대한 대비를 하지 않았다.

독립운동 당시에도 같은 독립군 간에도 자신과 다른 파벌을 일본군에게 고발하는 사태가 너무 잦게 발생하여 독립군들의 활동의 정보가 쉽게 일본군들에게 흘러들어갔다. 해방 이후에도 진보와 보수의 대립이 지금까지 계속되고 있다.

진보가 보수에 대해서 생각을 바꾸기 불가능하다는 생각을 가지고 있는 것처럼 보수는 진보를 종북자로 추정하여 접하기를 꺼리며 심지어는 빨갱이로 몰아붙이는 경향이 매우 강하다. 이러한 상황에서는 사회적 기반이 강한 보수의 영향력이 기반이 약한 진보보다는 설득력이 크게 작용하기 때문에 진보와 보수의 대결에서 비록 진보의 말이 맞는다는 것을 알면서도 진보보다는 보수의 의견을 듣고서 밀어주려고 하는 경향이 매우 강하다. 예를 들면 맥아더 동상 철거문제와 미군 병사가 일으킨 효순이, 미선이 사건과 미군기지 평택이전 문제 등에 대해서 진보주의자들은 무조건 이유 없이 반대 의사를 나타내면서 거부반응을 보인다.

미국에 대해서 보수주의자들이 대부분 친미적 성향이 있다는 것을 알고서 반미주의적 성향이 강한 진보주의자들은 이유 불문하고 보수주의자들의 사고에 대해서는 반대의 의사를 나타낸다. 반면에 북한 문제에 대해서 보수주의자들은 진보주의자들이 평화통일을 위해서 가지고 있는 의견은 아예 들을 생각도 없이 반대의사를 보이면서 친북 및 종북으로 몰아붙인다.

이러한 남북분단이라는 신냉전의 종식이라는 국제관계의 변화가 나타나기 전에는 보수와 진보의 이분화 현상은 사라지지 않을 전망이다. 특히 북한의 체제는 정치적으로는 공산주의 체제를 유지하되 경제적으로는 중국의 모델인 자유시장 경제체제를 유지해 나갈 전망이다. 가장 큰 문제는 북한은 김정은 체제 유지를 위해서 군사적인 차원에서 핵무기 개발에 주력을 두면서 국제사회에서 고립을 면치 못할 전망이다.

북한이 핵을 고집하면 할수록 남한에 대해서는 평화와 침략이라는 두 전략을 추진해 나갈 것이다. 이러한 경우 남한에서는 보수와 진보의 대립은 더욱더 강하게 나타나면서 국민들은 통일 문제에 대해서 더욱더 보수적 사고를 가지게 될 전망이다.

## 국민들의 정치의식 수준 향상으로 인한 보수화

경제대국 한국은 과거 60년대 이래로 한국은 몇 년 전까지 정치 후진국의 면모를 벗어나지 못하고 있는 실정이었다. 경제중진국을 거쳐서 경제 브랜드 세계 10위의 경제대국으로 경제발전 하면서 정치는 그대로 후진국의 단계에서 발전하지 못하였다. 그러나 한국의 경제가 후진국에서 급속한 도약과 발전을 하였듯이 한국의 정치발전도 급속한 발전 단계에 들어서서 앞으로는 정치와 경제가 같은 수준으로 유지 될 전망이다.

이제 경제발전과 함께 정치발전도 어느 정도 비슷한 단계로 도약하고 있다. 이러한 경제선진국이자 정치선진국에서는 국민들의 의식은 보수화 되는 경향이 있다. 이미 앞에서도 언급한 것처럼 미국의 경우는 초기의 미국사회는 진보를 바탕으로 하여 발전을 하였다. 영국으로부터 독립한 직후인 신생국 미국은 본국인 영국과는 다른 형태의 진보적이고 개척적인 성향으로 발전을 하였다.

그 이후 미국은 경제대국으로 성장함과 동시에 정치발전의 수준이 경제적 수준과 비슷하게 되면서 미국의 국민들은 보수화 성향으로 바뀌게 되었다. 현재 미국은 보수적 성향의 공화당과 진보적 성향의 민주당 양당이 비슷하게 보수주의적 성향으로 변화되었다.

일본의 경우도 국민성이 점차적으로 보수화 성향으로 변화되어지고 있다. 일본을 비롯하여 2차대전 당시 패전국이었던 독일을 비롯하여 비록 승전국이기는 하였지만 경제적으로 패망을 한 프랑스나 영국 등은 2차대전 직후 초기에는 국민성이 대부분 진보적 성향을 보였으나 점차적으로 경제적인 안정세를 보이면서 국민성 역시 보수화 성향이 지배적으로 변화 되었다.

이상 선진 국가들의 정치발전의 속도와 경향을 분석하면 현재 한국 역시 같은 정치발전과 성향의 모델을 제시할 수 있다. 앞으로 한국의 경우 국민성은 더욱더 보수주의적 성향으로 변화 될 것으로 예상된다. 따라서 장래 한국 사회는 진보보다는 보수가 승리할 가능성이 크다고 할 수 있다.

## 보수와 진보의 상생이 정치발전의 원동력

인류의 역사는 마르크스가 주장한 것과 같이 필요에 의한 인간의 작용과 반작용의 노동의 연속이라고 규정하고 있다. 마르크스와 헤겔의 변증법과 연관 시켜서 우리는 과거와 현재와 미래의 역사를 규명해 볼 수가 있는 것이다. 인간은 필요에 의한 작용과 반작용의 연속의 과정 속에서 인간은 내면에 존재해 있는 인간 본연의 욕망을 달성하기 위해서 힘에 의한 투쟁을 계속해 나왔다.

인간의 역사를 필요한 목적을 달성하기 위해서 힘에 의한 투쟁을 작용과 반작용과 연관 시켜서 생각할 수가 있다. 인간이 자기가 필요로 한 것을 달성하기 위해서 노력을 한 후 목적을 달성한 후에는 그것을 놓치지 않고서 계속해서 현상을 유지해 나가려고 한다. 목적을 달성해서 현상을 유지해 나가려는 계층을 일반적으로 기득권층인 보수세력이라고 부른다.

기득권층은 작용에 의해서 한정된 것을 소유함으로서 일단 목적을 달성하였기 때문에 반드시 그것을 필요로 하는 다른 계층으로부터 반작용을 받게 된다. 반작용을 가하는 계층을 진보라고 한다. 진보는 인간의 내면에 깔려있는 기득권층이 소유하고 있는 것을 다시 찾으려는 욕망이 잠재해 있는 것이다. 그러나 표면에 나타나는 것은 내면에 잠재해있는 욕망보다는 사회적 개혁과 혁명 등을 통해서 사회의 급진적인 변화를 요구하고 나서는 것이다.

과거 프랑스 혁명이나 레닌혁명 등 인류역사의 많은 혁명을 통해서 보수와 진보의 대결 구도는 이러한 맥락에서 계속되고 있는 것이다. 미시적인 차원에서는 작은 개인들로 구성된 집단에서부터 거시적인 차원에서는 국제간에 발생하는 세계전쟁에 이르기까지 우리는 이러한 보수와 진보의 대결 구도로 규정할 수가 있는 것이다.

국제관계에서도 독일의 두 차례에 걸친 이차세계 대전은 기존의 보수적인 국제사회를 유지하겠다는 구라파 보수국가와 그 기득권을 뺏어 보겠다는 새로운 진보 층과의 힘의 균형이 깨어진 결과 일어난 세계대전인 것이다. 국내적인 차원에서 보면 프랑스 혁명 등 많은 혁명도 통치권이라는 기득권을 쥐고서 그 통치권을 계속해서 유지해 나가겠다는 기득권층과 그 통치권을 다시 양도 받아 다른 층에 넘기겠다는 피기득권층 간의 갈등에서 일어난 현상인 것이다.

권력구조적인 관점에서 보다도 사회발전적인 차원에서 보면 사회를 점진적인 차원에서 서서히 변화를 추구해 나가자는 사상이 바로 보수적인 사상인 것이다. 반면에 좀 더 급진적인 차원에서 변화를 추구해 나가자는 사상이 진보적인 사상인 것이다.

서양의 역사를 그리스 초기의 역사로부터 현재까지를 단계적으로 분석해 보면 우리는 몇 단계를 거치면서 진화되어 왔다고 할 수 있다. 그리스 초기의 자연주의 사상 시대부터 도시문화국가를 거쳐서 천 년 간 계속된 신 중심 사회의 문화를 거치면서 인간의 역사는 많은 광란의 역사를 거치게 되었다. 계속된 사회를 변화시키는 과정에서 주도적인 역할을 한 사람들이 바로 진보적인 사상가들이다.

진보주의자들은 사회전면에 나서거나 뒷면에서 사회의 변화를 요구하고 나섰다. 사회의 변화를 요구하는 초기의 진보적 사상가들은 누구든지 사회에 대해서 배척을 당했다.

진보적 사상은 이상적인 접근법을 사용하기 때문에 현실적이고 합리적인 대다수의 당시 사회로부터 소외를 당하게 된다. 따라서 그 당대에는 진보의 전도사들은 환영을 못 받았지만 후세의 사회에서 그들의 사상은 빛을 보게 되는 것이다. 인문주의 사회의 복귀인 르네상스 시대를 거치면서 본격적인 민족국가 중심사회를 이루면서 개인의 중요성이 부각되고 인류의 역사는 소용돌이의 역사가 계속되었다.

이러한 소용돌이는 인간사회가 더욱 발전적인 단계를 마련하는 기반을 구축하게 되었다. 진보냐 보수냐를 규정짓는 명백하고 현존하는 사상을 가름하는 척도도 더욱 분명하게 되었다. 에드먼드 버크와 토마스 힐 그리인 사이의 진보성과 보수성을 명백하게 규정지을 수 있게 되었다. 보수주의자들을 대표하던 버크는 프랑스 혁명을 인류전체 사회를 파괴하는 행위라고 규정지었다. 보수주의자들이 당시 생각하는 위험성을 가진 프랑스 혁명은 진보주의자들이 이루어 놓은 인류의 정치 사회의 역사를 한 단계 발전시키는 데 크게 공헌한 역사적 사건인 것이다.

인류의 역사는 끊임없이 계속되는 필요에 의한 인류의 작용과 반작용의 연속인 것이다. 이러한 역사 속에서 인류는 끊임없는 갈등을 계속하면서 발전해 나가는 것이다. 거시적으로는 국가와 민족의 패권을 위해서 투쟁을 계속해 나가는가 하면 국내에서 자신의 기득권을 위해서 끊임없는 변화를 추구해 나가고 있다.

사르트르는 인간은 태어나서부터 죽는 날까지 만족스럽게 살지를 못한다고 한다. 그것은 인간이 지구상에서 지층의 압축에 의해서 무기질에서 생겨난 결과 불만족한 상태에서 조금이라도 모자라는 것을 메우기 위해서 끊임없는 변화를 추구해 나가는 것이다. 인간은 누구나 완벽하지를 못하기 때문에 불만인 것이다. 이러한 인간의 불만은 결국 인류의 역사를 광란의 역사로 만들었다. 불만에서 시작된 인류의 역사는 다른 동물과 다르게 발전의 원동력을 가져오게 되었다.

인간이 다른 동물과 다른 점은 항상 불만족한 상태에서 삶을 유지해 나가는 것이다. 이러한 불만족한 현상은 인간이 다른 동물과 다른 고도의 문화를 창조하게 만든 것이다. 공리주의자 존 스튜어트 밀의 말을 인용하면 만족스러운 돼지보다는 불만족한 소크라테스가 되라는 말이 있다. 인간은 항상 불만족스럽기 때문에 이상을 지향하고 그 결과 다른 동물과 다르게 개인과 사회를 발전시키는 원동력을 만든 것이다.

역사적인 시각에서 조명해 볼 때 우리 인류의 역사는 진보와 보수의 갈등에서 발전하게 되었다. 보수와 진보는 모두 인간사회의 발전을 위해서 기여하고 있다. 그러나 보수는 보다 합리적인 차원에서 점증적인 변화를 요구하고 있다. 반면 진보는 이상적인 차원에서 급진적인 변화를 요구하고 있는 것이다.

일반적으로 안정된 사회일수록 보수적인 사상이 주류 이루고 있다. 미국의 경우도 건국 초기에는 진보와 보수는 상당한 차이가 있었다. 그러나 사회가 안정되면서 진보와 보수는 같은 길을 걸어가게 된다. 현재 한국은 보수와 진보가 정치 경제 사회 문화적인 차원에서 크게 대립되고 있다. 글로벌 신자유주의 등장으로 인해서 노동시장의 자유화와 금융시장의 자유화의 현상이 두드러지고 있다. 이러한 글로벌화 현상은 경제적인 관점에서 고용시장의 정규직과 비정규직의 양분화 현상, 정치적인 차원에서 뉴 거버넌스로 인한 정부 권한의 축소와 NGO 강화 현상으로 인해서 노동 조합 등의 사회단체들의 영향력이 지속적으로 강화되고 있다.

여기에 더해서 한국의 경제대국으로 급속한 경제발전으로 인한 국민들의 정치의식 수준의 향상으로 인한 정치발전 속도의 가속화로 인한 국민들의 정부에 대해서 보다 강한 요구를 하고 있다. 이러한 정치발전의 과도기적 상황에서 한국 사회는 보수와 진보라는 명목으로 강한 이분화 현상을 나타내고 있으며 보수와 진보는 강한 갈등현상의 대립으로 치닫고 있다.

갈등은 역사와 사회의 발전을 위해서 필요 불가결한 요소이다. 역사철학자 헤겔은 역사 발전의 필수 요소로서 갈등을 들고 있다. 마르크스 역시 역사 발전을 위해서는 계급 간의 갈등을 가장 중요시 여기고 있다. 진보와 보수의 대립과 갈등은 사회발전을 위해서는 필수적 요소이다. 그러나 현재 한국 사회에 나타나는 보수는 진정한 보수인가 아니면 단순히 자신이 가진 기득권만을 유지하기 위한 깡통보수인가. 또한 진보 역시 진정한 민족과 국가를 위하는 진보인가 아니면 자신의 영욕과 집단의 이익만을 추구하는 깡통진보인가.

한국이 글로벌 초강국으로 발돋움하기 위해서 가장 필요한 요소는 바로 보수와 진보가 손을 잡고서 상생하는 길이다. 현재 세계 초일류 국가들 역시 초기의 진보와 보수의 강한 대립과 갈등에서 벗어나 이제는 공존과 상생의 길을 걷고 있다. 현재 한국에서 아직도 잔존하는 보수와 진보의 심각한 양극화 현상은 이제 상생의 길로 접어들어야만 할 단계이다.

# 대통령 5년
# 단임제의 폐단

한국의 대통령제는 미국식 대통령제를 모델로 1948년 정치제도를 만들었다. 그러나 한국식 대통령제는 미국과 다른 강한 대통령제로 변화되었다. 대부분의 신생국가들의 대통령제는 독재형 대통령제의 형태를 취하면서 대통령에게 너무 많은 힘을 부여 하였다. 이승만 정권부터 시작되어서 9개월간의 장면 내각제를 제외하고는 현재까지 대통령제를 유지해 나오고 있기는 하지만 너무나 많은 문제점을 가지고 있다.

미국식 대통령제는 4년 중임으로 되어져 있어서 4년에 한 번씩 평가를 받고 있다. 그러나 한국의 5년 단임은 어떻게 보면 정책을 추진해 나가기에는 너무 짧은 감이 있다. 또한 초기부터 정책을 일사천리 격으로 밀어붙이지 않으면 정권 말기에는 나타나는 레임덕 현상으로 인해서 일을 하는 기간은 매우 짧다.

그러나 대통령제는 미국의 대통령 잭슨이 말한 것처럼 전리품은 승리자에게 라는 말이 바로 폐단이자 문제점이다. 한번 대통령에 당선이 되면 특별한 범법행위를 제외하고는 모든 권한을 대통령이 가지기 때문에 진보집단과 보수집단을 비롯한 이익집단들은 필사적으로 자신이 미는 후보를 대통령에 당선시키려고 한다. 따라서 후보의 능력에 상관없이 자신이 미는 후보가 당선이 되지 않는 경우에는 5년간은 자신은 이해관계에 개입을 할 수가 없게 되기 때문이다. 따라서 이러한 경우에 진보가 매우 불리하다. 대부분 사회의 기득권층은 보수적인 성향이 강하기 때문이다. 앞에서도 언급한 것처럼 보수는 이미 자신들이 사회적으로 이득을 획득하여 기득권을 가지고 있기 때문에 진보와의 싸움에서 매우 유리한 고지에 있다.

언론기관을 비롯하여 검찰 및 재계에서 영향력을 행사하는 집단은 대부분 보수를 바탕으로 하며 보수 단체 등 보수집단 및 관변 단체들과 연계를 맺고 있다. 사설 연구기관을 비롯하여 영향력 있는 연구기관과 브레인 집단들은 정부를 비롯한 보수단체들과 연계되어져 있다. 사회기관과 시민단체 역시 관변의 주변을 맴도는 단체들이 더욱더 영향력을 행사하는 이유는 정부로부터 재정적인 지원을 받아서 활동을 더 많이 할 수 있기 때문이다.

따라서 한국과 같이 아직까지 정치와 경제가 완전히 분리되지 않고 정경유착의 뿌리가 확실하게 제거되지 않은 상황에서 진보단체는 보수단체에 비해서 활동하기가 매우 힘들다. 우선적으로 대기업들이 정부와 완전한 유착상태는 벗어낫다고 하더라도 정부의 눈치를 어느 정도는 보아야만 하는 것이 미국과 다른 한국 경제계의 실태다. 따라서 기업이 재정적 지원을 주는 단체 역시 여당과 관련이 있어야만 한다.

대통령 5년 단임제의 폐단은 진보와 보수의 제로섬 게임을 초래하게 된다. 만일에 선거에서 지는 경우 5년 동안은 진 쪽은 아무 것도 이득을 얻을 수 없는 상태에 빠지게 된다. 보수집단과 진보집단간의 이전투구 즉 진흙탕 싸움은 결국은 자신들의 밥그릇 싸움으로 이어지게 되며 공무원을 비롯한 공공기관과 압력 단체 등에서도 자신들이 운영하는데 보조금을 얻어내기 위해서는 대통령 선거에서 자신들과 코드가 같고 자신이 지지하는 당이 당선이 되어야 하기 때문이다. 언론기관을 비롯하여 국가에 영향력을 강하게 행사하는 기관은 보수적 성향이 강하다. 예를 들면 한국의 언론기관의 경우 보수주의를 대변하는 조중동 즉 조선일보와 중앙일보 및 동아일보의 3개의 신문이 영향력을 가장 강력하게 행사를 하고 있다.

이처럼 대부분 사회기관을 비롯하여 압력단체들은 보수주의적 성향이 강한 집단들이 진보적 성향의 사회단체들보다도 영향력과 조직이 강하다고 할 수 있다. 얼마 전 노무현 정권에서 가장 강하게 개혁드라이브를 걸 때 거기에 대해서 제동을 건 단체가 바로 조선일보라고 할 수 있다. 이것은 보수언론인 조선일보가 정부를 상대로 싸워도 승산이 있을 정도의 강한 영향력을 가지고 있다는 것을 의미한다.

그 이외에 국가가 마음대로 할 수 있는 검찰 개혁에 있어서도 진보적 성향의 정권이 보수적 성향의 검찰 개혁에 실패를 하였으며 오히려 개혁을 시도했던 대통령이 퇴임 후에는 역공격을 당하는 일이 발생하였다. 그 외에도 재벌의 경우에도 삼성을 비롯한 가장 영향력이 있는 재벌들 역시 보수화 되어 있기 때문에 강한 보수적 성향을 가지고 있다. 따라서 확실한 통계적 수치로 계산을 할 수 없기는 하지만 한국 사회에서 보수와 진보가 미치는 영향력의 비율은 보수대 진보는 6대 4 정도로 볼 수 있다.

여기서 중요한 것은 대통령제의 5년 단임제가 한국이 글로벌 시대에 초일류 국가로 나아가는 데 발목을 잡고 있다. 5년 단임제는 노태우의 6·27 선언 이후부터 생겨난 대통령 임기제다. 민주화 이후 노태우 정부에서부터 5년 단임제가 실시되었다. 그 전의 이승만 초대 대통령은 12년간을 재임했다. 그다음 박정희는 18년간을 재임했다. 또한 전두환은 7년을 재임했다. 그런데 이들은 일관성을 가지고 정책을 추진하여 죽이 되든 밥이 되든 실적을 남겼다. 그러나 5년 단임 기간의 대통령들은 큰 실적을 남기지 못하고 자칫하는 경우에는 실패한 대통령의 누명을 쓰게 된다.

임기 5년이 시작되면서 대개 업무를 파악하는 데 1년이 걸린다. 그 이유는 국정이 단순한 한 가지 업무가 아니라 모든 분야에 걸친 업무이기 때문이다. 그리고 마지막 1년은 레임덕 현상이 나타난다. 동시에 마지막 1년은 다음 대선의 선거에 휩쓸린다. 대통령은 자신이 평생 동안 해온 업무가 아니고 처음 맡는 업무이기 때문에 국정 업무에는 미숙하다. 여기에 더해서 대통령과 함께 새정부에서 일하는 참모들 역시 대부분 국정경험이 부족한 인사들이다.

따라서 임기가 시작하면서 바로 장단기 계획 등을 세워서 추진해 나가지 않으면 임기 내에 완성하지 못하는 경우가 허다하다. 여기에 더해서 야당은 경쟁관계에서 국정에 발목을 잡으려고 든다. 시민단체나 압력단체들은 자신들의 이득을 위해서 정책에 개입하려고 한다. 동시에 노동계의 단체들이 정부정책에 반대하면서 데모 등 무력시위 등을 하여 국정 운영을 혼란 속으로 몰아간다. 그 결과 대통령이 국가와 민족을 위해서 열심히 일하려고 해도 결과가 나쁘게 나와서 실패한 대통령으로 역사에 남을 수 있다. 대통령의 국정 운영 실패는 결국 국가가 퇴보의 길로 들어서게 된다.

성공적인 대통령이 되기 위해서 필요한 것은 대통령의 임기를 현재 5년에서 4년 중임제가 가장 적합하다. 4년 중임제는 대통령제를 택하고 있는 미국을 비롯한 대부분 민주주의 선진 국가들의 모델이다. 4년 중임제의 차선책으로서 7년 단임제가 적합하다고 본다. 다만 7년 단임제의 경우 3년 6개월 후에 중간평가를 하여야만 한다. 4년 중임제의 경우는 4년 후에 다시 선거를 하여 만일 실적이 나쁘면 낙선하여 대통령직에서 물러난다. 따라서 7년 단임제도 국민들에게 찬반의 국민투표를 통해서 신임을 물어야만 한다. 그리고 결과에 따라 남은 임기를 수행하도록 한다. 만일 국민들에 의한 중간평가 성적이 나쁜 경우에는 대통령직에서 물러나야 한다. 중간평가의 목적은 그동안 수행한 국가정책이 어느 정도 성공하였는지를 국민들이 평가하도록 하여야만 한다. 동시에 다음 남은 임기 동안 평가를 통해서 필요한 부분을 보충하여 국정을 성공적으로 마무리하는 기회가 된다.

따라서 글로벌 시대에 한국이 세계 초일류국이 되기 위해서는 현재 5년 대통령 단임제를 4년 중임제나 7년 단임제로 법을 개정하여야만 한다.

# 광란의 대통령제
## 대안은 없는가

### 내각제 VS. 대통령제

아리스토텔레스는 인간은 사회적 동물이라고 했다. 인간은 사회생활을 해야만 하는 운명을 타고났기에 정치적 행동까지 포함하고 있는 것이다. 또한 아리스토텔레스는 민주주의 국가에서 필요로 하는 근본원칙을 제시하고 있다. 즉 정치는 전문인에 의해서 정책이 수립되고 집행해 나가는 것이 필요하다고 했다. 또한 그 정책이 옳게 수행되고 있는지 아닌지는 민주주의의 사상을 가진 국민들이 판단할 권리를 가지고 있다고 제시할 것이다.

그리하여 만일 기존의 정부가 옳은 정책을 수행해 나가지 못하면 국민들은 다른 통치자를 선택할 권리를 가지는 것이다. 여기에다 아리스토텔레스는 파티에 초대된 손님이 직접 음식을 만든 요리사보다 그 음식의 맛을 더 잘 알며 또 배를 모는 항해사가 배를 만든 사람보다 좋은 배인지를 더 잘 안다는 예를 들어 현대 민주주의의 기본적 원칙을 다시 확인시키고 있다. 따라서 정치인의 정책수행을 평가하기 위해서는 국민들의 정치의식 수준이 높아야 할 것이 요구된다.

민주주의의 역사는 통치자와 통치당하는 자의 투쟁사라고 볼 수 있다. 고전 민주주의의 전형적 이론인 토마스 홉스의 리바이어던, 존 로크의 시민정부론, 장 자크 루소의 고상한 야만인, 몽테스큐의 삼권분립론, 루소의 사회계약론 등은 통치자와 통치당하는 자간의 계약, 다시 말해서 개인을 보호하면 최상의 민주주의가 이루어진다는 사상이 토대를 이룬다.

이러한 사상은 미국과 프랑스 헌법의 기초를 이루었다. 그러나 이러한 사상은 많은 문제점을 드러내었다. 그 결과 한 단계 발전한 사상인 존 스튜어트 밀의 최대 다수의 최대 행복론과 토마스 힐 그리인의 사회복지론이다. 이 이론은 통치자와 개인 사이의 계약으로부터 통치자와 다수 민중 간의 계약으로 바꾸었다. 통치자에 대해 보다 강한 계약을 체결하여 민중들은 보다 보호를 받을 수 있게 된 것이다. 통치자가 의무를 잘 수행하지 못할 때 국민들은 언제든지 그 권한을 되돌려 받을 수 있다. 권한의 환수권에는 국민의 혁명권 역시 포함되어있다.

여기서 우리가 알 수 있는 것은 개인의 보호든 최대 다수의 최대 행복이든 간에 통치자의 권력을 약화시켜 국민의 권한을 최대화시키는 것이 근본 목적이다. 그것을 위해 탄생한 중요한 정치형태가 내각제, 대통령제 등이다. 모두 통치자의 절대 권력을 빼앗아 국민에게 양도하는 것이다. 이렇게 양도받은 권력을 국민이 관리할 수 없기 때문에 대신 관리해줄 대표자가 필요한데 그 권한을 양도받은 최고의 책임자가 대통령이냐 수상이냐에 따라서 대통령제와 내각제로 구분된다.

내각제와 대통령제의 정부형태 중에서 어느 쪽이 더 민주적 정부형태인가? 내각제 정부형태와 대통령제 정부형태에 관해서는 정치학자들 사이에서 끊임없이 논란이 되어 왔다. 특히 비교정치학자들 사이에서 어느 제도가 더 우월한지 논쟁거리가 되고 있다. 그 이유는 내각제 정부형태와 대통령제 정부형태는 시대와 지역에 따라서 다양한 형태로 변하기 때문이다.

정치적으로 후진성을 면치 못하고 있는 국가에서 내각제 정부 형태라고 하면 우선 빈번한 내각의 해산을 연상한다. 그 때문에 정책의 일관성이 없고 강력한 지도력의 부족으로 정국이 불안정한 상황을 생각한다. 이와는 달리 정치적 후진국에서의 대통령제 하면 무조건 대권만 휘두르는 권력의 화신을 연상한다. 모든 권력이 대통령 1인 치하에 있기 때문에 정치, 경제, 사회, 문화의 모든 분야가 대통령 1인에 지배당하고 있다고 생각한다.

그런데 이러한 내각제와 대통령제에 대한 편견된 인식은 큰 문제를 낳는다. 즉 국민들이 자신의 정치체제에 대해서 만족해 하는 것이다. 그리하여 다른 정치제도로의 변화에 대해서 거부감을 갖는 경향이 있다.

이러한 현상은 선진국에서도 나타나고 있는데 그 발생 원인은 어디에 있는가?

내각제는 영국에 기원을 두고 있다. 유럽 대륙의 몇몇 국가들도 당시의 정치 상황에 의해 내각제를 채택하였지만 영연방 대부분의 국가들은 영국의 정치 문화에 영향을 받아서 내각제를 채택하였다. 따라서 영국의 내각제 정부형태가 가장 표준적인 규범이 되었다. 물론 영국은 연방국가들에게 직간접적으로 자국의 내각제 정부형태를 모델로 삼도록 권유하였다.

그러면 영국의 식민지로 있던 미국은 왜 내각제를 채택하지 않았는가? 초기의 미국 정치지도자들은 내각제 정부형태를 선호하고 내각제를 채택하고자 했다. 그러나 미국의 정치지도자들은 영국의 총독으로 부터 당한 식민 치하의 고통 때문에 영국의 정치 모델을 채택하고 싶지 않았다. 따라서 미국은 존 로크의 사상인 개인주의와 몽테스큐의 삼권분립론에 기초를 둔 대통령제 정부형태를 채택하였다. 이러한 미국식 대통령제는 미국이 국제사회에서 정치적 영향력이 커지면서 대통령제 정부형태의 모델이 되었다.

　그런데 미국식 대통령제를 모델로 삼은 중남미 국가들과 신생 아시아, 아프리카 국가들은 가지각색의 대통령제 정부형태를 탄생시켰다. 그 국가들은 대부분 경제적으로 저개발 국가에 속했는데 갑작스런 대통령제의 도입은 전체주의 국가, 즉 대통령을 왕으로 만드는 결과를 가져왔다.

　전체주의란 문자 그대로 통치자 1인이 국가의 모든 분야를 통제한다. 통치자는 1인이 군사권을 통제하고 언론과 기업, 정당, 각종 이익단체 등을 통제하는 것이다. 이러한 1인 지배체제는 민중의 혁명에 의해서 전복되어 무정부주의 상태로 변하기도 하지만, 결국 1인 지배체제로 다시 바뀌게 된다.

　그러나 내각제 정부형태의 권력이 대통령제보다 약하다는 것을 의미하지는 않는다. 내각제는 입법부와 행정부간의 합병이라고 볼 수 있다. 따라서 수상이 의회를 장악하는 능력에 따라 대통령제의 대통령보다 더욱 강한 권한을 누릴 수 있다. 가령 닉슨 대통령을 하야시킨 미국의 워터게이트 사건은 의회와 내각이 합병되어 있는 영국의 내각제하에서는 발생할 수 없다. 따라서 이러한 점에서 보면 내각제도 문제가 없는 것이 아니다. 제2차 세계대전 당시 영국의 수상 처칠은 루스벨트 대통령과의 대화에서 영국의 경우는 의회의 동의보다도 동료각료들의 승인을 얻어내는 것이 더욱 큰 문제라고 지적한 것은 그 점을 잘 반증하는 것이다.

　민주주의가 가장 발달된 선진국의 정치 풍토 하에서는 내각제가 가장 좋은 정부형태이다. 그리고 대통령제는 가장 나쁜 정부형태이다. 다음으로 반대통령제는 순수 대통령제보다는 약간 더 바람직한 정부형태이다. 무엇보다도 대통령의 고정된 임기는 상대적으로 중요하지 않다고 본다. 왜냐하면 대통령의 확정된 임기는 일시적 경직성이라고 주장하듯이 아주 바람직하지 못한 효과를 초래 한다.

그와 유사하게 상대적으로 대통령제는 대통령의 직접선거라는 부인할 수 없는 장점을 가지고 있다. 내각제에서는 간접적이기는 하나 효과적으로 유권자들이 의원들을 투표하는 방법에 의해서 수상 하에서 내각이 구성된다. 이러한 방법은 개인의 자유를 보호한다는 관점에서 보면 대통령제와 내각제는 진정으로 큰 차이점이 없다고 본다.

그와는 대조적으로 행정부와 입법부 간의 교착상태, 일시적 경직성, 승자가 모든 것을 취한다는 대통령제의 세 가지 단점들은 매우 심각하고 결코 경시할 수 없으며 치유될 수 없는 치명적인 결점들이다. 대통령제의 단점을 하나 더 첨가시키면 대통령 선거는 당이나 정책의 차이점보다는 대통령 개인의 성품에 치중하는 경향이 있다. 그 결과 대통령선거는 민주주의의 수행을 위해서 필요로 하는 강하고 책임감 있고 결속력 있는 정당 제도를 훼손시키는 경향이 있다.

반대통령제와 관련하여 반대통령제가 프랑스식으로 운영되거나 또는 아르헨티나식의 방법이 채택된다면 순수 대통령제보다는 더 좋은 정치제도이다. 그 이유는 반대통령제는 행정부와 입법부의 교착상태를 피할 수 있기 때문이다. 그러나 어쨌든 반대통령제 역시 순수 대통령제와 마찬가지로 일시적인 경직성, 승자만이 모든 것을 취하는 정책, 정치의 개인화 현상, 정당의 약화현상 등의 문제에 부딪히게 된다.

따라서 만일에 한 국가가 대통령제에서 다른 정부형태로 정치제도를 바꾸기를 원해서 반대통령제로의 정부형태의 변화는 약간 향상된 정치제도의 변화이다. 반대통령제를 선택하는데 주의해야 하는 또 다른 이유는 아직까지 세계에서 반대통령제 정부형태가 성공한 예가 거의 없기 때문이다.

사실상 프랑스가 아마도 유일하게 좋은 예가 되는 국가이다. 오스트리아, 핀란드, 아이슬랜드, 아일랜드, 포르투갈 같은 국가들은 때때로 반대통령제 국가 형태로 간주되고 있지만 실제로는 거의 내각제 정부형태로 운영되고 있기 때문에 내각제 국가들로 분류되어야한다.

대부분의 비교정치학자들의 연구 결과는 내각제가 대통령제보다 훨씬 성공적으로 안정된 민주주의를 유지하고 있다는 연구결과를 발표하고 있다. 동시에 대통령제가 민주주의를 유지하는데 내각제나 반대통령제보다 더 나은 정부형태라는 연구는 거의 없다는 것이 매우 흥미롭기는 하다.

## 한국 정치에 적합한 정치제도

내각제와 대통령제에 관해서 한국의 정치제도는 50년간의 우여곡절의 역사를 가지고 있다. 1948년 제1공화국의 대통령제는 미국의 영향권에 있던 관계로 삼권분립의 원칙에 의한 미국식 대통령제를 모방한 것이다. 그러나 제1공화국의 정부형태는 일반적으로 볼 수 있는 신생국가의 강한 대통령제 형태로 변하게 되었다. 제1공화국의 대통령이 왕과 같은 권한을 가지게 된 배경에는 남북한 냉전시대에 맞춘 미국의 강력한 지원, 이승만 개인이 가지고 있던 카리스마적 성향, 6·25 전쟁으로 인한 대통령의 비상대권 등이 독재형태로 바꾸었다. 그리하여 정치조직의 비제도화, 기능의 비전문화, 정치적 비민주화 등 정치적 후진성을 면치 못한 것이다.

제2단계는 1961년부터 1979년까지의 산업화 과정과 맞물린다. 제3, 4공화국은 강력한 통제로 경제발전에 치중하였는데 그 결과 각 분야에 복합적인 영향을 미쳤다. 그리하여 이전의 농업국에서 1960~1970년대의 공업국으로 바뀌면서 새로운 중간계층을 만들어냈다. 다양한 직업을 가진 중간층의 탄생으로 정치의식 또한 새로운 차원으로 확장되어 나갔다. 그리하여 중간층은 정치 문제에 대해서 보다 적극적인 태도를 보였고, 그 결과 정부의 비민주적 처사에 대해서 민주화를 요구하고 나섰다. 특히 1970년대 제4공화국 말에 그러한 현상이 뚜렷하게 나타났다.

1980년대의 제5, 6공화국을 제3기라고 불 수 있다. 1980년대는 1970년대의 경제발전이 지속되었고 국민들의 정치의식 수준 또한 향상되어 정치발전의 성장기라고 불 수 있다. 신군부의 새로운 독재정치는 축적된 국민들의 정치의식에 저항을 받게 되었고 급기야 1987년 국민들의 요구를 수용하고 6·29선언을 한 것이다.

1990년대는 경제발전이 중진국에서 선진국에 들어서면서(물론 IMF의 위기가 있었지만) 국민들의 정치의식 수준이 더욱 높아졌다. 특히 국민의 정부는 반세기 만에 일어난 정권교체로 이룩되었기에 그 의미가 있는데, 그만큼 한국의 정치발전은 나아가고 있다고 볼 수 있는 것이다.

현재 한국에서 일고 있는 내각제냐 대통령제냐에 대한 논쟁은 이러한 정치발전 현상으로 볼 수 있을 것이다. 와이너가 지적한 가치를 통합, 엘리트와 대중의 통합, 통합적인 행동 등과 관련지어 볼 수 있는 것이다.

한국은 엘리트와 대중 간 정치의식의 격차가 좁혀지고 있다. 그리하여 민주주의 정신의 증가, 정치적 관심의 고조, 민족주의 증대 등을 보이고 있다. 그러면 현재의 한국 정치상황에서 대통령제와 내각제 중에서 어느 것이 더 적합한 정치제도일까?

## 대통령제와 한국의 정치 상황

한국의 대통령제는 미국식 대통령제의 영향을 강하게 받은 것이다. 그리하여 한국의 대통령제는 유럽의 의회민주주의나 프랑스식 대통령제와는 다르다. 프랑스식 대통령제에서는 의회의 불신임에 의해서 내각을 해산하고 다시 내각을 구성할 수 있다. 그러나 미국식 대통령제를 택하고 있는 한국의 경우 대통령제의 특징으로는 삼권분립에 의한 상호 견제와 균형, 대통령의 책임 있는 정국의 운영 등을 들 수 있다. 그러나 제1공화국부터 현재까지 한국의 대통령제는 많은 문제점을 가지고 있다.

대통령제의 장점은 다음과 같다.

① 첫째, 유권자의 보통선거에 의한 행정수반의 직접선거
② 대통령의 임기보장에 의한 집행부의 안정
③ 권력분립에 의한 제한된 정부 등

반면에 대통령제의 단점은 다음과 같다.

① 행정부와 입법부의 교착상태
② 일시적 경직성
③ 승자만이 모든 것을 독식 등

정치제도 및 의식이 선진화된 국가에서는 행정부와 입법부의 교착상태가 가장 큰 문제점이다. 그러나 한국과 같이 정치적으로 선진화되지 않은 국가에서는 대통령의 권한이 입법부나 사법부에 비해 상대적으로 강한 데 있다.

대통령은 행정부의 책임자 역할 뿐만 아니라 국가원수로서의 역할도 담당한다. 미국의 대통령제도 초기에는 권한이 약했으나 남북전쟁과 1, 2차 세계대전 등 비상사태를 거치면서 점차적으로 강화되었다. 한국의 경우는 전쟁 권까지 포함하고 있어 미국 대통령의 권한보다 더 크다. 따라서 한국의 대통령의 권한은 대권大權이라고 부를 정도로 강력하다. 이러한 한국의 대통령제는 경직성과 승자만이 모든 것을 갖는다는 대통령제의 단점은 물론 포함하고 있다. 한국을 포함한 신생국 대통령의 권력은 결국 절대 권력으로 변해버렸다. 토마스 액톤은 절대 권력은 절대적으로 부패한다라고 했다.

또한 지난 50년 동안의 한국 대통령제가 남긴 가장 큰 후유증은 지역감정 문제이다. 미국의 인종문제에 해당하는 지역감정 문제는 결국 지역할거주의를 만들어 정치발전의 암적인 존재가 되고 있는 것이다.

## 내각제와 한국의 정치 상황

한국의 경우 장면 정권 때 내각제를 채택했으나 국민들의 정치의식의 미숙과 내각의 비효율적인 운영으로 단명으로 끝났다. 내각제 역시 대통령제와 마찬가지로 문제점이 있다. 내각제의 가장 큰 문제는 수상의 임기가 제한되어 있지 않다는 것이다. 따라서 내각제 역시 1인의 장기집권의 위험을 배제할 수 없다.

내각제의 또 다른 단점은 삼권이 분리되어 있지 않다는 점이다. 내각제는 입법부와 행정부의 합병이다. 그리하여 경우에 따라서는 입법부와 행정부가 합쳐 권력을 남용할 수 있다. 또한 내각제의 수상은 민주주의의 기본원칙에 위배되는 간접선거에 의해 선출된다. 수상은 다 수석을 가진 당의 당수가 되므로 국민의 직접선거에 의하지 않고 최고 책임자가 된다. 따라서 국민이 원하지 않는 경우에도 소속당의 다수의석의 확보에 의해 수상이 될 수 있다.

한국의 경우 이상의 내각제 문제점이 크게 우려된다고는 볼 수 없다. 내각제로 전환하는 경우 우선 대통령 1인에게 집중된 권력을 분산시킬 수 있다. 권력을 국회로 옮김으로써 1인에 대한 권력집중 현상을 막을 수 있다. 또한 내각제가 실현될 경우 국민에게 직접 책임지는 책임정치를 할 수 있다. 그리하여 내각제는 여야의 정권교체가 쉽게 일어날 수 있다.

한국은 그동안 남북분단 등 여러 가지 국내외 여건으로 인해 정치의 보수화 현상을 가져와 세대교체가 일어나기 힘들었다. 그렇지만 내각제로 인해 다당제의 가능성이 커지고, 그에 따라 진보세력의 원내진출이 가능하다. 신진 인물들이 쉽게 국회에 진출할 수 있어 국민과 가까운 국회가 될 수 있는 것이다.

한국이 내각제로 전환할 경우 기대할 수 있는 또 다른 정치발전은 지역감정을 해소할 수 있다는 점이다. 그리고 금권정치를 막을 수 있다. 한걸음 더 나아가 타협과 협상의 정치로 인해 남북통일에도 보다 유리할 수 있다.

한편 이원집정제에 대해서 살펴보자. 이원집정제는 수상과 대통령이 권력을 분담하는 정치제도이다. 예를 들면 대통령은 국가를 대표하고 전통적으로 국왕의 권한인 외교와 국방을 담당한다. 이에 비해 수상은 실질적인 분야를 담당한다.

한국에서의 이원집정제에 대한 논의는 대개 프랑스식 이원집정제를 모델로 삼고 있다. 프랑스식 이원집정제는 대통령은 국가원수로서의 상징성을 갖고, 수상은 행정부를 총괄한다. 따라서 수상의 힘이 대통령의 권한을 능가한다. 대통령의 권한은 외교와 국방에 국한된다.

한국이 이원집정제를 채택할 경우 대통령의 권한을 대폭 축소하여 국가를 대표하는 상징적인 존재로 만들어야 하고 수상은 권한을 대폭 강화하여 실질상의 권력을 갖도록 해야 한다. 프랑스의 경우 대통령 미테랑과 수상 시라크의 오월동주 시절 시라크의 권한이 미테랑보다 강했던 점은 이원집정제의 모델을 잘 보여주고 있다.

한국은 지금 경제발전과 아울러 국민들의 정치의식 수준이 높아졌다. 따라서 정치제도도 국민들의 정치의식 수준에 맞추어야 한다. 한국의 경우는 남북분단이라는 정치상황과 지역할거주의라는 문제가 정치발전을 가로막고 있다. 따라서 이 문제는 내각제와 대통령제의 채택에 중요한 요소로 작용하고 있다. 그러므로 대통령제에서 내각제로의 변화에 의한 정치제도의 위험을 방지하기 위해서 반semi대통령제 또는 반semi내각제의 방법도 생각해 볼 수 있다.

문제는 한국의 현실 상황이다. 제2공화국 장면 정부의 의원내각제 시절 한국은 데모의 나라로 불렸다. 데모로 해가 떠서 데모로 해가 진다는 말이 나올 정도로 국가는 혼란 속에 빠져 들었다. 결국 장면 내각은 9개월의 단명 내각이 되고 말았다. 한국이 정치제도를 대통령제에서 내각제로 바꾸는 경우 현재 한국이 처해있는 내외적인 정치 환경 요소가 가장 큰문제가 된다. 물론 2공화국 시절의 장면 정부의 내각제와는 다르겠지만 새로운 정치제도에 국민들이 적응을 해야만 한다. 미국과 같이 정치 선진국조차 초기에 만든 대통령제의 문제점인 대통령 선거인단을 뽑는 제도가 그릇된 선거라는 것을 알고도 아직도 선거인단 제도를 그대로 답습하고 있다.

이처럼 정치제도를 바꾼다는 것은 결코 쉬운 일이 아니다. 한국과 같이 정치 후진국에서는 정치인들이 자신들의 이해관계에 의해서 정치제도를 바꾸려는 의도가 있기 때문에 내각제가 가지고 있는 근본적인 장점을 상실하는 경우가 있기 때문이다. 한국은 현재 지구상에서 유일하게 남북이 분단된 상황에 있다. 특히 북한이 핵개발 성공이라는 강수를 던지면서 전쟁위험이 도사리고 있다. 북한에 대해서 유엔안보리를 비롯하여 미국과 전 세계가 경제압박을 비롯한 강력한 제재조차를 취하고 있다. 이러한 상황에서 내각제를 비롯한 반대통령제 등의 정치체제를 바꾸는 문제는 신중하게 생각해 볼 문제이다.

우선적으로 현재 대통령제의 기본원칙인 삼권분립의 원칙을 바탕으로 국민들이 총선이나 지방 선거 등 각종 선거를 통해서 국정운영에 대해서 비판을 가해서 점진적인 방향으로 정치발전을 시켜 나가는 방안이 최선의 선택이라고 본다. 향후 남북관계 등의 진전 사항등을 고려하여 내각제와 반대통령제 등으로 정치체제를 바꾸었으면 한다. 그러나 궁극적으로 글로벌 시대에 초일류국으로 가기 위해서 현재의 대통령제에서 내각제나 반대통령제로 정치제도를 변화시켜 나가야만 한다.

# 초일류 국가를
# 만들기 위한
# 대통령의 리더십

## 리더십은 예술 중의 예술

아리스토텔레스는 인간은 사회적 동물이기 때문에 절대로 혼자서 살 수가 없으며 죽는 날까지 사회생활을 하여야만 하는 운명을 타고 났다고 한다. 장 자크 루소는 그의 정치사상인 '고상한 야만인'에서 인간은 자연 상태에서는 생존할 수 없기 때문에 인간의 근본은 정치로 시작해서 정치로 끝난다고 말했다. 루소가 말하는 정치란 통치술인 리더십을 말한다.

아리스토텔레스의 스승이자 소크라테스의 제자인 플라톤은 통치술을 예술 중의 예술로 보고 있다. 플라톤은 그의 명저 공화국 즉《국가론》에서 통치술에 대해서 상당한 비중을 두고 있다. 플라톤은 최고의 통치자는 철인이어야만 한다. 플라톤이 말하는 최고 통치자는 왕을 의미한다. 다시 말하면 왕은 철인이어야만 하는 철인통치 정치를 주장하고 있다. 철인은 "덕이 곧 지식이다"라는 덕을 바탕으로 한 통치를 하여야 하기 때문에 철인만이 훌륭한 리더십을 발휘할 수 있다는 것이다.

여기서 왕의 리더십인 덕이란 지혜와 용기와 절제와 정의를 말한다.

플라톤은 통치술을 철인 즉 왕이 대중들에게 하는 통치술, 장군이 부하 군인들을 통치하는 통치술, 선생이 학생들에게 하는 통치술, 종교인이 교인들에게 하는 통치술, 의사가 환자에게 하는 통치술, 목동이 양들에게 하는 통치술 등 여러 종류의 통치술에 대해서 논하고 있다.

통치술은 대상에 따라서 다르게 발휘하여야 한다. 만약 왕이 군인들에게 통치술을 발휘하는 경우에는 군인들에 맞는 통치술을 발휘하여야 한다는 것이다. 왕이 군인들에게 일반대중들에게 맞는 통치술을 발휘하는 경우 그 통치술은 효력을 발휘하지 못한다는 것이다.

중국 한나라의 명장이자 명신인 한신과 한고조 유방이 리더십에 대한 유명한 일화가 있다. 유방이 명신하인 한신에게 자신은 얼마나 많은 군을 거느릴 수 있겠느냐고 물었다. 이에 한신은 군사 약 10만 명을 거느릴 수 있다고 했다. 그러자 고조는 한신에게 한신 장군은 얼마나 거느릴 수 있느냐고 물었다. 이에 한신은 "저는 다다익선 즉 많으면 많을수록 좋습니다." 라고 말했다.

그러자 화가 난 유방이 한신을 죽이려고 하자, 한신은 "저는 단지 전장을 누비는 병졸들 10만 명을 거느리는 장수에 불과합니다. 그러나 한고조 유방은 병졸 10만 명을 거느리는 장수 10만 명을 거느리는 장수입니다." 라고 말해서 한고조 유방이 한신을 석방했다는 유명한 일화가 있다. 여기서 한신은 자신은 단지 부하 군인들을 통치하는 리더십이며 한고조 유방은 장군들을 통치하는 리더십을 발휘하기 때문에 차원이 다르다는 것을 의미한다.

플라톤이 말하는 통치술은 조직의 특성에 맞는 리더십을 발휘하여야 하며 자신의 위치에 따라서 다른 통치술을 발휘하여야 통치술이 효력을 발휘할 수 있다는 것이다. 플라톤은 왕의 통치술은 모든 인간을 통치하기 때문에 왕이 발휘하는 리더십은 가장 힘든 예술이며 예술 중의 예술이라고 평가하고 있다. 그만큼 정치인 중에서도 대통령의 리더십은 힘이 들며 동시에 중요하다는 것을 말한다. 또한 복잡하고 종합적인 리더십이라는 것이다.

아주 특별한 경우, 선천적으로 타고난 리더가 있기도 하다. 구약에 나오는 이스라엘 민족의 초대 왕으로 추대된 사울이나 다윗왕의 아들 솔로몬은 타고난 리더들이었다. 이들의 리더십을 카리스마라고 한다. 카리스마는 솔로몬 왕이나 사울 왕과 같이 하늘에서 부여한 능력으로서 타고난 리더십을 가진 리더들을 말한다.

대부분의 사람들은 선천적으로 타고난 것이 아니라 후천적인 노력에 의해서 리더십이 만들어진다. 대부분의 리더들은 자신의 노력에 의해서 리더십을 발휘한다. 훌륭한 리더는 플라톤이 말하는 것과 비교해서 지혜롭고 용기와 절제와 정의를 바탕으로 한 리더십을 공통적으로 요구하고 있다.

영국의 유명한 정치인 디즈레일리는 자신은 그들의 리더이므로 그들을 따라야만 한다는 말을 하고 있다. 리더이기 때문에 자신이 그들을 따라야만 한다는 지배자가 아닌 종으로서 섬기는 리더십의 중요성에 대해서 말하고 있다.

타고난 리더십에 대해서 최초로 카리스마라는 말을 사용한 막스 베버는 20세기의 카리스마는 색다른 생각과 아이디어로 조직을 이끌 수 있는 리더십을 말한다. 리더에게 필요로 하는 리더십은 열정과 용기와 비전을 가지고 업무를 추진해 나가는 리더십이다라고 막스 베버는 리더십에 관한 정의를 내리고 있다.

현대의 막스 베버가 보는 리더십과 고대의 플라톤이 보는 리더십은 거의 일치하는 공통점을 가지고 있다.

그들이 주장하는 공통점은 열정과 용기와 비전이다. 플라톤은 그의 유명한 동굴론에서 리더는 수천 길 깊고 캄캄한 동굴 속에 갇혀서 쇠사슬에 묶여져 있는 사람들을 위험을 무릅쓰고 내려가서 그들을 구해서 밝은 세상으로 인도해야만 하는 의무를 지니고 있다. 이것은 리더는 위험한 동굴로 뛰어 들어갈 수 있는 용기를 가지고 있어야 한다는 것이다.

다음으로 리더는 동굴 속에 갇혀서 절망에 빠져있는 사람들에게 밝은 세상으로 인도할 수 있는 비전을 제시할 수 있어야 한다는 것이다. 마지막으로 리더는 동굴 밖으로 나온 사람들에게 비전을 제시함과 동시에 그들이 활발하게 활동할 수 있는 열정을 불어넣어야 하며 리더 자신이 열정을 가지고 있어야 한다는 것이다.

막스 베버의 카리스마나 고대 플라톤의 통치술이나 현대 사회가 요구하는 리더십과는 공통점을 가지고 있다. 대통령의 리더십 역시 이러한 리더십 정신을 바탕으로 하여야만 한다.

그러면 글로벌 시대에 초일류국가가 되기 위해 한국이 필요로 하는 대통령은 어떠한 리더십을 필요로 하는가?

## 신뢰가 가장 우선이다

정치선진국인 미국에서 대중들이 가장 많이 사용하는 말은 무엇인가. 바로 정치인과 자동차 중고 상의 말은 절대로 믿어서는 안된다. 라는 말이다. 이 말이 담고 있는 진정한 의미는 무엇인가. 정치인을 자동차 중고상과 비교하여 자동차 중고상들은 고객의 눈을 속여서 고장 난 자동차를 살짝 수리해서 팔아 버리면 그만이다. 동시에 정치인도 선거 때만 되면 인기에만 편승하는 공약을 남발하여 표만 받으면 그만이다. 이 경우 자동차 중고 상과 정치인은 이미 국민들에게 신뢰성을 상실하고 말았다.

민주주의가 가장 발달한 미국에서조차 정치인에 대해서 중고

자동차 상인과 같은 장사꾼에 비하시키고 있다. 정치선진국 미국에서 조차 정치인에 대해서 평가 절하하고 있다. 민주주의의 원조인 영국에서는 정치가는 다음 세대를 내다본다. 그러나 정치인은 다음 선거를 내다본다. 이것이 정치가와 정치인의 차이다. 바로 정치는 다음 선거를 보지 말고 다음 세대를 내다보며 정치를 하여야만 한다는 것이다. 그러한 경우는 정치는 진정한 국민을 위한 정치가 되고 정치인 스스로도 역사에 남는 정치인이 되는 것이다.

대통령에게 가장 필요한 것은 신뢰다. 선거에서 제시한 공약은 당선된 후에는 반드시 지켜야만 한다. 만일 자신이 공약한 것을 지키지 못하는 경우 신뢰를 상실하게 된다. 한번 무너져 버린 신뢰를 회복하는데는 약 3배 정도의 노력이 필요하다고 심리학자들은 말한다. 유명한 이솝우화인 늑대와 양치기 소년에서 늑대가 나타났다고 거짓말을 하는 소년은 두 번까지 사람들은 속아서 소년을 구출하려고 나왔다. 그러나 세 번째 진짜 늑대가 나타나자 마을 사람을 아무도 나타나지 않았다. 결국 소년은 늑대에게 물려서 죽었다.

정치인을 비롯한 대통령의 리더십은 신뢰를 바탕으로 하는 리더십을 발휘하여만 국민들이 믿고 따른다. 신뢰는 높은 도덕성과 강한 책임감과 뛰어난 업무능력을 필요로 한다. 대통령이 신뢰를 얻기 위해서는 어느 특정집단이나 자역 등에 대해서 편애하거나 인사상의 특권을 주어서는 안 된다. 특히 한국은 지연, 혈연, 학연 등 자신과 관련이 있는 곳을 선호하는 경향이 있다. 그러나 대통령은 이러한 점에서는 냉정하고 공정하게 처리하여만 한다.

이러한 인식을 국민들이 오해하지 않도록 그들에게 한 점을 깍아 내려야만 한다. 또한 친인척 비리나 공직자들 비리에 대해서는 추상같은 호령과 엄격하고 무거운 벌을 내려야만 한다. 그래야만 국가의 기강이 바로 선다. 삼국시대 제갈공명이 자신과 가장 친한 친구가 전쟁에서 패하자 울면서 목을 베었다. 이것을 읍참마소라고 한다. 또한 대통령은 국가운영 대한 분명한 철학과 원칙을 제시하여야만 합니다. 목표는 현실에 맞는 목표를 세워야만 한다. 실행할 수 있는 양의 목표를 세워서 운영해 나가야만 한다. 무턱대고 목표를 너무 높게 잡는 경우 문제가 생기게 된다.

## 향우회 정치에서 벗어난 국민대통합과 소통의 리더십

수년전 고건 전 국무총리가 그의 공직 생활을 회고하는 회고록《국정은 소통이더라》라는 책을 출간하였다. 고건 총리의는 "국정은 바로 소통이다"라고 한 마디로 요약했다. 대통령은 어떠한 리더십을 발휘 하여야만 하는가. 한마디로 소통과 대통합의 리더십이다. 대통령의 리더십은 국력 중에서도 중요한 비중을 차지하고 있다. 대통령 1인이 차지하는 비중이 그만큼 크고 중요하다는 것을 의미한다. 대통령은 양떼를 모는 목동과 같다고 보아야만 한다. 양떼 무리 속에는 별의 별 양들이 다 있다. 그 양들이 다른 곳으로 가지 못하도록 한곳으로 몰아 나가야만 한다.

우선 대통령은 국정 운영에 있어서 정규 채널 만 이용할 것이 아니라 다양한 채널을 통해서 국정을 운영해 나가야만 한다. 수석비서관들만 통해서 업무를 보고받는 채널보다는 장관들도 만나서 국정 운영의 애로사항들을 파악하는 일이 필요하다. 또한 경우에 따라서는 일선에서 일하는 공직자들과도 만나서 업무를 듣는 일이 필요하다.

국정 운영에서 소통이 막히는 경우 조직의 파이프라인이 막혀서 국정이 제대로 돌아가지 못한다. 과거 이승만 정권에서 국정 운영 실패한 원인은 바로 이승만이 몇몇 측근들의 말만 듣고서 국정을 운영하다 국민들의 민심을 제대로 파악하지 못했다. 그 결과 국민들이 원하는 정치가 아닌 몇몇 예스맨들의 말에 의한 정치를 하였다. 결국 이승만 정권은 독재정부로 남게 되었다. 이러한 폐단을 막기 위해서 박정희 대통령은 장관이나 수석비서관을 만나서 정무를 보고받는 일보다도 직접 담당자들을 만나서 담당자들로부터 국정을 보고 받았다. 서열을 중시해서 측근들만 가까이 하는 경우 업무를 정확하게 파악하지 못하기 때문이다.

대통령은 모든 계층의 사람들을 포섭해서 이끌어 나가야만 한다. 따라서 국민들을 대통합할 수 있는 정신을 가지고 있어야만 한다. 한국은 현재 지역감정 문제로 인해서 향우회 정치라는 말이 있다. 사실상 영남향우회니 충청향우회, 호남향우회 등 향우회가 중심이 되어서 각자가 자신의 고향사람들만 만나고 있다. 또한 업종별로 자신이 일하는 업종에 따라서 만나고 있다. 장애인을 비롯한 저소득층의 사람들 역시 자신에게 맞는 사람들만 만난다.

대통령은 각계 각층의 모든 사람들을 총 망라해서 통합해서 하나로 만들 수 있는 능력의 소유자라야 한다. 대통령은 전문가가 되어서는 안된다라는 말이 있다. 전문가란 자신의 분야에만 잘 알고 다른 분야의 사람들과 거리를 두고자 하는 성격을 가진 사람들이다. 가령 법관이나 의사나 교수의 경우 이들은 전문적인 지식을 바탕으로 살아온 사람들이다. 따라서 이들의 성격은 대부분 자신과 같은 분야 이외의 사람들과는 접촉을 꺼린다. 그러나 대통령은 전문가든 비전문가든지 가난한 사람이든 부자든 가리지 않고 모든 사람을 하나로 통합할 수 있는 통합의 능력을 갖춘 인물이어야만 한다.

## 국정에 대한 기본지침을 판단할 얕고 넓은 지식이 필요

대통령은 국정의 모든 분야에 대해서 전문가가 될 필요는 없다. 대통령은 국가정책에 대해서 기본적인 지침만 제공하면 된다. 따라서 국정 전반에 대해서 얕고 넓은 지식을 가지고 있어야만 한다. 가령 경제문제에 대해서 대통령이 전혀 문외한으로 모르는 경우 정책의 우선순위와 중요성 등을 파악하지 못한다. 이 경우에는 심각한 문제가 생기게 된다. 따라서 대부분의 대통령들은 자신이 경험과 지식이 있는 분야에 대해서 다른 분야보다 더욱 관심을 가지는 경향이 있다. 그러나 국정은 국가 전 분야와 관련을 가지고 있기 때문에 모든 분야에 대해서 전반적인 지식을 가지고 있어야만 한다.

각 부서의 장관들과 대통령의 업무를 비교해 보면 각 부의 장관들은 그 분야에만 전문가면 된다. 그러나 대통령은 모든 분야에 대해서 전문가는 아니지만 어느 정도 지식을 가지고 있어야만 한다. 동시에 각 부서의 업무를 연관시켜서 시너지 효과를 낼 수 있는 능력도 겸비해야만 한다. 다시 말하면 각 부처의 장관은 나무만 보면 된다. 그러나 대통령은 나무와 숲을 동시에 볼 수 있는 지적 능력을 갖추고 있어야만 한다.

## 외교안보에 대한 기본적인 지식

한국은 현재 세계에서 유일하게 남북이 분단되어 냉전이 종식되지 않은 국가이다. 따라서 외교안보 문제가 가장 중요하다. 미국의 경우는 세계 패권국이기 때문에 외교안보가 국정 운영의 거의 대부분을 차지하고 있다. 미국은 국무부와 국방부 두 개의 부서가 가장 핵심이다. 국무부는 한국의 외교부에 해당된다. 한국은 70년대는 통일부가 최하위 부서였다. 그러나 점차적으로 통일부의 위상이 높아졌다. 그만큼 남북관계가 중요하기 때문이다. 대통령은 전쟁터에서 군사를 이끄는 장수에 해당된다. 따라서 전쟁에서 이기느냐 지느냐는 장군이 가지고 있는 군사적 지략이 매우 중요하다. 따라서 현재 한국은 분단된 국가이기 때문에 남북관계에서 대통령의 의지와 지략이 매우 중요한 역할을 한다.

과거 역대 대통령들의 외교 안보관을 보면 대통령의 안보정신이 얼마나 중요한지를 알 수 있다. 이승만 정권에서는 이승만 대통령이 친미주의적 성향으로 미국과 가까웠기 때문에 한미동맹을 비롯하여 국제사회에서 많은 지지를 얻어서 한국동란 등 위기를 극복할 수 있었다. 박정희 대통령 역시 투철한 자주국방을 바탕으로 하는 안보정신을 가지고 있었다. 전두환 노태우 등은 군 출신이기 때문에 안보정신에 대해서는 전문가 수준의 지략을 가지고 있었다. 특히 전두환은 월남전 참전의 실전의 경험을 가지고 있었다. 민주화 이후에 나타난 대통령들인 김영삼, 김대중, 이명박, 노무현 대통령 역시 강한 안보의식을 가지고 있었다. 이처럼 대통령의 조건으로 안보의식이 중요한 요소이다.

## 준비된 지도자

한국과 같이 임기 5년 단임제의 경우 선거전에 자신이 국정 5년간의 청사진을 마련하여 취임과 동시에 계획을 추진해 나가야만 한다. 만일 그렇지 않고 취임 후에 계획을 세워서 실천에 옮기는 경우는 이미 때가 늦어서 쫓기는 경우가 허다하다. 그 결과 대부분 5년 단임제 대통령들은 실패한 대통령이 될 가능성이 크다.

그 이유는 바로 준비가 없고 단순히 선거와 당선에만 신경 썼기 때문이다.

5년이란 아주 짧다. 그리고 금방 지나간다. 더구나 중간에 지방선거와 총선이 있다. 마지막 1년은 다음 대선으로 정국이 어수선하다. 그렇기 때문에 자신이 선거에 당선되기 전 평소에 취임 후의 계획안에 대해서 준비를 하고 당선되자마자 취임 전까지 유능한 인재들을 모아서 자신의 국정 운영 철학에 맞도록 청사진을 만들고 실행할 일들의 우선순위를 잡는다. 그런 다음에는 취임과 동시에 가장 중요한 일부터 밀어붙여야만 한다.

취임 초가 가장 힘이 강할 때다. 그다음부터는 점차적으로 힘의 누수현상이 나타나기 때문이다. 집권 후반기부터는 권력누수로 인해서 참모들과 국회와도 잦은 불협화음을 초래한다. 그렇기 때문에 대통령을 하겠다는 사람은 평소에 자신의 신상관리와 함께 집권 후에 대한 청사진을 만들어 놓아야만 성공한 대통령으로 남는다.

## 올바른 역사관

대통령이 되기 위한 중요한 자질로서 올바른 역사관이 가장 중요하다. 단재 신채호 선생은 역사를 잊은 민족은 미래가 없다고 말한다. 역사란 바로 민족의 정기와 맥을 이어가고 있기 때문이다. 영국을 비롯한 서양 선진국에서는 역사와 전통을 가장 중요시 여긴다. 왜냐하면 인간사회는 전통과 역사의 테두리를 벗어나지 못하기 때문이다.

대통령이 정통 역사를 부정하는 경우 그 국가는 미래가 없다. 김영삼 대통령이 역사 바로 세우기나 노무현 대통령이 과거사 진상 등을 토대로 이승만 정권보다 민족주의인 김구 선생에게서 정통성을 찾으려는 의도는 이해가 간다. 그 이유는 인간적으로나 민족적으로나 우리 민족의 발전을 위해서는 김구의 사상이 더욱더 훌륭하기 때문이다. 그러나 사실상 대통령인 이승만을 부정하는 역사관에 대해서는 어느 정도 의문을 제기하지 않을 수 없다. 역사란 과거와 현재와 미래의 대화라고 한다. 바로 맥을 이어간다는 것이다. 따라서 국가의 새로운 역사를 창조해 나갈 대통령이 확고한 역사관을 가지고 있지 못하다면 문제가 생기게 되는 것이다.

우리 한민족은 반만년의 유구한 역사에 대해서 자랑스러워하고 있다. 그 이유는 우리 민족은 중국과 일본민족과는 다른 우리 민족 특유의 역사를 창조하였고 앞으로도 창조해 나갈 것이다. 그러기 위해서는 새로운 역사를 창조하는 데 가장 앞장서는 대통령의 역사관이 중요하다고 본다. 대통령이 역사에 대해서 가지고 있는 이념과 사상에 따라서 한국 역사의 진로가 상당히 달라지기 때문이다. 따라서 국민들은 대통령을 선택하기 전에 후보자에 대한 역사관을 신중하게 검증하여야만 한다.

## 국민에게 희망과 비전을 제시하는 능력

이차대전 당시 처칠은 의회 연설에서 "자신이 바칠 것은 피와 땀과 눈물이다." 라는 명연설로 이차대전 당시 희망을 잃은 영국을 비롯한 모든 자유민주주의 국가의 국민들에게 힘과 용기를 주었다. 존 에프 케네디 역시 내가 국민에게 무엇을 하겠다는 것이 아니고 국민이 나에게 무엇을 하라고 해 달라는 명연설을 하였다. 대통령제나 내각제냐가 문제가 아니다. 비상시 국민들은 대통령을 중심으로 뭉친다. 바로 대통령이 구심점이다. 따라서 대통령은 국가와 민족을 위해서 일할 수 있는 비전을 가지고 있어만 한다. 대통령은 국민을 위해서 스스로 비전을 가지고 있어야만 한다. 또한 그 비전을 국민이 가질 수 있도록 하는 희망을 주어야만 한다. 한국은 글로벌 경쟁시대에 살고 있다. 글로벌시대는 국경과 국적을 넘어서 치열한 경쟁 속에 있다. 이러한 시대일수록 대통령은 국민들이 평안하게 살 수 있도록 희망과 용기와 비전을 제시하여야만 한다.

그러기 위해서는 대통령 스스로 솔선수범의 소방관 리더십을 발휘하여야만 한다. 가장 위험한 곳에 가장 먼저 뛰어들어가서 가장 나중에 나오는 정신이 필요하다. 이러한 경우 국민들을 추종세력으로 만들 수 있는 카리스마가 생기게 되는 것이다.

대통령의 자리는 '국민의 심복이며 동시에 국민의 종'이라는 것이 민주주의 기본원칙이다. 그러나 실질적으로 막강한 권한이 부여되는 자리다. 따라서 누구나 한번 권력을 잡게 되면 그 권력을 권한을 넘는 행위를 하게 된다. 대부분의 독재자들이 이러한 월권행위를 한 인물들이다. 권력을 부여받은 사람은 끓는 물 속의 개구리와 같다. 처음에는 즐거운 마음으로 잡은 권력을 행사하다 보면 자신도 모르게 권력의 한계까지 월권행위를 하여 결국은 자신도 모르게 삶겨져 죽어 버린다. 이러한 권력남용을 끓는 물 속의 개구리로 표현 할 수 있다.

권모술수의 대명사인 마키아벨리는 왕은 때로는 여우가 되고 때로는 사자가 되어야만 한다. 그렇지 않으면 잡은 권력을 유지하기가 권력을 잡기보다도 더욱더 힘이 든다는 것이다. 이처럼 권력은 더럽고 추한 것이다. 따라서 대통령은 자신에게 주워진 권력에 대해서 그 한계를 넘는 월권행위를 해서는 절대로 위대한 인물로 남지 못한다. 권한의 월권행위는 권력에서 물러나서 권력이 자신을 보호해 주지 못하는 경우에는 권력남용으로 인해서 큰 문제가 생기

우리에게 희망은 있는가, 미래의 한국 정치

게 된다. 따라서 역사에 남는 위대한 대통령은 법의 테두리를 벗어
나지 않는 투철한 준법정신이 필요하다.

# 선진화된 정치문화와 정체성 확립이 글로벌 시대의 초일류국을 만든다

국제정치학에서 국가의 힘을 평가하는 요소에는 그 국가가 가지고 있는 군사력과 경제력과 자원 등 여러 가지 요소가 있다. 그중에서도 중요한 요소는 민족성이다. 민족성이 강하다는 말은 국가에 대한 애국심과 충성심이 강하다는 것이다. 민족성이 강한 민족은 독일과 유태인 및 일본을 들 수 있다. 독일의 경우는 게르만 민족의 우월성을 항상 가지고 있었다. 독일이 프랑스 나폴레옹에게 패하자 당시 철학자 피히테는 '독일 국민에게 고함'이라는 연설로서 독일 민족이 프랑스 민족보다 우수한 민족이라는 것을 과시하였다. 일본 역시 국가에 대한 강한 충성심을 가지고 있다. 그 예로서 일본이 이차대전에서 패망한 다음 날 바로 일본인들의 인사는 '안녕하세요'에서 '다시 일어섭시다'로 바뀌었다고 한다. 이차대전에서 패망한 이후 가장 먼저 강대국으로 다시 일어난 나라는 라인 강의 기적을 이룬 독일과 일본이었다.

미국의 경우는 다민족 국가다. 인종의 집산지가 바로 미국인들이다. 그래서 미국인들은 겉으로 보기에는 애국심이 없어 보인다. 그런데 그들은 비상시에 애국심이 세계 어느 나라보다 강하다. 또한 미국이 최고라는 자부심 역시 엄청나다. 9·11 테러 발생 다음 날 미국은 어느 누가 시키지도 않았는데도 아침 출근길에 자동차 앞에 모두가 다 성조기를 달고 나왔다. 그리고는 〈위대한 미국〉이라는 노래를 불렀다. 미국이 세계 패권국이 된 데에는 바로 이러한 애국심이 강한 국민성이 있었기 때문이다.

한국도 과거에는 세계 어디에 가도 한국인이라면 대우를 받지 못했다. 그들에게는 한국이 일본으로부터 독립된 신생 후진국으로 인식됐기 때문이다. 과거에는 미국에 가면 미국인들은 일본인만 알아주었다. '한국인' 하면 6·25 한국동란과 남북분단국이라는 것 외에는 아주 생소해 했다. 그러나 이제 한국은 경제브랜드 세계 10위권에 들어가는 경제대국으로 성장하였다. 유럽과 미국 등 선진국과 경쟁하는 강대국의 문턱에 들어섰다. 이제 한국하면 삼성의 스마트 폰이 세계 최고 다국적 기업인 미국의 애플과 경쟁하고 있다. '한국' 하면 미국인들은 삼성을 머릿속에 떠올린다. 또한 자신의 발과 같은 '자동차' 하면 현대자동차를 생각하면서 동시에 한국을 기억한다. 이러한 상황에서 우리에게 필요한 것은 강한 정체성이다, 유태인이 강한 이유는 바로 정체성 때문이다. 유태인인 이스라엘 민족은 수천 년간 나라 없이 떠돌아다녔다. 그러나 그들은 항상 조국을 생각하는 강한 정체성을 가지고 있었다. 그들은 전쟁이 나서 국가에서 소집명령을 내리지 않아도 스스로 자진해서 조국으로 돌아와 국가를 지킨다. 이것이 바로 유태인이 정치적으로 미국의 워싱턴가를 좌지우지하고 세계 경제를 지배하는 원동력이다.

한국은 이제 글로벌 초일류국으로 비약하기 위한 준비를 하고 있다. 정치적으로는 아직 선진국에 못 미치는 후진성을 면치 못하고 있다. 정치 선진화를 위해서는 정치문화를 개선하는 일이 시급하다. 하지만 정치문화를 개선하는 일은 힘든 일이다. 문화를 바꾼다는 것은 쉬운 일이 아니기 때문이다. 문화를 바꾼다는 것은 의식주의 습관을 바꾸는 것만큼이나 힘든 일이다.

그러나 우리 국민들의 경제수준이 이미 선진국과 같은 수준이다. 따라서 정치문화를 바꾸는 일도 국민들의 노력 여하에 따라 그리 어렵지 않을 것이다. 관료주의라는 말을 만든 막스 베버는 동양과 서양을 비교했을 때 서양에 비해 동양이 민주화가 늦은 이유는 바로 위정자들에 대항하지 않고 그냥 복종만 하기 때문이라고 한다. 사실상 한국과 중국은 집권자들에게 복종만 하고 대항해서 싸우지 않았기 때문에 동양의 민주주의는 발전하지 못했다. 반면 서양은 독재와 싸워서 민주주의를 쟁취했다.

이제 한국의 국민들은 정치인들의 잘못에 대해서 뒤에서 비난하고 잘못 뽑았다며 비아냥거리기만 할 것이 아니다. 잘못 뽑은 것은 국민들의 잘못이 크다. 투표하기 전에 적극적인 자세로 그들의 능력과 도덕성을 검증하여야만 한다. 또한 매사를 제치고서 선거에 적극적으로 참여하여 자신의 주권을 행사하여만 한다. 이것이 바로 정치 선진화로 가는 지름길이다.

우리에게 경제 선진화는 이미 이루어졌다. 이제 정치 선진화만 이루면 세계 초일류 선진국으로 도약할 수가 있다.

정치 선진화가 경제 선진화와 조화와 균형을 이루는 정치문화를 창조해 내기 위해서 적극적으로 나서야만 한다.

# 새로운 시작,
## 정치혁명은 끝나지 않았다

70년의 역사는 우리 민족에게 엄청난 시련을 가져다주었다. 그러나 우리는 그 시련을 잘 견디면서 세계 경제 강대국으로서 초일류국가로 진입하는 문턱에 서 있다. 이제 우리에게 필요한 것은 정치의 선진화다. 정치가 경제와 서로 어울리는 대국으로 도약하는 일이 남아있다. 이러한 정치선진화를 위해서 우리에게 필요한 것은 국민에 의한 정치혁명이다. 기존의 모든 정치제도를 비롯하여 바꿀 수 있는 것은 다 바꾸는 찬란한 혁명이 필요하다.

장 자크 루소는 그의 정치사상인 '고상한 야만인'에서 "모든 것이 정치로 시작해서 정치로 끝난다."라고 말하고 있다. 이처럼 정치가 중요하다. 한국 정치의 선진화와 혁명을 위해서는 어떤 인물이 필요한가. 바로 시대가 요구하는 인물을 선택해야 한다. 우선적으로 확고한 정치철학을 가진 인물이어야 한다. 철학이란 무엇인가. 철학이란 '필로조피'라는 말에서 나온 말로서 지식을 사랑한다는 말이다. 과거의 경험과 지식을 지혜롭게 활용하는 것을 철학한다고 한다. 파스칼은 그의 명저인《팡세》에서 독침 하나에도 죽을 수 있는 나약한 인간이 강한 우주를 지배하는 것은 바로 인간이 철학을 하기 때문이다. 라고 말하고 있다. 플라톤은 정치는 예술 중의 예술이라고 말하고 있다. 그만큼 정치가 어렵다는 것을 의미한다.

정치인은 깊은 정치철학을 소유한 신뢰를 바탕으로 일관성 있게 개혁을 추진해 나갈 수 있는 인물이어야 한다. 미국과 같이 정치선진화된 나라에서조차 정치인의 믿음성에 대해서 의심을 가지고 있다. 미국에서 가장 많이 사용하는 말이 바로 "정치인과 자동차 중고차 상인의 말은 믿지 말아야 한다."는 말이다. 이 말을 우리는 다시 생각해 보아야 한다. 여기에 더해서 유권자들은 정치인들의 외적인 면에 너무 치중하는 경향이 있다. 미국에서는 큰 정치인이 되기 위해서는 다음 세 가지가 중요한 작용을 하고 있다. 첫째, 정치인은 대머리가 되어서는 안 된다. 두 번째, 정치인은 안경을 껴서는 안 된다. 세 번째, 정치인은 이름이 부드럽지 못한 파열음이 아니라 부드럽고 부르기 좋은 아름다운 이름이어야 한다는 것이다. 이렇게 유권자들은 T.V. 등의 영향으로 정치인들이 가지고 있는 외모에 너무 많은 판단의 기준을 두어 판단력이 흐려지는 경향이 점차적으로 증가하고 있다.

다음으로 한국 정치발전을 지연시키는 나쁜 요소들을 제거할 수 있는 능력이 있는 정치인이 필요하다. 칼 포퍼의《열린 사회와 그 적들》에서처럼 우리의 정치발전을 가로막는 가장 암적인 존재는 바로 지역주의다. 누구 지역주의의 목을 칠 것인가? 누가 향우회 정치를 뿌리 뽑을 것인가? 이것이 문제다. 지금 대부분 큰 정치를 꿈꾸는 정치인들은 지역주의를 바탕으로 정치를 하려고 한다. 이것을 극복하는 일이 가장 시급한 일이다. 다음으로 남북문제를 해결하고 통일하는 정치인이 필요하다. 현재 분단된 남북한이 독일처럼 통일하는 경우 한국은 일본과 중국을 능가하는 초일류국가로 도약할 수 있다.

무엇보다 한국의 정치혁명을 위해서는 유권자들의 의식혁명이 일어나야 한다. 즉 유권자들이 자신이 주인이라는 의식개혁이 결국 정치선진화에서 가장 중요한 요소다. 부정을 일삼는 정치인들을 완전히 근절시키는 정신이 필요하다. 그렇게 되면 정치의 부정부패는 사라진다. 다음으로 정치인들이 가지고 있는 특권을 완전히 없애야 한다. 특히 한국의 국회의원들이 가지고 있는 특권을 완전히 없애야만 한다. 국회의원들의 특권이 결국 국가와 국회의원 스스로를 망친다. 국회의원들은 국민을 대신하는 봉사자라는 의식을 가질 때 국회의원들의 권위와 명예는 회복되고 국민들은 그들을 존경한다. 지방의원과 기초 및 광역단체장도 무보수 명예직으로 하는 정치혁명이 일어나야 한다.

여기에서 가장 중요한 정치혁명은 바로 정치를 대표하는 대통령에 대한 권한 약화다. 대통령제는 사실상 내각제보다는 덜 민주적이다. 국민이 직접 선거를 통해서 뽑는다는 점만을 제외하고는 내각제가 민주주의적이다. 정치혁명을 위해서는 내각제로의 혁명이 필요하기는 하다. 미국 역시 간접선거 방식으로 대통령 선거단을 국민이 뽑는 초기의 미국 대통령 선거방식이 틀린 방식이라는 것을 알고 있다. 하지만 그 방식을 그대로 유지하는 것은 절차상 혼란을 초래하여 오히려 민주주의 발전에 걸림돌이 되기 때문이다.

한국도 정치혼란을 피하기 위해서 대통령제를 그대로 유지하는 것이 정치발전을 위해 보다 효과적이다. 한국의 대통령제는 몽테스큐의 삼권분립론에 어긋나는 행정부가 가장 큰 힘을 가지고 있는 황제대통령제다. 따라서 대통령의 힘을 입법부와 사법부에 이관하여 힘을 견제와 균형으로 옮겨 놓아야만 한다. 그러기 위해서는 현재 대통령이 가지고 있는 막강한 힘을 빼놓는 정치혁명이 필요하다.

그보다 더욱더 시급한 문제는 대통령의 임기가 5년 단임제라는 점이다. 5년이란 시간은 국정 운영의 성공을 위해서는 너무 짧은 시간이다. 따라서 대부분의 5년 단임제하에서는 뚜렷한 실적을 낼 수가 없으며 처음부터 급하게 시작하지 않으면 5년 안에 일을 매듭을 짓지 못하고 퇴임한다. 그 결과 대부분 5년 단임제하의 대통령은 실패한 대통령으로 남게 된다. 따라서 임기를 4년으로 하면서 연임하는 미국식 방법이 가장 좋다고 사료된다.

한국은 이제 과감하면서도 강력한 정치혁명이 필요하다. 그 혁명은 국민이 주도해 나가야만 한다. 대학생과 노동자와 전 국민이 중심이 되어서 현재 한국 정치가 전 세계에서 가장 후진정치라는 꼬리표를 떼어내고 경제처럼 정치신진국이라는 찬란하고 영롱한 희망의 미래를 위해서 모두가 일어나야 한다.

이 책이 바로 그러한 강한 정치혁명의 드라이브를 위한 윤활유가 될 것을 기대하면서 두 권의 책을 마무리하고자 한다.

일어나라! 대한민국의 국민들은 이미 강하다.

김경동, 《현대의 사회학》, 박영사, 1981.

김계동, 《북한의 외교정책》, 백산서당, 2002.

김계동, 《한반도 분단, 누구의 책임인가》, 명인문화사, 2012.

김기홍 외 2인, 《제왕의 리더십》, 휴머니스트, 2007.

김채윤 편, 《변혁기 사회주의와 계급·계층》, 서울대학교 출판부, 1996.

김형배, 《선거인가 도박인가》, 우리들, 2006.

김호진, 《한국정치체제론》, 박영사, 1991.

박동서, 《한국행정론》, 법문사, 1993.

박수영, 《현대사회와 행정》, 대영문화사, 2004.

이광규, 《문화인류학개론》, 일조각, 1998.

이미옥 역, (한스 디터 겔페르트 저)《전형적인 미국인》, 에코리브르, 2003.

이준형, 《리더십 먼저 민주주의 나중에》, 인간사랑, 2004.

이철희, 《1인자를 만든 참모들》, 위즈덤하우스, 2003.

이홍직, 《국사대사전》, 지문각, 1968.

정인흥, 《서구정치사상사》, 박영사, 1981.

조해경 역, (아렌드 라이파아트 저)《내각제 대 대통령제》, 이진, 1999.

조해경, 《침략사상이 된 미국의 프런티어》, 법영사, 2007.

조해경 역, (아렌드 라이파아트 저)《광란의 대통령제 대안은 없는가》, 힉스, 2012.

조해경, 《악덕유통업자가 된 미국의 자유주의》, 힉스, 2012.

최동희, 《남북한: 갈등, 공존, 통일》, 사회문화연구소, 1999.

한배호, 《한국현대정치론 I》, 나남, 1990.


Allen, Richard C. *Korea's Syngman Rhee*. Tokyo: Charles E. Tuttle Co., 1960.

Bardns, William J. ed. *The Two Koreas in East Asian Affairs*. New York: New York University Press, 1976.

Chien, Frederick Foo. *The Opening of Korea*. New York: The Shoe String Press, Inc., 1967.

Choi, Won Sang. *The Fall of the Hermit Kingdom*. New York: Oceana Publications, Inc., 1967.

Cole, David and Princeton Lyman. *Korea Development The Interplay Politics and Economics*. Cambridge Massachusetts: Harvard University Press, 1971.

Conroy, Hilary. *The Japanese Seizure of Korea: 1968-1910*. Philadelphia: University of Pennsylvania Press, 1960.

Fairbank, John K. *East Asia: The Modern Transformation*. Boston: Houghton

Mifflin Co., 1978.

Hatado, Takoshi. *A History of Korea*, Santa Barbara: University of California Press, 1969.

Lee, Ki Baik, *A New History of Korea*. Cambridge, Massachusetts: Harvard University Press, 1980.

Moskowitz, Karl, ed. *From Pattern to Partner*. Lexington, Massachusetts: D.C. Heath and Company, 1984.

Wagner, Edward W. *The Korean Minority in Japan*. New York: Institute of Poufou Relations, 1984.

Weinsten, Franklin B. and Fusi Kamiya. ed. *The Security of Korea: U.S. and Japanese Perspectives on the 1980s*. Boulder, Colorado: Westview Press, 1980.

참고한 자료

# 광란의 대한민국 황제대통령제 2

### 직선제의 부활부터 미래의 대한민국까지

1판 1쇄 펴낸날 2016년 11월 10일

지은이 조해경

펴낸이 서채윤 펴낸곳 채륜
책만듦이 김미정 책꾸밈이 이한희

등록 2007년 6월 25일(제2009-11호)
주소 서울시 광진구 자양로 214, 2층(구의동)
대표전화 02-465-4650 팩스 02-6080-0707
E-mail book@chaeryun.com Homepage www.chaeryun.com

책값은 뒤표지에 있습니다.
ISBN 979-11-958722-2-0 04340
ISBN 979-11-958722-0-6 (세트)

이 도서의 국립중앙도서관 출판예정도서목록(CIP)은 서지정보유통지원시스템 홈페이지(http://seoji.nl.go.
kr)와 국가자료공동목록시스템(http://www.nl.go.kr/kolisnet)에서 이용하실 수 있습니다. (CIP제어번호 :
CIP2016026199)

채륜서(인문), 앤길(사회), 띠움(예술)은 채륜(학술)에 뿌리를 두고 자란 가지입니다.
물과 햇빛이 되어주시면 편하게 쉴 수 있는 그늘을 만들어 드리겠습니다.